Centralverband Deutscher Industrieller.

Geschäftsstelle: Berlin W., Am Karlsbad 4a.

Telegrammadresse: **Cevaudi**, Berlin. Fernsprechamt VI, Nr. 2527.

Geschäftsführer: **H. A. Bueck.**

Zollauskunftsstelle. — Hauptstelle für Syndikatswesen. — Verkehrsbureau.

Zweck des Verbandes ist die Wahrung der industriellen und wirtschaftlichen Interessen des Vaterlandes und Förderung der nationalen Arbeit.

Direktorium.

Jencke, H., Geh. Finanzrat a. D., Dr.-Ing., Mitglied des Preußischen Staatsrats, Vorsitzender, Dresden.

Vopelius, R., M. d. H. d. Abg., Hüttenbesitzer, Vorsitzender des Verbandes der Glasindustriellen Deutschlands und der Glas-Berufsgenossenschaft, Erster stellvertretender Vorsitzender, Sulzbach bei Saarbrücken.

Koenig, G., Geh. Regierungsrat, Vorsitzender des Direktoriums des Vereins der Deutschen Zucker-Industrie, Zweiter stellvertretender Vorsitzender, Berlin W., Kleiststr. 32.

Kirdorf, E., Geheimer Kommerzienrat, Generaldirektor der Gelsenkirchener Bergwerks-Aktiengesellschaft, Rheinelbe bei Gelsenkirchen.

Junghann, Geheimer Bergrat, Generaldirektor der Vereinigten Königs- und Laurahütte, Berlin W., Französischestr. 60/61.

Rieppel, A., Dr.-Ing., Baurat, Direktor der „Vereinigten Maschinenfabrik Augsburg und Maschinenbaugesellschaft Nürnberg", Nürnberg, Aeußere Cramer-Klettstr. 12.

Vorster, Jul., Kommerzienrat, M. d. H. d. Abg., Vorsitzender des Vereins der Industriellen des Reg.-Bez. Köln, Köln.

Schlumberger, Th., Kommerzienrat, M. d. R., Vorsitzender des Elsässischen Industriellen-Syndikats, Mülhausen i. Els.

Die körperschaftlichen Mitglieder des Centralverbandes Deutscher Industrieller.

Vereine zur Wahrung allgemeiner industrieller Interessen:

Verein zur Wahrung der gem. wirthschaftl. Interessen in Rheinland u. Westfalen, Düsseldorf,
Mittelrheinischer Fabrikanten-Verein, Mainz,
Verein zur Wahrung der gemeinsamen wirthschaftl. Interessen der Saar-Industrie, Saarbrücken,
Elsässisches Industrielles Syndikat, Mülhausen i. Els.,
Anhaltischer Industrieverein, Dessau,
Verein der Industriellen des Regierungsbezirks Köln, Köln a. Rh.,
Fabrikanten-Verein Hannover, Linden und die benachbarten Kreise Hannover.
Forster Fabrikanten-Verein, Forst i. L.,
Industrie- und Handelsbörse, Stuttgart,
Technischer Verein, Augsburg,
Bergischer Fabrikanten-Verein, Remscheid,
Industrie-Verein für den Regierungsbezirk Hildesheim, Hildesheim,
Deutscher Haftpflicht- und Versicherungs-Schutzverband, Bonn.
Thüringer Musterlager, Weimar.

Handels- und Gewerbekammern:

Bergische Handelskammer zu Lennep,
Handelskammer Saarbrücken,
Handelskammer Aachen,
Handelskammer Altena,
Handelskammer Altona,
Handelskammer Bochum,
Handelskammer Colmar (O.-E.),
Handelskammer Crefeld,
Handelskammer Dortmund,
Handelskammer Duisburg,
Handelskammer für den Kreis Essen,
Handelskammer Gera, R. j. L.,
Handelskammer Hagen i. W.,
Handelskammer Mülheim (Ruhr),
Handelskammer zu Mülheim a. Rh.,
Handelskammer für den Regierungsbezirk Münster i. W.,
Handelskammer für den Kreis Siegen,
Handelskammer Stolberg, Rheinland,
Handelskammer Chemnitz,
Handels- und Gewerbekammer für Schwaben und Neuburg, Augsburg,
Handelskammer Plauen i. V.
Handelskammer Rottweil,
Handelskammer für den Regierungsbezirk Oppeln,
Gewerbekammer Bremen,
Gewerbekammer Lübeck.
Hamburger Gewerbekammer, Hamburg,
Handelskammer Ruhrort.

Verhandlungen, Mitteilungen

und

Berichte

des

Centralverbandes Deutscher Industrieller.

№ 96.

Herausgegeben

vom

Geschäftsführer **H. A. Bueck**, Berlin W., Karlsbad 4a.

Telephon: Nr. 2527, Amt VI.

November 1903.

Berlin 1903.

Druck: Deutscher Verlag (Ges. m. b. H.)

SW. 11, Königgrätzer Straße 41/42.

Die Neuordnung

des

Feuerversicherungsvertrages

nach dem im Reichsjustizamt aufgestellten

Gesetzentwurf über den Versicherungsvertrag.

Gemeinschaftliche Verhandlungen

der

Kommission für das Versicherungswesen des Centralverbandes Deutscher Industrieller

und der

Vertreter der Vereinigung der in Deutschland arbeitenden Privat-Feuerversicherungsgesellschaften.

Berlin, den 2. Oktober 1903.

Inhaltsverzeichnis.

I.

Einleitung.

Nachdem der Entwurf eines Gesetzes über den Versicherungsvertrag vom Reichsjustizamt der öffentlichen Beurteilung vorgelegt worden war, erließ der Centralverband Deutscher Industrieller am 1. Juli 1903 das nachfolgende Schreiben an die Mitglieder seiner Kommission für das Feuerversicherungswesen:

„Der Vorsitzende, Herr Geh. Finanzrat Dr.=Ing. Jencke hat, in Uebereinstimmung mit den Vertretern der Vereinigung der in Deutschland arbeitenden Privat = Feuerversicherungsgesellschaften, die Absicht, die Verhandlungen zwischen den letzteren und der Kommission des Centralverbandes für das Feuerversicherungswesen über den Entwurf eines Gesetzes betreffend den Versicherungsvertrag gegen Ende des Monats August d. Js. abzuhalten.

Ich erlaube mir, Ihnen als Mitglied der vorerwähnten Kommission beiliegend den Gesetzentwurf mit der Begründung zu überreichen, deren Kenntnis zum Verständnis des Entwurfes erforderlich ist. Ich bitte Sie ganz ergebenst, Ihre Bemerkungen zu dem Entwurf spätestens bis zum 1. August d. Js. der Geschäftsstelle des Centralverbandes zugehen zu lassen, damit dieselben rechtzeitig zusammengestellt und den Teilnehmern an der Versammlung unterbreitet werden können.

Hochachtungsvoll

Der Geschäftsführer
des Centralverbandes Deutscher Industrieller.
gez.: H. A. Bueck."

Auf von mehreren Seiten geäußerten Wunsch wurden demnächst die in Aussicht genommenen Verhandlungen bis Ende September vertagt und damit auch die Frist zur Abgabe von Gutachten bis zum 1. September verlängert.

Aeußerungen zum Gesetzentwurf gingen ein von
dem Deutschen Haftpflicht- und Versicherungsschutzverband,
dem Verein Deutscher Wollkämmer und Kammgarnspinner,
Herrn Kommerzienrat Dierig-Ober-Langenbielau,
Herrn Direktor E. Stark-Chemnitz.

Diese Aeußerungen wurden den Verhandlungen der Kommission zu Grunde gelegt. Die Kommission selbst trat unter dem Vorsitze des stellvertretenden Vorsitzenden des Centralverbandes Deutscher Industrieller, Herrn Hüttenbesitzers R. Vopelius-Sulzbach, am 1. Oktober 1903 in Berlin zusammen.

Eingeladen und erschienen waren die nachfolgenden Herren:
vom Direktorium des Centralverbandes Deutscher Industrieller:
Hüttenbesitzer R. Vopelius-Sulzbach,
Geh. Regierungsrat Koenig-Berlin;
vom Verband der rheinisch-westfälischen Baumwollspinner:
Fabrikbesitzer C. O. Langen jr.-München-Gladbach;
vom Verein Süddeutscher Baumwollindustrieller:
Kommerzienrat Groß-Augsburg;
vom Deutschen Braunkohlenindustrieverein:
Generaldirektor Werminghoff-Berlin;
vom Deutschen Hapftpflicht- und Versicherungsschutzverband:
Dr. Boettinger-Elberfeld,
Dr. Johannes-Köln,
Justizrat Krafft-Köln;
vom Verband Deutscher Müller:
Direktor van den Wyngaert-Berlin,
Generalsekretär Schlueter-Berlin;
vom Verein Deutscher Papierfabrikanten:
Generalsekretär Ditges-Berlin.
vom Verein zur Wahrung der gemeinsamen wirtschaftlichen Interessen in Rheinland und Westfalen:
Generalsekretär Dr. Beumer-Düsseldorf;
vom Verein zur Wahrung der gemeinsamen wirtschaftlichen Interessen der Saarindustrie:
Generalsekretär Dr. Tille-Saarbrücken;
von der Vereinigung Sächsischer Spinnereibesitzer:
Direktor E. Stark-Chemnitz;
von dem Verband Schlesischer Textilindustrieller:
Kommerzienrat Dierig-Ober-Langenbielau;
vom Verein Deutscher Tuch- und Wollwarenfabrikanten:
Direktor Eduard Werner-Forst;

vom Verein Deutscher Wollkämmer und Kammgarnspinner:
Kommerzienrat Dietel-Coßmannsdorf.

Von der Geschäftsführung des Centralverbandes Deutscher Industrieller nahmen an den Verhandlungen teil:
Generalsekretär H. A. Bueck,
Regierungsrat Dr. Leidig,
Dr. Zakrzewski,
Gerichtsassessor Major a. D. Dr. Schwartzkopff.

Ihr Fernbleiben entschuldigt hatten die folgenden Herren:
Geheimer Finanzrat Dr.-Ing. Jencke-Dresden, Vorsitzender des Direktoriums des Centralverbandes Deutscher Industrieller,
Kommerzienrat Krafft-Schopfheim, Mitglied des Direktoriums des Centralverbandes Deutscher Industrieller,
Dr. Georg Kauffmann-Wüstegiersdorf,
Eugen Neubarth-Forst i. L.,
Geheimer Kommerzienrat Vogel-Chemnitz.

Die Verhandlungen der Kommission am 1. Oktober führten zu den nachfolgenden Beschlüssen, die wieder die Grundlage der Verhandlungen am 2. Oktober bildeten:

Beschlüsse der Kommission für das Versicherungswesen.

Zum § 1. Es wird empfohlen, an Stelle des Ausdruckes „Versicherte“ zu setzen „Versicherungsnehmer“.

Zum § 6. Die Vorschriften dieses Paragraphen werden als im Interesse der Industrie liegend anerkannt.

Zum § 10. Die Vorschriften dieses Paragraphen werden als im Interesse der Industrie liegend anerkannt.

Zum § 11. Der Paragraph soll dahin abgeändert werden:

„Wird über das Vermögen des Versicherers der Konkurs eröffnet, so endigt das Versicherungsverhältnis mit Ablauf von 6 Wochen nach Eröffnung des Konkurses. Der Konkursverwalter ist verpflichtet, nach Eröffnung des Konkurses unverzüglich den Versicherungsnehmern von der Eröffnung des Konkurses schriftliche Mitteilung zugehen zu lassen.“

„Der Versicherungsnehmer ist berechtigt, nach Eröffnung des Konkurses seinerseits das Versicherungsverhältnis ohne Einhaltung einer Kündigungsfrist zu kündigen.“

Als § 11a soll eine Vorschrift in das Gesetz aufgenommen werden, wonach der Versicherungsnehmer, dessen Versicherungsfall vor Eröffnung des Konkurses eingetreten ist, der aber mit seiner Entschädigungsforderung zu den Konkursgläubigern gehört, hinsichtlich der Entschädigungsforderung ein Vorzugsrecht vor den nicht bevorrechtigten Konkursgläubigern erhalten soll. Ueber die Stelle dieses Vorzugsrechtes werden weitere Erwägungen anzustellen sein.

Zum § 12. In der letzten Zeile soll es heißen:

„Weniger als 6 Wochen zu kündigen."

Zum § 17. Die Vorschriften dieses Paragraphen werden als im Interesse der Industrie liegend anerkannt.

Zum § 25. Die Vorschriften dieses Paragraphen werden an sich als im Interesse der Industrie liegend erachtet, es soll aber mit den Vertretern der Feuerversicherungsgesellschaften erörtert werden, aus welchen Gründen und in wieweit sie diese Vorschriften als mit ihrem Geschäftsbetrieb unvereinbar erachten. Die endgültige Stellungnahme bleibt bis zu dieser Erörterung vorbehalten.

Zum § 33. Absatz 2. Es erscheint empfehlenswert, die Mindestfrist auf 4 Wochen auszudehnen.

Zum § 35. Die Vorschriften dieses Paragraphen werden an sich als im Interesse der Industrie liegend erachtet, es soll aber mit den Vertretern der Feuerversicherungsgesellschaften erörtert werden, aus welchen Gründen und in wieweit sie diese Vorschriften als mit ihrem Geschäftsbetrieb unvereinbar erachten. Die endgültige Stellungnahme bleibt bis zu dieser Erörterung vorbehalten.

Zum § 38. Es erscheint zweckmäßig, daß dem Versicherer ausdrücklich die Pflicht zur Wahrung des Geheimnisses über diejenigen Tatsachen auferlegt wird, die ihm bei Gelegenheit der Auskünfte des Versicherungsnehmers zur Kenntnis kommen.

Zu den §§ 41—44. Endgültige Beschlüsse über diese Paragraphen werden bis nach Beendigung der Erörterung mit den Vertretern der Feuerversicherungsgesellschaften vorbehalten.

Zum § 45 soll folgender Zusatz hinzugefügt werden:

„Die vom Versicherer zu leistende Entschädigung ist vom Tage des Versicherungsfalles ab mit 4 pCt. zu verzinsen. Höhere Zinsansprüche des Versicherungsnehmers werden hierdurch nicht berührt."

Zum § 52. In der Erörterung mit den Feuerversicherungsgesellschaften soll empfohlen werden, genaue Bestimmungen über die Art der Vortaxe in die Allgemeinen Versicherungsbedingungen aufzunehmen. (Vornahme durch von beiden Parteien aufzustellende Sachverständige, die bei Nichteinigung einen Obmann zu wählen haben; Bestimmungen über die Höhe der bei längerer Versicherungsdauer in jedem Jahre einzustellenden Wertverminderung und dergleichen.)

Zum § 53. Es erscheint notwendig, auch Bestimmungen zu treffen für den Fall, daß ein versichertes Interesse gegen dieselbe Gefahr gleichzeitig bei mehreren Versicherern versichert ist, ohne daß der Fall der Doppelversicherung vorliegt.

§ 53 soll folgenden Zusatz erhalten:

„Eine Vereinbarung, wonach der Versicherer das Recht hat, vom Vertrage zurückzutreten, sobald ein Interesse anteilig bei einem anderen Versicherer versichert wird, ist, abgesehen von den Fällen einer betrügerischen Doppelversicherung (§ 54 Absatz 3) ungültig."

Als § 57a soll eine Bestimmung aufgenommen werden, wonach der Versicherungsnehmer im Versicherungsfalle berechtigt ist, sich bei den Verhandlungen mit den Versicherern durch Bevollmächtigte vertreten zu lassen. Diese Befugnis des Versicherungsnehmers soll vertraglich nicht ausgeschlossen werden können.

Zum § 58. Die Vorschriften dieses Paragraphen werden als im Interesse der Industrie liegend anerkannt.

Zum § 59. Der Eingang soll lauten:

„Ist der Schaden bis zum Ablauf von einem Monat . . ."

Zum § 63. Die Fristen erscheinen zu kurz.

Zum § 65 soll folgender Zusatz eingefügt werden:

„Der Versicherer ist verpflichtet, bei Versicherungsverhältnissen, die für die Dauer von einem Jahr oder länger abgeschlossen sind, den Versicherungsnehmer drei Monate vor Ablauf des Versicherungsverhältnisses auf das Zuendegehen dieses Verhältnisses hinzuweisen."

Zum § 66. Absatz 2 soll lauten: „Die Veräußerung ist dem Versicherer innerhalb eines Monates nach der geschehenen Veräußerung anzuzeigen."

Zum § 68. Die Fristen sind zu kurz. Mit Rücksicht auf § 66 ist jedenfalls eine Verlängerung notwendig.

Zum § 69. Absatz 1 soll lauten: „Wird die im § 66 Absatz 2 vorgesehene Anzeige weder von dem Erwerber noch von dem Veräußerer rechtzeitig gemacht, so ist der Versicherer, wenn der Versicherungsfall später als nach Ablauf der laufenden Versicherungsperiode eintritt, von der Verpflichtung zur Leistung frei, sofern seit dem Zeitpunkt, in welchem die Anzeige zu erfolgen hatte, mindestens ein Monat verflossen ist."

§ 71 soll lauten: „Wird das Versicherungsverhältnis auf Grund des § 68 oder des § 70 Absatz 2 gekündigt, so hat der Veräußerer dem Versicherer die Prämie zu zahlen, jedoch nicht über den Ablauf der Kündigungsfrist hinaus; eine Haftung des Erwerbers für die Prämie findet in diesem Falle nicht statt."

§ 83 soll lauten: „Als Brandschaden gilt auch ein Schaden, der durch Blitzschlag oder durch Explosionen jeder Art verursacht ist."

Zum § 91. Der Absatz 2 ist zu streichen.

Zum § 181. Der Absatz 2 ist zu streichen. Hinsichtlich des Absatzes 1 werden endgültige Beschlüsse bis nach der Beendigung der Erörterungen mit den Vertretern der Feuerversicherungsgesellschaften vorbehalten.

Die Kommission erklärt es für notwendig, in der Verhandlung mit den Vertretern der Feuerversicherungsgesellschaften zu einer Vereinbarung darüber zu gelangen, daß die Neuaufstellung der allgemeinen Versicherungsbedingungen auf Grund des zum Gesetz erhobenen vorliegenden Entwurfes nur nach Benehmen mit den Vertretern der Industrie stattfinde.

An den Verhandlungen am 2. Oktober, an denen sich sämtliche vorher genannten Herren, mit Ausnahme des durch dringende Geschäfte verhinderten Herrn Direktor Stark-Chemnitz, beteiligten, nahmen ferner als Vertreter der Feuerversicherungsgesellschaften teil die Herren:

1. Direktor Altvater-Leipzig.
2. Generaldirektor, Oberbürgermeister a. D. Brüning-Gotha, jetzt in Göttingen.
3. Königl. Direktor Dr. von Geyer-Stuttgart.
4. Direktor Harbers-Frankfurt a. M.
5. Generaldirektor Schröder-Aachen.
6. Generaldirektor Batke-Magdeburg.
7. Direktor Wergin-Berlin.

Förmliche Beschlüsse sind in dieser Verhandlung nicht gefaßt worden, es fand vielmehr nur eine aufklärende Aussprache über die einzelnen Vorschriften des Gesetzentwurfs statt.

Dies Heft, das der Centralverband Deutscher Industrieller nunmehr seinen Mitgliedern überreicht, enthält die stenographische Aufnahme der Verhandlungen vom 2. Oktober, denen wir, damit das gesamte Material handlich beisammen sei, den Text des Gesetzentwurfes nnd die Allgemeinen Versicherungsbedingungen des Verbandes Deutscher Privat-Feuerversicherungsgesellschaften vom 20./29. September 1886 beigefügt haben. Die hier nachfolgende kurze Uebersicht des Inhaltes der Verhandlungen wird zur raschen Orientierung von Nutzen sein können.

Uebersicht der Verhandlungen vom 2. Oktober 1903
nach den Paragraphen des Gesetzentwurfs geordnet.

Allgemeine Erklärung der Vertreter der Feuerversicherungsgesellschaften:

„Die Feuerversicherungsgesellschaften halten, soweit die Ausführungen aus ihren Denkschriften nicht in den jetzigen Verhandlungen erörtert und abgeändert werden, alle Ausführungen der Denkschriften aufrecht.“ (Seite 31.)

§ 1 (Seite 27). Der Ausdruck „Versicherter“ soll durch „Versicherungsnehmer“ ersetzt werden, weil dieser Ausdruck bisher im geschäftlichen Verkehr üblich gewesen ist und auch sachlich zutreffender wie das Wort „Versicherter“ ist, da es sich auch um Vorschriften hinsichtlich desjenigen handelt, der sich erst in Verhandlungen wegen Eintritts in ein Versicherungsverhältnis befindet.

§ 2. Es fand keine Erörterung statt.

§ 3 (Seite 32). Eine genaue Bestimmung über den Zeitpunkt des Beginns des Versicherungsvertrages ist erwünscht; es erscheint aber zweckmäßig, diese Vorschriften nicht in das Gesetz aufzunehmen, sondern der Neubearbeitung der Allgemeinen Versicherungsbedingungen vorzubehalten.

Ein Zusammenwirken von Vertretern der Industrie mit den Vertretern der Feuerversicherungsgesellschaften bei dieser Neubearbeitung erscheint notwendig.

Erklärung der Vertreter der Feuerversicherungsgesellschaften:

„Ehe die neuen Allgemeinen Versicherungsbedingungen festgestellt und dem Aufsichtsamt für Privatversicherung vorgelegt werden, wird ein Benehmen mit Vertretern der Industrie stattfinden.“ (Seite 32.)

§§ 4 u. 5. Es fand keine Erörterung statt.

§ 6 (Seite 33). Von den Feuerversicherungsgesellschaften wird Abkürzung der Prüfungsfrist von einem Monat auf eine Woche gewünscht; von den Vertretern der Industrie wird auf die Beibehaltung der einmonatigen Frist Wert gelegt, zumal vielfach die Zuziehung von Sachverständigen bei der Prüfung des Inhalts des Versicherungsscheins erwünscht erscheint.

§§ 7—9 (Seite 37). Mit den hier ausgesprochenen Grundsätzen sind beide Teile einverstanden. Vgl. aber § 91.

§ 9 (Seite 51). Es wurde von den Vertretern der Feuerversicherungsgesellschaften angeregt, den Satz 2 dahin zu fassen:

„Es kann jedoch vereinbart werden, daß dem Versicherer auch wegen einer nicht arglistigen, aber mindestens verschuldeten Verletzung einer Obliegenheit, die ihm gegenüber nach dem Eintritte des Versicherungsfalls zu erfüllen ist, ein Geldbetrag als Strafe entrichtet werden soll."

Die Vertreter der Industrie halten diese Aenderung für die Interessen der Versicherten günstig.

§ 10 (Seite 52). Die Vertreter der Industrie sind mit dem Inhalte des Paragraphen einverstanden, die Vertreter der Feuerversicherungsgesellschaften lassen ihren Widerspruch dagegen fallen.

§ 11 (Seite 53). Die Vertreter der Feuerversicherungsgesellschaften erhoben gegen die zu §§ 11 und 11a gefaßten Beschlüsse keinen Widerspruch.

§ 12 (Seite 54). Die Vertreter der Feuerversicherungsgesellschaften erhoben gegen den zu § 12 gefaßten Beschluß keinen Widerspruch.

§§ 14—18 (Seite 55). Die Vertreter der Industrie erklärten sich mit den Vorschriften des Entwurfs über die Anzeige der Gefahrumstände einverstanden; die Vertreter der Feuerversicherungsgesellschaften wiesen darauf hin, daß man bei der Prüfung dieser Vorschriften nicht von dem einzelnen Versicherungsvertrage ausgehen darf, sondern daß beachtet werden muß, daß die Feuerversicherung die Aufgabe hat, auf der Grundlage einer großen Menge von gleichartigen oder ähnlichen Vertragsobjekten gegen eine Durchschnittsprämie Versicherung zu gewähren. Um diesen wirtschaftlichen Zweck erfüllen zu können, sei es notwendig, daß der Versicherte die Pflicht übernimmt, diejenigen erheblichen Gefahrmomente, die für die Beurteilung der einzelnen Versicherung in Betracht kommen, dem Versicherer anzuzeigen.

§ 17 (Seite 58). Gegenüber dem Wunsche der Feuerversicherungsgesellschaften, hier im Absatz 2 das Wort „arglistig" durch „vorsätzlich oder grob fahrlässig" zu ersetzen, betonten die Vertreter der Industrie, daß höchstens an Stelle von „arglistig" der Begriff: „vorsätzlich" zu konzedieren sei.

Dazu der Antrag Dr. Beumer:

„Die Vorschriften dieser Paragraphen werden als im Interesse der Industrie liegend anerkannt, doch wird eine nähere Prüfung der Einwirkung dieser Vorschriften auf die wirtschaftliche Gestaltung des Feuerversicherungsgeschäfts und ihre eventuelle Rückwirkung auf die Industrie der Beratung in den einzelnen Vereinen dringend empfohlen.

Antrag Brüning:

„Die Industrie möge, sofern sie nicht eine Aeußerung über § 17 überhaupt unterlasse, erklären, daß eine Fassung, die an Stelle von „Arglist“ setze: „Vorsatz und grobe Fahrlässigkeit“, ihren Interessen genüge.“

§§ 19–27 (S. 84). Die Vertreter der Feuerversicherungsgesellschaften wandten sich gegen das Prinzip des Gesetzentwurfs, auch bei der von dem Versicherten selbst vorgenommenen oder veranlaßten Gefahrerhöhung den Nachweis eines Verschuldens des Versicherten zu verlangen, bevor die Gefahrerhöhung die Leistungspflicht des Versicherers aufhebt. Die Vorschriften des § 25 legen den Versicherungsgesellschaften auf, zu wissen, was für Gefahrerhöhungen jemals in der Zukunft eintreten könnten. Das sei unmöglich; nach richtiger Auffassung müsse der Versicherte sich seinerseits mit dem Versicherer ins Benehmen setzen, wenn er in seiner Fabrik erhebliche Aenderungen vornimmt, die eine Gefahrerhöhung enthalten können.

Von industrieller Seite werden Aenderungen des Entwurfs nicht gewünscht.

§§ 28—33 (Seite 90). In der Erörterung über § 33 wurde von den Vertretern der Feuerversicherungsgesellschaften gewünscht, daß die im Entwurf vorgesehene Frist von 2 Wochen nicht verlängert wird, namentlich um nicht die Kontrolle über die Agenten zu erschweren. Von industrieller Seite wurde auf die Aufrechterhaltung des Beschlusses, wonach die Frist auf 4 Wochen ausgedehnt werden soll, nach den gegebenen Aufklärungen kein erheblicher Wert gelegt.

§ 34. Es fand sich nichts zu erwähnen.

§ 35 (Seite 98). Die Vertreter der Feuerversicherungsgesellschaften halten diese Vorschrift für unannehmbar, da sie von Voraussetzungen ausgeht, die bei der Feuerversicherung nicht zutreffen. Die Feuerversicherungsgesellschaften erheben ihre Prämien nicht auf Grund fester Tarife, sondern setzen die Prämie individuell nach den subjektiven und objektiven Verhältnissen des einzelnen Risikos fest.

Von industrieller Seite wurde die Nötigung, die in dieser Vorschrift für die Feuerversicherungsgesellschaften liege, feste Tarife aufzustellen, als für die Industrie günstig erachtet.

§§ 36, 37. Es fand keine Erörterung statt.

§ 38 (Seite 105). Darüber, daß die Feuerversicherungsgesellschaften verpflichtet sind, über die Tatsachen, die ihnen über die Einrichtungen und Verhältnisse des Versicherungsnehmers durch dessen Auskünfte bekannt werden, das Geheimnis zu wahren, bestand allgemeines Einverständnis.

§§ 39, 40. Es fand keine Erörterung statt.

§§ 41—44 (Seite 105). Die Vertreter der Feuerversicherungsgesellschaften wünschen nach zwei Richtungen Abänderungen des Entwurfs: Die Anzeigen des Versicherten soll nur der „zuständige" Agent entgegennehmen, die Prämien nur der mit einer entsprechenden Legitimation der Gesellschaft versehene Agent erheben dürfen. Allgemein wird es als erwünscht bezeichnet, durch eine bestimmte Bezeichnung den Abschlußagenten auch äußerlich zu kennzeichnen, so daß das Publikum über die Befugnisse der einzelnen Agenten durch diese ihnen gesetzlich beigelegten Bezeichnungen, zu deren Führung sie zu verpflichten sind, aufgeklärt wird.

Eine Vorschrift, sei es im Gesetz oder sonst wie, die über die Vertretungsbefugnis der Beamten der Gesellschaften — Subdirektoren, Inspektoren u. s. w. — Bestimmung trifft, wird als erwünscht bezeichnet.

§ 45 (Seite 112). Gegenüber dem Beschlusse der Kommission des Centralverbandes, daß die Entschädigungssumme vom Tage des Brandschadens an zu versichern sei, erklärten sich die Versicherungsgesellschaften zwar damit einverstanden, die Entschädigung vom Fälligkeitstage an zu verzinsen, dies sei aber nicht der Tag des Brandschadens, sondern der Tag, an dem die Entschädigung begründet sei.

§§ 46—51. Es fand keine Erörterung statt.

§ 52 (Seite 116). Auf Wunsch erklärten die Vertreter der Feuerversicherungsgesellschaften sich bereit, bei der Beratung der künftigen allgemeinen Versicherungsbedingungen auch die Frage der verbindlichen Vortaxe mit den Vertretern der Industrie zu erörtern.

§ 53 (Seite 118). Gegen den Beschluß:

> „Es erscheint notwendig, auch Bestimmungen zu treffen für den Fall, daß ein versichertes Interesse gegen dieselbe Gefahr gleichzeitig bei mehreren Versicherern versichert ist, ohne daß der Fall der Doppelversicherung vorliegt"

wurde kein Widerspruch erhoben.

Dagegen wandten sich die Vertreter der Feuerversicherungsgesellschaften lebhaft gegen den weiteren Beschluß, nach dem

> eine Vereinbarung, wonach der Versicherer das Recht hat vom Vertrage zurückzutreten, sobald ein Interesse anteilig bei einem anderen Versicherer versichert wird, abgesehen von den Fällen einer betrügerischen Doppelversicherung (§ 54 Abs. 3), ungültig ist.

Sie hoben hervor, daß es sich hier um eine pro rata-Versicherung auf dasselbe Objekt handle und daß ein Zwang zur Aufnahme eines Dritten in ein Vertragsverhältnis nicht wohl ausgeübt werden dürfe. Auch von industrieller Seite wurde der Beschluß unter Hinweis auf die Rückwirkungen, die dies Prinzip auch innerhalb der Industrie ausüben würde, bekämpft; andererseits wurde der Beschluß gerade mit Rücksicht auf die abgegebenen Erklärungen der Feuerversicherungsgesellschaften für notwendig erklärt, da so allein das Aufkommen einer Konkurrenz ermöglicht werde, was im Interesse der Industrie liege.

§§ 54—56. Es fand keine Erörterung statt.

§ 57 (Seite 130). Gegen den zu dieser Vorschrift gefaßten Beschluß,

> wonach der Versicherungsnehmer im Versicherungsfalle berechtigt sein soll, sich bei den Verhandlungen mit den Versicherern durch Bevollmächtigte vertreten zu lassen, und festgesetzt werden soll, daß diese Befugnis des Versicherungsnehmers vertraglich nicht ausgeschlossen werden kann,

erhob sich kein Widerspruch.

§ 58 (Seite 132). Mit den Vorschriften desselben erklärte man sich allseitig einverstanden.

§ 59 (Seite 133). Gegen den Beschluß, die Frist in diesem Paragraphen auf einen Monat herabzusetzen, wurden keine Einwendungen erhoben.

§§ 60—62. Es fand keine Erörterung statt.

§ 63 (Seite 133). Gegenüber dem Beschluß der Kommission des Centralverbandes, daß die Fristen verlängert werden möchten, empfahlen die Vertreter der Feuerversicherungsgesellschaften, im Gesetz die Fristen beizubehalten, wobei sie zusicherten, daß bei der Neufassung der Versicherungsbedingungen mit den Vertretern der Industrie darüber verhandelt werden soll, inwieweit die Fristen für industrielle Risiken zu verlängern sind.

§ 64. Es fand keine Erörterung statt.

§ 65 (Seite 134). Hier entwickelte sich eine ausgedehnte Erörterung über die Möglichkeit, durch stillschweigende Verlängerung den Versicherungsvertrag für mehrere Jahre zu verlängern. Während der Entwurf dies ausschließt, haben die Feuerversicherungsgesellschaften vorgeschlagen, die stillschweigende mehrjährige Verlängerung zuzulassen, dem Versicherten aber das Recht zu geben, den Vertrag mit Ablauf des ersten Jahres der Verlängerungsperiode durch Kündigung aufzuheben.

Die Kommission des Centralverbandes hatte zu diesem Paragraphen, dessen Inhalt sie im übrigen billigte, folgenden Beschluß gefaßt:

„Der Versicherer ist verpflichtet, bei Versicherungsverhältnissen, die für die Dauer von einem Jahre oder länger abgeschlossen sind, den Versicherungsnehmer drei Monate vor Ablauf des Versicherungsverhältnisses auf das Zuendegehen dieses Verhältnisses hinzuweisen.“

Die Feuerversicherungsgesellschaften bekämpften ihn namentlich auch unter Hinweis darauf, daß sie bei Unterlassen der Anzeige zivilrechtlich haftbar für den daraus dem Versicherten entstehenden Schaden werden könnten. Höchstens könnten sie verpflichtet werden, auch bei stillschweigender Verlängerung Erneuerungsscheine auszustellen. Von industrieller Seite wurde auf die Aufrechterhaltung des Beschlusses, der es insbesondere dem Versicherten ermöglichen solle, zu erwägen, ob er den Vertrag verlängern wolle, Wert gelegt, dabei aber hervorgehoben, daß nicht beabsichtigt sei, durch diese Anzeigepflicht der Gesellschaft weitgehende Verbindlichkeiten auf Schadenersatz zu begründen. Es werde sich wohl ein Mittel finden, durch das diese gewünschte Vorschrift nur als Ordnungsvorschrift, aus der zivilrechtliche Ansprüche sich nicht ergeben, gekennzeichnet werde.

§ 66 (Seite 146). Gegen den Beschluß der Kommission, nach dem Absatz 2 lauten soll:

„Die Veräußerung ist dem Versicherer innerhalb eines Monats nach der geschehenen Veräußerung anzuzeigen“

wurden keine Bedenken erhoben, die Erörterung befaßte sich wesentlich mit dem Prinzip des § 66, wonach die Versicherung auch bei Veräußerung der versicherten Sache fortläuft. Von den Vertretern der Feuerversicherungsgesellschaften wurde hervorgehoben, daß diese Vorschrift nur auf unbewegliche Sachen Anwendung finden könne, bei beweglichen Sachen sei sie praktisch undurchführbar. Demgegenüber wurde behauptet, daß es sich hier nur um individuell bestimmte Sachen handle, bei denen die Vorschrift ihren Wert auch für die Feuerversicherung habe.

§ 67. Es fand keine Erörterung statt.

§ 68 (Seite 150). Die industriellen Vertreter halten die Frist für zu kurz, was von den Vertretern der Feuerversicherungsgesellschaften bestritten wird.

§ 69 (Seite 150). Gegen den Beschluß der Kommission des Centralverbandes Deutscher Industrieller,

§ 69 Absatz 1 soll lauten: „Wird die im § 66, Absatz 2 vorgesehene Anzeige weder von dem Erwerber noch von dem Veräußerer rechtzeitig gemacht, so ist der Versicherer, wenn der Versicherungsfall später als nach Ablauf der laufenden Versicherungsperiode eintritt, von der Verpflichtung zur Leistung frei, sofern seit dem Zeitpunkt, in welchem die Anzeige zu erfolgen hatte, mindestens ein Monat verflossen ist"

wurde von den Vertretern der Feuerversicherungsgesellschaften Widerspruch erhoben und dabei nochmals darauf hingewiesen, daß nach ihrer Auffassung das Prinzip des § 66 nur auf unbewegliche Sachen Anwendung finden könne.

§ 70. Es fand keine Erörterung statt.

§ 71 (Seite 152). Der Beschluß der Kommission des Centralverbandes:

§ 71 soll lauten: „Wird das Versicherungsverhältnis auf Grund des § 68 oder des § 70 Absatz 2 gekündigt, so hat der Veräußerer dem Versicherer die Prämie zu zahlen, jedoch nicht über den Ablauf der Kündigungsfrist hinaus; eine Haftung des Erwerbers für die Prämie findet in diesem Falle nicht statt"

wird von den Vertretern der Feuerversicherungsgesellschaften beanstandet, es sei nicht möglich, mit der Veräußerung der versicherten Sache auch jede obligatorische Beziehung zwischen den beiden Parteien aufzuheben.

§ 72—81. Es fand keine Erörterung statt.

§ 82 (Seite 152). Die Vertreter der Feuerversicherungsgesellschaften hielten hier ausdrücklich ihre Ausführungen in ihrer Denkschrift aufrecht, von industrieller Seite wurde betont, daß die Industrie es für zweckmäßig halte, durch das Gesetz die Möglichkeit zu gewähren, die Verpflichtung des Versicherers möglichst weit auszudehnen, ohne doch eine Einschränkung dieser Verpflichtung durch Vertrag im einzelnen Falle zu verhindern.

§ 83 (Seite 152). Gegen den Beschluß, den § 83 dahin zu fassen:

„Als Brandschaden gilt auch ein Schaden, der durch Blitzschlag oder durch Explosionen jeder Art verursacht wird,"

wurde kein Widerspruch erhoben.

§ 84—90. Es fand keine Erörterung statt.

§ 91 (Seite 37). Von der Kommission des Centralverbandes war die Streichung des Absatz 2 dieser Vorschrift beantragt, hiergegen erhoben die Vertreter der Feuerversicherungsgesellschaften lebhaften Widerspruch, es gehe nicht an, den Verlust des Versicherungsanspruchs allein an die Voraussetzung der arglistigen Unterlassung der Anzeigepflicht zu knüpfen. Die Feuerversicherungsgesellschaften bedürfen der schleunigen Anzeige von dem Brandfalle, da diese die Voraussetzung der Schadenfeststellung sei und die Schadenfeststellung richtig nur vorgenommen werden könne, bevor das vom Schaden betroffene Objekt wesentliche Aenderungen erfahren habe.

Im Laufe der Erörterung ergab sich eine Annäherung der Ansichten dahin, daß von beiden Teilen folgende Fassung der Vorschrift als annehmbar bezeichnet wurde:

„Es kann vereinbart werden, daß auch eine nicht arglistige Verletzung der Pflicht zur Anzeige des Versicherungsfalls das Erlöschen der Ansprüche oder einen sonstigen Rechtsnachteil für den Versicherten zur Folge haben soll, sofern die Verletzung der Anzeigepflicht vorsätzlich oder grob fahrlässig geschehen ist. Der Versicherer kann sich jedoch auf eine solche Vereinbarung nicht berufen, wenn er in anderer Weise von dem Versicherungsfalle rechtzeitig Kenntnis erlangt hat. Die Vorschrift des § 9 Satz 2 über die Zulässigkeit einer Vertragsstrafe bleibt unberührt."

§ 92—102. Es fand keine Erörterung statt.

§ 181 (Seite 22). Die Notwendigkeit, die Vorschriften des Entwurfs auf die öffentlichen Sozietäten auszudehnen, wird sowohl von industrieller Seite wie von den Vertretern der Feuerversicherungsgesellschaften hervorgehoben. Letztere machen besonders auf die Schwierigkeiten, die sonst bei gemeinschaftlichen Versicherungen der Privat-Feuerversicherungsgesellschaften mit den öffentlichen Sozietäten entstehen, aufmerksam.

Antrag Dr. Beumer:

„Die anwesenden Mitglieder der Versicherungskommission stimmen, ohne damit die von ihnen vertretenen Vereine zu binden, den Ausführungen der Vereinigung der in Deutschland arbeitenden Privat-Feuerversicherungsgesellschaften bezüglich des § 181 durchaus zu. Die jetzige Fassung des genannten Paragraphen widerspricht durchaus den Ausführungen des Stellvertreters des Herrn Reichskanzlers, der am 29. November 1900 im Reichstage wörtlich gesagt hat: Die Vorschriften über den privaten Versicherungsvertrag müssen sich selbstverständlich auf die privaten und auf die öffentlichen Versicherungsgesellschaften beziehen."

Der Antrag wird zum Beschluß erhoben.

II.

Gemeinschaftliche Verhandlungen

der

Kommission des Centralverbandes Deutscher Industrieller für das Versicherungswesen

und der

Vertreter der Vereinigung der in Deutschland arbeitenden Privat-Feuerversicherungsgesellschaften

über den

Gesetzentwurf betreffend den Versicherungsvertrag.

Berlin, den 2. Oktober 1903.

—

Um 10 Uhr vormittags eröffnet Herr Hüttenbesitzer, Landtagsabgeordneter **Vopelius**-Sulzbach die Versammlung mit folgenden Worten: Meine Herren, ich eröffne die Sitzung namens des Centralverbandes Deutscher Industrieller und habe die Ehre, Sie alle zu begrüßen. Sie werden nachher, da dieses ja keine eigentliche Sitzung des Centralverbandes ist, wohl die Güte haben müssen, einen Vorsitzenden zu wählen.

Meine Herren, wenn das Direktorium geglaubt hat, die Herren hier vereinigen zu sollen, so liegt es ja in der Natur der Sache, daß, wenn man einen Gesetzentwurf berät, verschiedene Meinungen, namentlich bei dieser Vorlage, stattfinden müssen, da zwei verschiedene Interessenten, die Versicherten und die Versicherer, beteiligt sind. Aber trotzdem glaubte das Direktorium, diese heutige Versammlung inscenieren zu sollen, da es sich gesagt hat: es gibt doch wohl eine ganze Reihe von Punkten, auf welche man sich wohl vereinigen kann, wenn man die gegenteiligen Meinungen erst kennen und schätzen gelernt hat. Ebenso sehr, wie der Versicherte auf seinem Standpunkt natürlich beharren möchte, so werden es auch die Vertreter der Versicherungsgesellschaften tun. Aber ich bin der Ueberzeugung, daß dennoch durch gegenseitige Aussprache manche Differenzpunkte sich ausgleichen werden.

Meine Herren, es war der leitende Gedanke für die Anschauungen des Direktoriums, daß von positiven Beschlüssen heute nicht die Rede sein kann. Das wird ja allgemein anerkannt werden. Es kann sich nur um einen gegenseitigen Meinungsaustausch handeln, und in den Punkten, wo man sich zusammentrifft, würde man alsdann in der Lage sein, diese Auffassung den Stellen zukommen zu lassen, welche schließlich das Gesetz vorlegen und welche das Gesetz im Reichstage zu beraten haben.

Meine Herren, Sie haben hier eine Vorlage über die Beschlüsse, welche gestern die Mitglieder der Kommission des Centralverbandes gefaßt haben, resp. über die Meinungsäußerungen, die gestern stattgefunden haben; ebenso haben Sie (zu den Vertretern der Feuerversicherungsgesellschaften) ja selbst schon eine Denkschrift eingereicht, in welcher Sie Ihre Beschlüsse niedergelegt haben.

Nun wird es sich bei der Beratung empfehlen, daß, wenn die Herren eigene Vorschläge zu machen haben, sie diese nachher hier vorbringen, weil aus der Denkschrift nicht überall ganz genau ersichtlich ist, wo die betreffenden Beschlüsse einzusetzen haben, während bei der Vorlage der Kommission des Centralverbandes die Paragraphen ja alle richtig angegeben sind. Sollte in dem einen oder dem anderen der Paragraphen bei der naturgemäß großen Beschleunigung, die von gestern abend bis heute morgen stattfinden mußte, ein Irrtum vorgekommen sein, so wird der Herr Referent wohl die Güte haben, darauf zurückzukommen.

Meine Herren, ich darf Sie nun bitten, zur Wahl eines Vorsitzenden zu schreiten.

Oberbürgermeister a. D., Generaldirektor **Brüning**-Gotha, jetzt Göttingen: Ich schlage Herrn Vopelius vor.

Hüttenbesitzer, Landtagsabgeordneter **Vopelius**-Sulzbach: Meine Herren, Herr Oberbürgermeister Brüning hatte die Güte, mich als Vorsitzenden vorzuschlagen. Ich frage, ob ein anderer Vorschlag gemacht wird? — Das ist nicht der Fall. Dann nehme ich die Wahl mit Dank an und darf Herrn Regierungsrat Dr. Leidig bitten, das Referat über unsere gestrigen Verhandlungen zu geben.

Regierungsrat a. D. Dr. **Leidig**-Berlin: Meine Herren, die Kommission des Centralverbandes, die gestern zusammengetreten war, ist bei ihren Beschlüssen davon ausgegangen, daß es sich darum handle, die Stellung der Industrie zu dem Gesetzentwurf festzustellen, daß also von der Vertretung anderer, gewiß ebenso berechtigter Interessen bei der Formulierung der einzelnen Beschlüsse Abstand zu nehmen sei. In verschiedenen Fällen ist hervorgehoben worden, daß hier auch andere Interessen, beispielsweise die Interessen der kleinen Versicherten, in Frage kommen können. Man hat sich aber darauf beschränkt, in der Formulierung der Beschlüsse diejenigen Interessen zu vertreten, die eben hier vereinigt waren.

Ich darf dann weiter bemerken, daß die Kommission im allgemeinen davon ausgegangen ist, daß der Gesetzentwurf, den das Reichsjustizamt ausgearbeitet hat und der nunmehr der öffentlichen Kritik unterbreitet ist, im großen und ganzen den Wünschen und Ansprüchen der Versicherten in weitgehendem Maße entgegenkommt. Wie die Herren sich überzeugt haben, sind es denn auch verhältnismäßig nur wenige Punkte, an denen von der Kommission Aenderungen gewünscht werden. Auch in diesen Fällen hat man aber daran festgehalten: die Auffassung der Industrie und die Interessen der Industrie natürlich in erster Reihe hier zu vertreten, man hat aber andererseits davon Abstand genommen, schon gestern auch in denjenigen Fällen endgültige Beschlüsse zu fassen, in denen aus der Denkschrift der Vereinigung der Feuerversicherungsgesellschaften bereits bekannt geworden war, daß seitens der vereinigten Feuerversicherungsgesellschaften die Auffassnng vertreten wird, die Vorschriften des Gesetzentwurfs lassen sich mit dem Geschäftsbetriebe der Feuerversicherungsgesellschaften nicht vereinigen. Man hat geglaubt, hier zunächst mit den Herren Vertretern der Feuerversicherungsgesellschaften diese Fragen erörtern zu sollen, um sich dann nach der einen oder anderen Richtung hinsichtlich der Stellungnahme der Industrie überzeugen zu lassen. Die Herren finden deshalb in der Vorlage, die Ihnen hier unterbreitet worden ist, bei § 25, bei § 35 derartige vorläufige Beschlüsse vermerkt, derartige Hinweise auf die heutigen Verhandlungen, die in diese Vorlage aufgenommen worden sind.

Eine Anregung, die gestern hier gegeben wurde, die aber nicht weiter durchgeführt worden ist, sondern die gleichfalls in die heutige Erörterung hineingewiesen worden ist, bezog sich auf die Vorschriften über die Feuerversicherung von § 80 an, wo eine Reihe von weiteren Bestimmungen unter Zwang gestellt werden sollen, derart, daß sie zu Ungunsten der Versicherten nicht abgeändert werden können. Auch hier hat man geglaubt, daß diese einzelnen Paragraphen zweckmäßig zunächst heute mit den Herren Vertretern der Feuerversicherungsgesellschaften zu erörtern seien, ehe die Industrie dazu endgültig Stellung nimmt.

Endlich ist auch bei § 181, d. h. bei der Stellung der Industrie zu dem Ausschluß, oder zu der Ausnahme, will ich richtiger sagen, der Sozietäten aus den Bestimmungen des Gesetzentwurfes, und damit selbstverständlich auch aus allen denjenigen Bestimmungen, die die Vertragsfreiheit der Feuerversicherungsgesellschaften nach irgend einer Richtung hin beschränken, eine endgültige Stellungnahme gestern noch nicht vorgenommen worden. Man hat sich zwar dahin ausgesprochen, daß auf jeden Fall der § 181, Abs. 2. aus dem Entwurf gestrichen werden müsse, man hat es aber hinsichtlich des ersten Absatzes der heutigen Versammlung überlassen, darüber zu einem endgültigen Beschlusse zu kommen.

Ich möchte glauben, daß diese wenigen Worte wohl die allgemeine Tendenz der gestrigen Verhandlungen wiedergegeben haben.

Reichstagsabgeordneter Dr. **Beumer**-Düsseldorf (zur Geschäftsordnung): Meine Herren, in Anknüpfung an die Ausführungen des Herrn Vorsitzenden, die dahin gingen, daß die Vertreter der Industrie doch in manchen Punkten mit den Vertretern der Feuerversicherungsgesellschaften durchaus einer Meinung seien, möchte ich Sie bitten, zunächst die prinzipielle Frage des § 181 hier zur Erörterung zu stellen. Ich habe mir schon gestern auszuführen erlaubt, daß ich persönlich, und, wie ich glaube sagen zu dürfen, die überwiegende Mehrzahl der rheinisch-westfälischen Industriellen mit der Denkschrift der Feuerversicherungsgesellschaften, soweit sie sich auf den § 181 bezieht, durchaus einverstanden sind. Ich will nicht näher auf diese Materie eingehen, da ich auch wohl mit Recht voraussetze, daß die Vertreter der Industrie von den nach meiner Meinung ausgezeichneten Ausführungen der Denkschrift, soweit sie sich auf § 181 bezieht, Kenntnis genommen haben. Wir haben, glaube ich, alle Veranlassung, zu verlangen, daß das Wort des Herrn Grafen von Posadowsky eingelöst wird, das in dieser Denkschrift am Schlusse citiert wird. Ich möchte mir deshalb zur Geschäftsordnung den Antrag gestatten, daß wir diese Sache vorausnehmen, da ich nicht bezweifle, daß sich ein vollständiges Einverständnis mit den Privat-Feuerversicherungsgesellschaften erzielen lassen wird, und ich erlaube mir, dazu den Beschlußantrag zu stellen:

> „Die Versicherungs-Kommission des Centralverbandes Deutscher Industrieller tritt den Ausführungen der Vereinigung der in Deutschland arbeitenden Privat-Feuerversicherungsgesellschaften bezüglich des § 181 im Entwurf eines Gesetzes über den Versicherungsvertrag in allen ihren Teilen bei. Die jetzige Fassung des genannten Paragraphen widerspricht durchaus den Ausführungen des Stellvertreters des Herrn Reichskanzlers, der am 29. November 1900 im Reichstage wörtlich

gesagt hat: „Die Vorschriften über den privaten Versicherungsvertrag müssen sich selbstverständlich auf die privaten und auf die öffentlichen Versicherungsgesellschaften beziehen‘.“

Ich erlaube mir, den Antrag schriftlich einzureichen.

Vorsitzender: Meine Herren, bevor ich diesen Antrag, daß wir zuerst zu § 181 übergehen, zur Diskussion stelle, gestatte ich mir erst die Anfrage, ob Sie wünschen, daß eine allgemeine Beratung stattfindet, oder ob wir paragraphenweise verhandeln sollen. Die gestrige Kommission hat eine allgemeine Beratung nicht beliebt, sondern ist direkt in die Beratung der Paragraphen eingetreten. Wenn ich keinen Widerspruch höre — und das ist nicht der Fall —, darf ich wohl annehmen, daß auch heute von einer allgemeinen Generaldebatte abgesehen werden soll.

Nun, meine Herren, erlaube ich mir, entsprechend dem Wunsche des Herrn Dr. Beumer, die Frage zu stellen, ob Sie vorweg den § 181 zur Diskussion gestellt sehen wollen. Wenn ich keinen Widerspruch höre — und das ist nicht der Fall —, darf ich auch hier annehmen, daß Sie dem Antrage des Herrn Dr. Beumer Rechnung tragen wollen, eröffne demgemäß die Diskussion über den § 181 und bitte, sich zum Wort zu melden.

Kommerzienrat **Dietel**-Coßmannsdorf: Ich möchte im allgemeinen nur die kurze Bemerkung machen, daß ich, wie bereits gestern erwähnt, zu einem bindenden Entschluß mich nicht verstehen könnte. Ich habe das gestern bereits ausgedrückt und auch in der heutigen Einleitung des Herrn Vorsitzenden ist darauf hingewiesen worden, daß eigentlich unsere Aufgabe hier eine informatorische ist.

Ich will aber gleich von vornherein erwähnen, daß meine persönliche Anschauung etwa dem Antrage des Herrn Dr. Beumer entspricht. Ich habe mich aber über den Punkt gestern mit Herrn Direktor Stark zu unterhalten Gelegenheit gehabt, der heute leider verhindert ist — er hat notwendig abreisen müssen — und dessen Anschauung über diesen Punkt eine andere war. Wir sind in die Materie nicht näher eingedrungen, und es sind ja vielleicht ganz gute Begründungen dafür vorhanden, daß man nicht ohne weiteres einverstanden ist, daß die staatlichen Gesellschaften mit in das Gesetz hineingezogen werden; es kann ja sein, daß man meinetwegen aus partikularistischen oder sonstigen Gründen oder vielleicht im Gegensatz zu dem Kartell der Feuerversicherungsgesellschaften die Absicht haben könnte, darin einen anderen Standpunkt einzunehmen. Ich wollte nur meine Stellungnahme rechtfertigen, wenn ich zu dem Antrage mich der Abstimmung enthalte. Ich erkläre jedoch nochmals ausdrücklich, daß ich persönlich damit einverstanden bin, wenn sämtliche Versicherungsgesellschaften, sowohl die privaten, als auch die staatlichen, unter das Gesetz fallen.

Oberbürgermeister a. D., Generaldirektor **Brüning** - Gotha: In Bezug auf den Absatz 1 des § 181 haben wir in der Denkschrift erklärt, daß es den privaten Feuerversicherungsgesellschaften gleichgültig sein könne, ob die Zwangs - Feuerversicherungsanstalten, wie sie in Bayern, Sachsen, Württemberg und in noch einigen anderen Staaten, bezw. in einigen Städten bestehen, unter das Gesetz fallen oder nicht. Wir haben es aber für unsere Pflicht gehalten, darauf hinzuweisen, daß, wenn der erste Absatz des § 181 bestehen bleiben soll zu Gunsten der Zwangs-Feuerversicherungsanstalten, dann verschiedene Verhältnisse entstehen, die durch diese Bestimmung im Absatz 1 nicht getroffen werden. Auf diese Ausführungen wird der Gesetzgeber jedenfalls Rücksicht zu nehmen haben, weil sie nach meiner Meinung ganz klar darlegen, daß so die Bestimmung nicht bleiben kann, wie sie einstweilen gefaßt ist.

(Herr Dr. Beumer: Sehr richtig!)

Den Herren vom Reichsjustizamt, die diese Fassung gewählt haben, oder haben wählen müssen, weil von seiten der Königlich preußischen Regierung darauf hingewirkt worden ist, diese Bestimmungen überhaupt aufzunehmen, auch von anderen Staatsregierungen vielleicht, werden die Verhältnisse, wie wir sie in der Denkschrift dargelegt haben, wahrscheinlich nicht so bekannt gewesen sein, so daß sie auf eine andere Fassung überhaupt nicht haben Bedacht nehmen können. Wie aber diese Verhältnisse bei den Zwangs-Feuerversicherungsanstalten sind, dafür habe ich nachträglich ein ganz eklatantes Beispiel erfahren, welches in der Denkschrift verwertet worden wäre, wenn es damals schon bekannt gewesen wäre. In der Wochenschrift „Handel und Industrie", die in München erscheint, vom 19. September 1903 wird folgendes mitgeteilt über die Bayerische Zwangs-Gebäudeversicherungsanstalt — ich lese das eben kurz mit Ihrer Erlaubnis vor. Es heißt da über den Tatbestand:

„Am 18. März 1897 war ein Stall durch einen Blitzschlag größtenteils zerstört worden; die Brandversicherungskammer vermutete aber, daß die Ursache des Schadens nicht Blitzschlag, sondern Sturm gewesen sei; sie verweigerte deshalb vorläufig den Schadenersatz und gab der Versicherten auf, die zerstörte Stellung in unverändertem Zustand zu belassen, bis die Entstehungsursache und die Höhe der Entschädigung von der Verwaltungsbehörde definitiv festgestellt sei. Diese Feststellung hat über 3 1/2 Jahre in Anspruch genommen; denn erst am 22. Oktober 1900 wurde der Versicherten eine Entschädigung von 540 Mk. zugesprochen. Inzwischen war nun aber durch Verfaulen des Dachgebälkes, Verderben des in dem beschädigten Gebäude untergebrachten Getreides u. s. w. ein weiterer Schaden von 1063 Mk. entstanden, den die Versicherte gegen die Brandversicherungsanstalt bei dem Münchener Landgericht einklagen wollte, was ihr aber nicht gelungen ist, weil das Gericht den Rechtsweg für unzulässig erklärte und darum die Klägerin kostenpflichtig abwies."

Es geht daraus hervor, daß die Versicherten in solchen Fällen eigentlich den Verwaltungsbehörden dieser Zwangs-Brandversicherungsanstalten vollständig in die Hand gegeben sind.

In diesem Artikel heißt es dann:

„Bei einer Privatgesellschaft wäre eine solche Hinziehung der Schadensregulierung einfach unmöglich, schon darum, weil eine solche dadurch allen Kredit verlieren würde."

Also wir stehen auf dem Standpunkt, daß man den Zwangsversicherungsanstalten gegenüber die Sache machen kann, wie man will, wenn nur aus dem Gesetz mit Sicherheit hervorgeht, wie in den Fällen zu verfahren ist, wo gemeinschaftliche Versicherungen dieser Zwangsversicherungsanstalten mit privaten Feuerversicherungsgesellschaften bestehen, wie das in Bayern möglich sein könnte, wie es in Sachsen in sehr vielen Fällen schon heute der Fall ist, wie es in Sachsen-Weimar, worauf besonders hingewiesen wurde, und noch einigen anderen Staaten bezw. Städten der Fall ist oder sein kann. Das Gesetz muß Klarheit darüber schaffen, wie in solchen Fällen zu verfahren ist.

Reichstagsabgeordneter Dr. **Beumer**-Düsseldorf (zur Geschäftsordnung): Meine Herren, mit Rücksicht auf die Ausführungen des Herrn Kommerzienrat Dietel erlaube ich mir, Ihnen eine kleine Aenderung in dem Beschlußantrage vorzuschlagen, nämlich:

„Die anwesenden Mitglieder der Versicherungskommission stimmen, ohne damit die von ihnen vertretenen Vereine zu binden, den Ausführungen der Vereinigung der in Deutschland arbeitenden Privat-Feuerversicherungsgesellschaften bezüglich des § 181 durchaus zu u. s. w."

Kommerzienrat **Dietel**-Coßmannsdorf: Ich möchte bloß erklären, daß ich prinzipiell auf meinem ursprünglichen Standpunkt verbleibe. Wenn das ins Protokoll kommt, daß ich persönlich für die Tendenz dieses Antrages gesprochen habe, so ist das ja auch festgelegt. Aber mir ist tatsächlich darum zu tun, daß wir eigentlich nur die ganzen Verhandlungen so auffassen, daß wir, wie gestern bereits erwähnt, nicht irgendwie Beschlüsse fassen, sondern daß wir nur die Verhandlungen ad referendum für unsere Vereine nehmen.

Vorsitzender: Das ist ja natürlich: Die Herren, welche die Vertretung ihrer Vereine übernommen haben, werden später in diesen die Anschauungen, welche sie hier gewonnen haben, darlegen, und so ist auch dieser Beschluß nur aufzufassen, wenn er so gefaßt wird. (Herr Kommerzienrat Dietel: Das genügt mir!)

Direktor **Harbers**-Frankfurt a. M.: Es ist weder in der Denkschrift der Vereinigung noch hier unsere Aufgabe, Anklagen zu erheben gegen staatliche Versicherungsanstalten oder gegen Sozietäten, das liegt uns fern, sondern wir stehen auf dem Standpunkt: Leben und leben lassen. Wir haben unsere Ansicht in unserer Denkschrift ausgesprochen, weshalb wir glauben, daß wir in Deutschland nun endlich zu einem einheitlichen Recht kommen sollten, und daß Ausnahmen sowohl für die staatlichen Anstalten wie für Sozietäten nicht im Interesse der Allgemeinheit liegen. Wenn wir lediglich unseren geschäftlichen Interessenstandpunkt in dieser Frage wahren wollten, so könnte es uns in der Tat vollständig gleichgültig sein, was das Gesetz bezüglich der Sozietäten und der staatlichen Anstalten bestimmt, denn es würde für die Privatassekuranz ein Agitationsmittel werden, wenn man in der Lage wäre, geltend zu machen, daß uns gegenüber die Versicherten auf dem privatrechtlichen Standpunkt stehen, während sie gegenüber den Sozietäten und den staatlichen Anstalten sich öffentlich-rechtlichen Bestimmungen und der einseitigen Dekretierung dieser Anstalten unterwerfen. Vom Interessenstandpunkt aus ist es uns gar nicht eingefallen, in unserer Denkschrift Stellung zu nehmen gegen die jetzige Abfassung des Gesetzentwurfes, sondern wir meinten, daß ein allgemeines Interesse vorliege und vor allen Dingen auch das Interesse der Versicherten vorliege, daß wir in Deutschland ein einheitliches Recht bekommen, und wir sind auch der Ansicht, daß zu jener Zeit, nach 1870, in der großen Gesetzgebungszeit, ganz gewiß niemand daran gedacht haben würde, nun für die Sozietäten Ausnahmen und gesetzliche Privilegien zu schaffen. Wir haben das unsrige, meines Erachtens, getan, indem wir in unserer Denkschrift eingehend die Frage behandelt haben. Wir können es in der Tat den Kreisen der Versicherten überlassen, in welcher Weise auch von der Seite nun gegen die Absicht, Ausnahmebestimmungen für Sozietäten und Landesanstalten zu schaffen, vorzugehen ist.

Vorsitzender: Meine Herren, eine Diskussion wird weiter nicht beliebt, und ich kann die Diskussion schließen.

Da sich von keiner Seite Widerspruch gegen den Antrag des Herrn Abgeordneten Dr. Beumer gerichtet hat, so darf ich wohl ohne besondere Abstimmung konstatieren, daß er in diesem Sinne, wie er vorgelegt ist, nur als ein vorläufiger Beschluß der hier anwesenden Delegierten, angenommen ist.

Kommerzienrat **Dietel**-Coßmannsdorf: Ich enthalte mich der Abstimmung.

Vorsitzender: Ich bitte das also zu protokollieren, daß Herr Kommerzienrat Dietel sich der Abstimmung enthält.

Meine Herren, dann kommen wir zu dem ersten Teil des Gesetzes: „Allgemeine Vorschriften". In der Vorlage, welche die gestrige Kommission Ihnen vorgelegt hat, wird empfohlen, in § 1 statt des Wortes „Versicherten" zu setzen „Versicherungsnehmer".

Ich darf den Herrn Referenten bitten.

Regierungsrat Dr. **Leidig**-Berlin: Meine Herren, der gestrige Beschluß stimmt ganz überein mit den Wünschen und den Anträgen der Vereinigung der Feuerversicherungsgesellschaften. Es handelt sich ja wesentlich um eine formelle Aenderung, man hat aber auch in den Kreisen der Industrie geglaubt, daß der Ausdruck „Versicherungsnehmer" bisher der üblichere im geschäftlichen Verkehr gewesen sei, und auch, daß es für das Gesetz selbst klarer sei, wenn derjenige, der als Versicherter hier bezeichnet worden ist, als „Versicherungsnehmer" bezeichnet wird. Der Entwurf selbst hat bei der Aehnlichkeit der beiden Worte „Versicherter" und „Versicherer" bereits an einer Stelle einen Druckfehler. Außerdem ist gestern hervorgehoben worden, daß in vielen Fällen der Versicherungsnehmer noch nicht der Versicherte ist, sondern daß er sich erst in den Verhandlungen über den Abschluß eines Versicherungsvertrages und den Eintritt in ein Versicherungsverhältnis befindet, daß also auch deshalb der Ausdruck „Versicherungsnehmer" sachlich der richtigere sei.

Vorsitzender: Meine Herren, soviel ich mich erinnere, ist auch hier seitens des Verbandes der Feuerversicherungsgesellschaften ein Wunsch in ihrer Denkschrift geäußert worden. Wollen Sie dazu das Wort nehmen?

Direktor **Harbers**-Frankfurt a. M.: Die Denkschrift der Vereinigung hat sich hiermit nicht befaßt, aber in einer Denkschrift der Feuerversicherungsgesellschaften auf Gegenseitigkeit ist diese Frage berührt worden. Wir haben uns in unserer Denkschrift zunächst darauf beschränkt, im wesentlichen die wichtigsten Grundsätze, die im Gesetzentwurf aufgestellt sind, zu behandeln, und zwar im wesentlichen die Grundsätze materieller Natur. Es ist ganz unzweifelhaft, daß auch in manchen Punkten, die mehr formaler Natur sind, der Gesetzentwurf noch einer Prüfung bedarf; aber wir haben geglaubt, vorläufig von einem Eingehen auf diese Fragen in unserer Denkschrift absehen zu sollen, da wir der Ansicht sind, daß in den Stadien, welche das Gesetz noch zu durchlaufen hat, diese Fragen unzweifelhaft noch eine eingehende Erörterung erfahren werden.

Was meine persönliche Ansicht betrifft, so bin ich auch der Ansicht, daß im Gesetzentwurf an manchen Stellen es richtiger ist, „Versicherungsnehmer" zu sagen, als „Versicherter", und ich zweifle nicht, daß in dieser Beziehung an verschiedenen Stellen Aenderungen zu treffen sind.

Vorsitzender: Eine weitere Diskussion wird nicht gewünscht, und ich darf wohl die Einstimmigkeit der Versammlung konstatieren, daß beide Parteien statt „Versicherter" lieber „Versicherungsnehmer" gesetzt sehen möchten. Es wird das demgemäß in der Eingabe besonders zu berücksichtigen sein.

Meine Herren, ich erlaube mir die Anfrage an die Vereinigung der Feuerversicherungsgesellschaften, ob Sie zu § 2 etwas zu bemerken haben. Ich würde die Paragraphen, sofern von der Kommission keine Aenderungen vorgenommen worden sind, kurz nennen und würde dann nur bitten, wenn ich an einen der Paragraphen komme, woran Sie eine Bemerkung knüpfen wollen, sich zum Wort zu melden; dann brauche ich nicht jedesmal besonders zu fragen.

Direktor **Harbers**-Frankfurt a. M.: Es ist wohl die Absicht, die Paragraphen daraufhin zu prüfen, ob die heutige Versammlung an diesen Bestimmungen zu korrigieren wünscht. Soll, wenn nun über einige Paragraphen hinweggegangen wird, ohne daß etwas darüber bemerkt wird, daraus zu schließen sein, daß die hier anwesende Versammlung auf dem Standpunkt steht, daß an diesen Paragraphen nichts mehr zu ändern ist, insbesondere auch die Herren von der Industrie der Ansicht sind, daß sie die Paragraphen so, wie es der Gesetzentwurf bestimmt, annehmen können?

Vorsitzender: Einstweilen ist das die Auffassung der Kommission, aber das ist immer nur mit Vorbehalt zu verstehen. Es wird natürlich in den verschiedenen Vereinen das Gesetz noch einmal durchberaten werden, und die Kommission wird sich, wie ich annehme, noch einmal zusammenfinden müssen, und eine weitere Behandlung ist vielleicht für den Delegiertentag noch in Aussicht zu nehmen. Aber prima vista sind diejenigen Anträge, welche Ihnen vorliegen, die einzigen Monita, welche die Versicherungskommission glaubt, machen zu wollen. Eine bestimmte Zusage, daß nun eine weitere Veränderung nicht gewünscht wird, kann ich nicht geben.

Direktor **Harbers**-Frankfurt a. M.: Nein, ich habe die Frage aus dem Grunde gestellt: Unsere Verhandlungen werden ja unzweifelhaft bekannt werden, veröffentlicht werden, und wenn nun zu den einzelnen Paragraphen, ich will einmal sagen von unserer Seite, nichts bemerkt wird, so könnte daraus in der Oeffentlichkeit der Schluß gezogen werden, daß wir, die Delegierten der Feuerversicherungsgesellschaften, nun mit den Paragraphen, die hier nicht zur Erörterung gekommen sind, in der Fassung des Gesetzentwurfes einverstanden seien. Deshalb möchte ich vorweg hier erklären, daß, soweit wir nicht über den Inhalt einzelner Paragraphen verhandeln, wir doch dasjenige aufrecht erhalten, was in der Denkschrift unserer Vereinigung vom September dieses Jahres zu den einzelnen Paragraphen ausgeführt ist. Es ist unter anderem zu § 2 etwas bemerkt in unserer Denkschrift, wo es heißt:

„Die Ausnahmebestimmung im letzten Satze des § 2 dürfte füglich auf die Versicherung für fremde Rechnung zu beschränken sein.“

Ich weiß nicht, ob die Herren sich mit dieser Frage beschäftigt haben, oder ob sie das nicht für so relevant betrachtet haben, um hier darüber zu verhandeln.

Vorsitzender: Wir haben uns mit diesen Beschlüssen nicht beschäftigt, sondern wir haben uns nur mit der Vorlage beschäftigt und haben uns vorbehalten, heute eventuell darauf einzugehen. Aber in dem Moment, wo von Ihrer Seite die Sachen nicht vorgeführt werden, wird natürlich auch die Industrie keine Veranlassung haben, dagegen oder dafür Stellung zu nehmen.

Regierungsrat Dr. **Leidig**-Berlin: Meine Herren, ich meine, daß die Stellungnahme der gestrigen Versammlung doch die gewesen ist, daß sie gesagt hat, bei denjenigen Paragraphen, zu denen keine Anträge innerhalb der Versammlung selbst vorgelegt worden sind — es haben ja auch innerhalb der Versammlung nicht bloß diese Anträge vorgelegen, die den Herren mitgeteilt sind, es sind auch innerhalb der Versammlung eine Reihe weiterer Anträge gestellt worden — bei diesen Vorschriften der Vorlage erfordern keine wesentlichen Interessen der Industrie eine Aenderung. Ich möchte glauben, daß es sich insbesondere bei § 2 auch um einen solchen Fall handelt. Ich verkenne durchaus nicht, daß der Inhalt des § 2 nach den Ausführungen der Herren Vertreter der Feuerversicherungsgesellschaften für den Geschäftsbetrieb der Feuerversicherungsgesellschaften nach manchen Richtungen hin vielleicht bedenklich sein kann; für die Interessen der Industrie ist aber in der Tat kaum zu ersehen, weshalb eine Aenderung von ihrem Interessenstandpunkt aus eintreten sollte, und deshalb lag für die gestrige Versammlung ja eigentlich kein rechter Anlaß vor, sich mit dem Inhalte dieses Paragraphen und seiner Abänderung zu befassen. Sollten die Herren Vertreter der Feuerversicherungsgesellschaften heute in ihren Darlegungen nachweisen wollen und die Herren von der Industrie davon überzeugen, daß auch die Interessen der Industrie durch die Erweiterung dieser Bestimmung über die Vorschriften der Seeversicherung hinaus geschädigt oder verletzt werden, dann würde meines Erachtens nichts im Wege stehen, heute auch nach dieser Richtung hin noch weitere Beschlüsse zu fassen oder wenigstens Meinungsäußerungen kund zu tun, die dann den einzelnen Vereinigungen, die dem Centralverbande angehören, oder die hier vertreten sind, noch weiter vorzulegen wären.

Geheimer Regierungsrat **Koenig**-Berlin: Meines Erachtens liegt die Frage folgendermaßen. Gestern in der Kommission des Centralverbandes sind nur diejenigen Anträge bezw. Wünsche beraten worden, die aus der Industrie an den Centralverband herangelangt sind. Insoweit mit diesen Wünschen Anträge der Denkschrift des Feuerversicherungsverbandes konkurrierten, sind dieselben gestern von uns gleichzeitig zur Beratung gezogen. Heute wollten wir uns erlauben, über unsere gestrigen Beschlüsse mit Ihnen zu verhandeln und es Ihnen zu überlassen, inwieweit Sie solche Punkte Ihrer Denkschrift, die wir dabei nicht anschneiden, Ihrerseits zum Vortrag zu bringen für notwendig halten. Für alle diejenigen Punkte Ihrer Denkschrift aber, die weder von Ihrer Seite noch von uns berührt werden, dürfen wir annehmen, daß Sie bei denselben verbleiben.

Direktor Dr. **Böttinger**-Elberfeld. Meine Herren, ich bin nicht ganz der Auffassung, als ob das unsere gestrige Anschauung gewesen sei. Was den ersten Teil anbelangt, ja: daß wir gestern uns zunächst damit zu befassen haben sollten, die Anträge, die seitens der Mitglieder eingegangen waren, zu prüfen, und auch, soweit die Denkschrift der Vereinigung der Privat-Feuerversicherungsgesellschaften diese Fragen berührte, diese teilweise mit hineinzunehmen. Wir haben aber die einzelnen Paragraphen, die der Versicherungsverband berührt, nicht alle näher in Berücksichtigung, näher in Erwägung gezogen, und ich glaube, wenn sie auch die Industrie nicht so genau direkt berühren, so wäre es doch im allgemeinen Interesse und im Interesse auch der größeren Klärung für uns, daß wir nunmehr uns heute zunächst befassen mit der Denkschrift der Vereinigung der Privat-Feuerversicherungsgesellschaften und hier die sämtlichen Bedenken oder die Wünsche, die die Herren haben, der Diskussion unterziehen — wir brauchen darüber keine Beschlüsse zu fassen — und dann gleichzeitig natürlich unsere gestrigen Beschlüsse, soweit sie auf die einzelnen Paragraphen sich beziehen. Ich glaube, das wird zur allgemeinen Orientierung und zur allgemeinen Bereicherung unserer eigenen Anschauung wesentlich beitragen.

Vorsitzender: Ja, meine Herren, ich glaube, das ist der einzig richtige Weg, den wir zu gehen haben. Eine Stellung zu den Wünschen des Verbandes der Feuerversicherungsgesellschaften können wir heute nicht nehmen. Dagegen wird es den einzelnen Verbänden vorbehalten sein, sich darüber auszusprechen, und in einer späteren Sitzung würden wir dann auf diese Spezialansicht der Feuerversicherungsgesellschaften einzugehen haben. Bislang haben wir uns nicht damit beschäftigt und können deshalb heute auch eigentlich nur die Gründe für diese Auffassung hören, und die werden dann stenographiert werden und können dann eingehend erwogen werden bei der nächsten Kommissionssitzung.

Ich nehme an, daß die Herren mit dieser Auffassung einverstanden sind.

Direktor **Harbers**-Frankfurt a. M.: Ich möchte mir dann erlauben, für die Mitglieder der heutigen Kommission, welche der Feuerversicherung angehören, die Erklärung abzugeben, daß wir, soweit hier die Ausführungen aus unserer Denkschrift von uns nicht erörtert werden, diese Ausführungen in unserer Denkschrift aufrecht erhalten.

Vorsitzender: Das wird zu Protokoll genommen. Wir haben uns dann bei unseren Beratungen an die Vorlage der Kommission zu halten, sofern heute nicht besonders die einzelnen Paragraphen behandelt werden sollen.

Wir kommen zu § 3.

Direktor Dr. **Böttinger**-Elberfeld (zur Geschäftsordnung): Meine Herren, wir haben den § 2 bis jetzt nicht behandelt. Nach meinen früheren Ausführungen bin ich der Ansicht, wir sollten diese Denkschrift und die einzelnen Paragraphen auch hier behandeln, wenn sie uns auch hier direkt nichts angehen.

Vorsitzender: Die Diskussion über § 2 war eröffnet. Ich habe sie allerdings — da haben Sie recht — formell nicht geschlossen. Aber es hatte sich auch niemand zum Worte gemeldet. Also ich halte die Diskussion über § 2 noch offen — und da sich niemand zum Worte meldet — schließe ich die Diskussion. Die Erklärung ist schon abgegeben: sofern die Herren in eine Diskussion darüber nicht eintreten, halten Sie (zu den Vertretern der Feuerversicherungsgesellschaften) Ihre Stellung zu den Paragraphen mit der Motivierung, wie Sie sie in Ihrer Denkschrift gegeben haben, aufrecht.

Ich schließe also die Diskussion über § 2, und wir kommen zu § 3.

Regierungsrat Dr. **Leidig**-Berlin: An den § 3 hat sich gestern eine Diskussion geschlossen, und es sind eine Anzahl Wünsche geäußert worden hinsichtlich einer Erweiterung der einzelnen Bestimmungen in § 3 und einer weiteren Präzisierung und Detaillierung der Bestimmung in § 3, so daß darüber völlige Klarheit bestünde, zu welchem Zeitpunkt der Versicherungsvertrag, die Verpflichtung einerseits der Versicherungsgesellschaften, andererseits der Versicherten beginnt. Man war aber gestern der Ueberzeugung, daß es zweckmäßig sei, diese Detaillierung des § 3 nicht als einen Wunsch auf Abänderung des Gesetzentwurfs vorzuschlagen, sondern den Wunsch auszusprechen, daß man erhofft und erwartet, daß die Neuregelung der allgemeinen Versicherungsbedingungen, die ja nachher auf Grund dieses Gesetzentwurfs stattfinden wird und stattfinden muß, seitens der Versicherungsgesellschaften im Benehmen und in Uebereinstimmung mit Vertretern der Industrie stattfinden werde und daß da der geeignete Zeitpunkt sei, eine weitere Detaillierung dieses § 3 nach der Richtung vorzunehmen, die ich mir eben erlaubt habe, anzudeuten. Es wird sich fragen, ob auch die Herren Vertreter der Feuerversicherungsgesellschaften diesen Standpunkt für den richtigen halten. Dann würde wohl über § 3 hinweggegangen werden können.

Generaldirektor **Batke**-Magdeburg: Meine Herren, ich darf an Aeußerungen erinnern, die wir bereits früher gemacht haben. Wir haben schon früher erklärt, daß eine Aussprache über den Gesetzentwurf, der zur Veröffentlichung kommen sollte, sich wohl wünschenswert machen würde. Das geschah auf Ihre Anregung. Wir haben aber damals gleich hinzugefügt, daß die eigentliche Aussprache über Ihre Wünsche erst kommen könnte zu dem Zeitpunkt, wo wir nach dem Erscheinen des Gesetzes dazu schreiten würden, unsere Versicherungsbedingungen neu zu redigieren. Wir erachten es als ganz selbstverständlich, daß, ehe wir unsere Versicherungsbedingungen feststellen und dem Aufsichtsamte vorlegen, wir uns mit der Industrie darüber benehmen.

(Beifall.)

Heute aber und eventuell morgen über Spezialia, die erst erledigt werden können bei Schaffung der neuen Versicherungsbedingungen, zu beraten, das dürfte keinen Zweck haben.

Vorsitzender: Meine Herren, ich glaube, daß ich im Namen der Industrie dem Danke Ausdruck geben kann für die Worte des Herrn Generaldirektors Vaike, die Sie gehört haben, daß also, bevor die Versicherungsbedingungen seitens des Verbandes aufgestellt werden, die Herren sich erst einmal mit der Kommission des Centralverbandes benehmen werden.

Ich meine, es erübrigt sich nun ein weiteres Eingehen auf den § 3.

Wir kommen zu § 4 — § 5 — § 6. Hier liegt ein Antrag von gestern vor.

Regierungsrat Dr. **Leidig**-Berlin: Bei der Aussprache in der gestrigen Kommission ist die Auffassung allgemein gewesen, daß der Inhalt des § 6 den Interessen der Industrie entspricht und daß deshalb die Industrie in ihrer Eingabe an die Reichsbehörde den Wunsch aussprechen müsse, eine Abänderung des Inhaltes des Paragraphen in den weiteren Stadien der Verhandlung nicht herbeizuführen. Es war andererseits dabei aber auch wieder vorbehalten, daß diese Frage heute noch einmal zur Erörterung komme, um die Bedenken der Vertreter der Feuerversicherungsgesellschaften nochmals zu prüfen und zu berücksichtigen.

Vorsitzender: Es handelt sich also hier um die Frist von einem Monat, welche die Vorlage hat.

Regierungsrat Dr. **Leidig**-Berlin: Die Herren Vertreter der Feuerversicherungsgesellschaften wollen ja — um dies gleich zur Information der Herren in Ihr Gedächtnis zurückzurufen — eine kürzere Frist. Sie wollen eine Frist von einer Woche haben, während hier eine Frist von einem Monat eingesetzt ist. Das ist die wesentliche Differenz.

Direktor **Harbers**-Frankfurt a. M: Meine Herren, es handelt sich hier in § 6 lediglich um die Frage, wie weit der Inhalt der Police von dem Versicherten noch nach der Richtung angefochten werden kann, daß derselbe behauptet, die schriftliche Urkunde, welche die Versicherungsgesellschaft dem Versicherten gegeben hat, entspricht nicht dem Inhalt des Vertrages, den der Versicherte mit der Gesellschaft abgeschlossen hat. An sich ist der Vertrag bereits perfekt geworden, so faßt der Gesetzentwurf die Sache auf. Der Gesetzentwurf faßt die Sache so auf, daß durch die gegenseitige Uebereinstimmung der Parteien der Versicherungsvertrag geschlossen ist. Nachdem das geschehen ist, hat nach dem Gesetz der Versicherer die Verpflichtung, hierüber eine Urkunde auszufertigen und diese Urkunde dem Versicherten auszuhändigen. Nun soll nach dem Gesetzentwurf der Versicherte das Recht haben, vier Wochen lang den Inhalt dieser Urkunde daraufhin zu prüfen, ob der Inhalt derselben dem wirklichen Inhalte des abgeschlossenen Vertrages auch entspricht. Die Versicherungsgesellschaften sollen keine Bedingung machen können, wo gesagt wird, der Inhalt der Urkunde soll nicht mehr angefochten werden können. Sie dürfen das nur, wenn sie eine Frist von mindestens vier Wochen geben. Wegen Irrtums kann der Vertrag immer angefochten werden; das richtet sich nach dem Bürgerlichen Gesetzbuch, und das ist auch hier ausdrücklich in dem § 6 bestimmt.

Nun, meine Herren, das ist kein Kardinalpunkt für uns. Aber wir sind nach eingehender Prüfung zu der Ansicht gekommen, daß, wenn ein Vertrag von einer solchen Wichtigkeit zwischen zwei Parteien geschlossen ist, und die eine Partei gibt darüber der anderen Partei eine Urkunde, es dann doch Sache der anderen Partei ist, sich nun den Inhalt dieser Urkunde alsbald anzusehen, und wir sind zu der Ansicht gekommen, daß das Einsehen und Prüfen dieser Urkunde innerhalb acht Tagen wohl am Platze sein sollte, daß derjenige aber, der eine solche Urkunde nicht innerhalb acht Tagen prüft, sie wahrscheinlich auch nicht innerhalb vier Wochen prüfen wird. Aus diesem allgemeinen Zweckmäßigkeitsgrunde, um sichere klare Verhältnisse zu schaffen in dem Rechtsverhältnis zwischen den Parteien, halten wir es für zweckmäßig, daß die Frist auf acht Tage beschränkt wird. Das ist unsere Ansicht. Die Versicherungsgesellschaften können auch damit bestehen, wenn die Frist vier Wochen ist. Wir haben es nur nach allgemeinen Erwägungen für richtiger gehalten, die Frist auf acht Tage zu beschränken. Wir überlassen den Herren, zu erwägen, welcher Ansicht sie sind.

Dr. **Johannes**-Köln: Meine Herren, zur Prüfung so komplizierter Verträge, wie man sie heute vielfach abzuschließen genötigt ist, ist der einzelne selbst nicht immer in der Lage. Er wird sich gezwungen sehen, den Rat von Sachverständigen einzuholen, und das wird sich in acht Tagen nicht immer bewerkstelligen lassen. Das ist auch ein Grund, warum eine Fristbestimmung von acht Tagen bei so komplizierten Verhältnissen heutzutage keineswegs zureichen würde.

Regierungsrat Dr. **Leidig**-Berlin: Meine Herren, ich möchte darauf hinweisen, daß vom Standpunkt der Industrie und vom Standpunkt der Versicherungsnehmer aus es eigentlich selbstverständlich ist, daß, je länger die Frist ist, desto günstiger die Verhältnisse für sie liegen. Nun erklären die Herren Vertreter der Feuerversicherungsgesellschaften ja selbst, daß es sich eigentlich nur um eine Zweckmäßigkeitsfrage handelt, um eine Frage, die an sich ihren eigenen

Betrieb nicht in erheblicher Weise erschwert oder gar verhindert, und ich möchte mir erlauben, doch noch darauf aufmerksam zu machen, daß ja ein Ausweg — allerdings ein Ausweg zu Ungunsten der Versicherten — für die Versicherungsgesellschaften gegeben ist. Wie Herr Direktor Harbers eben ausgeführt hat und worauf auch gestern bereits hingewiesen worden ist, ist der Versicherungsschein nur eine Urkunde der einen Partei, in der diese Partei ihre Ansicht darüber zum Ausdruck bringt, wie der Inhalt des Vertrages gewesen ist, der zwischen den beiden Parteien geschlossen ist. Nun, meine Herren, es steht ja nichts im Wege, diesen Vertrag selbst schriftlich abzuschließen, und dann ist ja an sich eigentlich alles erledigt. Das ist allerdings ein Nachteil für die Versicherten, denn sie müssen dann zweimal den Stempel bezahlen. Dies wäre aber der ganze Nachteil, der daraus entsteht. Ich meine, dieser Ausweg ist an sich in gewissen Fällen möglich. Ich möchte ihn nicht den Feuerversicherten empfehlen, er liegt nicht im Interesse der Industrie. Ich möchte aber sagen, für diejenigen Spezialfälle, in denen sich die Notwendigkeit ergibt, möglichst bald darüber klar zu sein, wie die Verhältnisse liegen, ist die Möglichkeit gegeben, und ich möchte deshalb meinen, daß vom Standpunkt der Industrie eigentlich an der Auffassung festzuhalten sein dürfte: der § 6 in seiner Schlußbestimmung entspricht so, wie er geschaffen ist, den Interessen der Versicherten und auch den Interessen der Industrie.

Vorsitzender: Meine Herren, ich möchte mir gestatten, darauf hinzuweisen, daß § 6 ja eigentlich nur einen Spezialfall betrifft. Es steht also hier „Auf eine Vereinbarung, nach welcher die Annahme des Versicherungsscheins die Wirkung haben soll, daß der Inhalt des Scheines als von dem Versicherten genehmigt gilt". Es wird also in diesem Falle von dem Versicherer eine besondere Forderung an den Versicherten gestellt, nämlich daß er die Entgegennahme des Scheines dahin gelten lassen soll, daß er den Vertrag als genehmigt ansieht. Wenn also eine besondere Forderung gestellt wird, so ist es doch nicht mehr als recht und billig, daß der anderen Seite eine gewisse Deliberationsfrist gewährt wird und ihr Zeit gegeben wird, um den Vertrag zu prüfen. Also an und für sich ist ja die Forderung eine immerhin wenig angenehme, sich darüber in sehr kurzer Zeit entscheiden zu müssen: soll die Annahme des Vertragsstückes wirklich als Genehmigung des Vertrages gelten, und gerade um diese peinliche Sache für den Versicherten zu vermeiden, hat der Gesetzgeber die besondere Frist von einem Monat hier hineingesetzt.

Es ist nun in der Denkschrift der Feuerversicherungsgesellschaften gesagt worden, daß diese Bestimmung ja dann eine sehr unangenehme für sie selbst werden könne, wenn es sich um kurze Versicherungen, um Versicherungen von einem Monat oder wenigen Monaten handelt. Ja, meine Herren, in solchen Fällen wird man eben einfach diese Sonderklausel, nach welcher die Annahme des Versicherungsvertrages die Wirkung haben soll, nicht hineinsetzen.

Direktor **Harbers**-Frankfurt a. M.: Ich möchte bemerken, daß wir die Ausführungen zu § 6 in unserer Denkschrift nicht deshalb gemacht haben, weil wir glauben, daß die Feuerversicherungen ein Lebensinteresse daran haben, ob die Frist vier Wochen oder ob sie eine Woche ist. Wir sind lediglich davon ausgegangen, daß es unsere Aufgabe sein würde, uns auch soweit zu dem Gesetzentwurf zu äußern, als wir der Ansicht sind, daß aus allgemeinen Zweckmäßigkeitsgründen eine Aenderung des Gesetzentwurfs erwünscht sein könne, und wir sind nach eingehender Prüfung beider Interessen, sowohl der Versicherten, als wie der Versicherungsgesellschaften, zu der Ueberzeugung gekommen aus den schon angeführten Gründen, daß es richtig ist, wenn die Parteien sich baldmöglichst darüber klar werden, ob die erfolgte Beurkundung eines Vertrages richtig ist oder nicht. Die Herren haben den Vertrag mit der Versicherungsgesellschaft vorher abgeschlossen. Sie wissen, welchen Vertrag sie abgeschlossen haben, der wird nachher beurkundet von der Gesellschaft, und wenn die Herren der Ansicht sind, daß Sie mit einer Prüfung des Inhalts dieses Vertrages auf seine Richtigkeit hin nicht in einer Woche auskommen, sondern daß Sie dazu vier Wochen notwendig haben, so können wir nichts dagegen haben, wenn Sie diesen Standpunkt vertreten. Aber ich kann mich nicht davon überzeugen, daß das wirklich zweckmäßig sein könnte.

Kommerzienrat **Dierig**-Oberlangenbielau: Ich möchte nur darauf aufmerksam machen, daß doch die Stellung der Parteien hier verschieden ist. Wenn die Versicherungsgesellschaften der Ansicht sind, daß man in acht Tagen mit der Durchsicht eines Vertrages sehr gut fertig werden kann, so liegt das doch bei den Versicherungsnehmern etwas anders, weil die Versicherungsnehmer nicht die Zeit haben, ihre ganze Aufmerksamkeit dem Versicherungsvertrage, der geschlossen werden soll, zuzuwenden. Sie haben nebenher noch sehr viel anderes zu erledigen, und dann kommt aber noch sehr häufig hinzu, daß den Versicherungsnehmern die Kenntnis fehlt, alles das richtig beurteilen zu können. Die Versicherungsnehmer müssen sich auch einmal an jemand wenden, der in Rechtsverhältnissen ihnen Auskunft geben kann, da sie selber die Kenntnis nicht so besitzen, und da erscheint mir denn eine Frist von acht Tagen als viel zu kurz, und ich möchte dringend bitten, daß wir daran festhalten, mindestens vier Wochen zu setzen.

Meine Herren, es wurde vorhin ausgeführt, daß der Vertrag geschlossen ist, und daß darüber eine Urkunde besteht. Ja, es wird aber sehr häufig der Vertrag so geschlossen, daß der Versicherer den Versicherten oder den Versicherungsnehmer sehr lange warten läßt, bis die Ausfertigung der Urkunde da ist. Ich habe ja mir selbst erlaubt, darauf aufmerksam zu machen, daß ich sechs Monate habe warten müssen, bis ich überhaupt einen Versicherungsschein in die Hände bekommen habe, und da sollte man doch nicht von seiten der Versicherungsgesellschaften so darauf bestehen, daß wir nur eine Frist von acht Tagen haben dürfen, um irgend eine Reklamation anzubringen. Also ich erkläre ganz einfach, daß ich mich außer stande sehe, die vielen Paragraphen und die vielen Umstände, die da zu erwägen sind, in einer so kurzen Zeit wirklich würdigen zu können. Ich nehme aber an, daß es sich doch um sehr viele Fälle handelt, wo Leute davon betroffen werden, die auf einem noch geringeren Bildungsgrade stehen, wie ich, und deshalb bitte ich doch sehr, daß die Versicherungsgesellschaften in dieser Beziehung die Einsicht haben möchten, daß hier den Schwächeren ein Schutz zu verleihen ist.

Vorsitzender: Meine Herren, die Diskussion ist geschlossen.

Ich darf wohl annehmen, daß nach den Ausführungen des Herrn Direktor Harbers ein energischer Widerstand gegen die Aufrechterhaltung des Paragraphen, wie ihn die Regierungsvorlage enthält, nicht besteht. Wir würden also dadurch zu einer Einigung gewissermaßen gekommen sein.

Meine Herren, wir kommen zu § 7. Da liegt nichts vor.

Regierungsrat Dr. **Leidig**-Berlin: Meine Herren, ich würde mir erlauben, Ihnen vorzuschlagen, daß die Diskussion über die §§ 7 bis 9 zusammengezogen wird und daß gleichzeitig in die Diskussion einbezogen wird der § 91. Der § 91 hebt ja, wie die Herren sich erinnern werden, einen Teil der Grundsätze des § 8 wieder auf, und die Kommission hat gestern beschlossen, den Absatz 2 des § 91 zur Streichung zu empfehlen.

Es wird sich also wohl empfehlen, diese beiden Bestimmungen zusammenzunehmen.

Vorsitzender: Meine Herren, ich nehme an, daß Sie dem Vorschlage des Herrn Referenten zustimmen, und ich bitte den Herrn Referenten, demgemäß das Wort zu nehmen.

Regierungsrat Dr. **Leidig**-Berlin: Meine Herren, die Vertreter der Feuerversicherungsgesellschaften erklären sich in ihrer Denkschrift an sich mit dem Prinzip der §§ 7 bis 9 einverstanden. Es handelt sich also, meine Herren, wesentlich um die Ausnahme von diesem Prinzip, die durch § 91 Absatz 2 herbeigeführt wird. Während die Bestimmungen der §§ 7 bis 9 ja im allgemeinen erklären, daß ein Erlöschen des Vertrages nur eintreten kann bei einer dolosen Verletzung der Anzeigepflicht, sagt Absatz 2 des § 91, daß für die Feuerversicherung von diesem Grundsatz abzuweichen ist. Es heißt in § 91 Absatz 2:

„Es kann vereinbart werden, daß auch eine nicht arglistige Verletzung der Pflicht zur Anzeige des Versicherungsfalles das Erlöschen der Ansprüche oder einen sonstigen Rechtsnachteil für den Versicherten zur Folge haben soll. Der Versicherer kann sich jedoch auf eine solche Vereinbarung nicht berufen, wenn er in anderer Weise von dem Versicherungsfalle rechtzeitig Kenntnis erlangt hat oder wenn die Pflicht zur Anzeige ohne Verschulden verletzt worden ist; die Vorschrift des § 9 Satz 2 über die Zulässigkeit einer Vertragsstrafe bleibt unberührt.“

Meine Herren, es ist gestern beschlossen worden, daß seitens der Industrie die Streichung dieses Absatzes 2 als im Interesse der Industrie liegend verlangt werden soll. Es ist aber — ich habe mir erlaubt, schon bei meinen einleitenden Bemerkungen darauf hinzudeuten — nicht verkannt worden, daß die Interessen der Feuerversicherungsgesellschaften gegenüber anderen Bevölkerungsklassen es allerdings vielleicht als wünschenswert erscheinen lassen können, hier diese oder eine ähnliche Bestimmung für die Feuerversicherung zu erlassen. Es muß ja anerkannt werden, daß in denjenigen sozialen Kreisen, in denen vielleicht mehr als in den Kreisen der Industrie die Möglichkeit gegeben ist, in doloser Weise dem Brandschaden ein wenig nachzuhelfen, daß da allerdings die Möglichkeit eines schärferen Rechtsnachteils auch bei fahrlässiger Verletzung der Anzeigepflicht wohl im Interesse und im dringenden Interesse der Feuerversicherungsgesellschaften liegen kann. Man hat sich aber gestern dahin schlüssig gemacht, daß — wie ich mir auch bereits anzuführen erlaubte — die Beschlüsse, die gestern gefaßt worden sind, lediglich und allein das Interesse der Industrie zu vertreten haben, und daß nur in denjenigen Fällen davon Abstand zu nehmen sei, in denen seitens der Herren Vertreter der Feuerversicherungsgesellschaften heute etwa nachgewiesen würde, daß ein Arbeiten mit solchen Beschlüssen überhaupt nicht möglich sein könnte.

Vorsitzender: Ich eröffne die Diskussion über die §§ 7 bis 9 inkl. § 91.

Direktor **Harbers**-Frankfurt a. M.: Meine Herren, ich kann hier im wesentlichen Bezug nehmen auf die Ausführungen in der Denkschrift der Vereinigung der Privat-Feuerversicherungsgesellschaften. Diese Ausführungen müssen wir auch hier aufrecht erhalten.

Im allgemeinen sind wir einverstanden mit den Grundsätzen, die hier in den §§ 7 bis 9 aufgestellt sind. Wenn der geehrte Herr Vorredner auf den § 91 eingegangen ist, so hat auch die Denkschrift schon betont, daß dieser Grundsatz seine wesentlichste Bedeutung hat bei den späteren einzelnen Vorschriften des Gesetzentwurfs, wo dieser Grundsatz zur Anwendung gekommen ist, und bei diesen späteren einzelnen Vorschriften ist die Denkschrift hierauf noch näher eingegangen.

Ich weiß nicht, ob es die Absicht ist, jetzt auch schon über § 91 Abs. 2 zu sprechen.

(Rufe: Ja!)

Dann möchte ich vorläufig nur das eine bemerken: wenn eine Bestimmung bezüglich der Anzeige des Brandes im Gesetz in § 91 nicht getroffen wird, so würden den Versicherten nur Nachteile aus einer Verletzung der Anzeigepflicht treffen, wenn er diese Anzeige arglistig, in der Absicht, den Versicherer zu täuschen, nicht rechtzeitig gemacht hat. Ich glaube nicht, daß das zweckmäßig sein würde.

Regierungsrat Dr. **Leidig**-Berlin: Das trifft nicht ganz zu. Die Vertragsstrafe bleibt ja.

Direktor **Harbers**-Frankfurt a. M. (fortfahrend): Hierauf komme ich noch.

Es handelt sich also hier darum, ob die Vereinbarung, welche nach den §§ 7 bis 8 zulässig ist, bezüglich der Obliegenheit des Versicherten nach eingetretenem Schadensfall den Schaden anzuzeigen, erweitert werden soll. Als Voraussetzung dieser Verletzung ist in § 8 nur die Arglist genannt, das ist die Absicht der Täuschung der anderen Partei. Ich glaube nicht, daß man in der Regel in der Lage sein wird, wenn die Pflicht der Anzeige des Schadens verletzt ist, der andern Partei die Absicht der Täuschung zu beweisen. § 91 bestimmt bei der Wichtigkeit, die dem Wissen eines vorgekommenen Brandes zukommt, daß hier ein Verschulden ausreicht. Der Versicherte ist verpflichtet, einen Brand, der ihn betroffen hat, innerhalb zwei Tagen anzuzeigen. Er ist nur dann nicht für die Verletzung dieser Pflicht haftbar, wenn ihn kein Verschulden trifft, und ich meine, damit kann der Versicherte auskommen. Denke man sich den Fall, daß eine Fabrik abbrennt. Dann ist doch der erste Gedanke immer derjenige, nicht allein da, sondern auch in anderen Verhältnissen, daß der Feuerversicherer den Schaden ersetzt, und daß nun eine Anzeige zu erfolgen hat. Daß diese Anzeige nicht verschuldeterweise unterlassen werden darf, ich glaube, das ist ein billiges Verlangen. Meine Herren, jedenfalls kann nach meiner Ansicht nicht Arglist Voraussetzung der Verletzung sein. Eine Verletzung der Pflicht kann man sich, abgesehen davon, wenn sie nach den begleitenden Umständen entschuldbar erscheint, gar nicht anders denken, als daß der Fall so liegt, daß der Versicherte etwas verdunkeln will, dadurch, daß er die Anzeige möglichst spät macht, und ich glaube, die Forderung muß man doch stellen, daß der Versicherer nach der Richtung hin durch eine gesetzliche Bestimmung geschützt wird. Ich glaube, wenn das Verschulden zur Voraussetzung der Verletzung gemacht wird, kann der Versicherte vollständig damit auskommen.

Regierungsrat Dr. **Leidig**-Berlin: Meine Herren, ich glaube, die Industrie könnte sich mit diesem Paragraphen einverstanden erklären, wenn anstatt „arglistig" „wissentlich" stände. Das wäre wohl möglich. Aber unter Verschulden fällt ja auch Fahrlässigkeit, auch geringe Fahrlässigkeit, und da liegen immerhin Bedenken vor.

Ich möchte dann weiter auch darauf aufmerksam machen, daß es sich ja nicht nur um das Unterlassen der Anzeige, sondern auch um das Abgeben der Anzeige an die richtige Stelle handelt. Auch das Abgeben der Anzeige an die unrichtige Stelle würde dazu führen können, daß ein Erlöschen des Versicherungsanspruchs eintritt. So liegen also immerhin gewisse Bedenken in diesem Paragraph vor, die es der Industrie nicht leicht machen können, in dieser Weise, wie es der Herr Vorredner wünscht, beizustimmen. Ich verkenne allerdings nicht und ich glaube, das ist gestern auch von keiner Seite verkannt worden, daß es sich hier lediglich um ein Sicherungsmittel handelt, und daß die Versicherungsgesellschaften tatsächlich in der Praxis von diesen Bestimmungen nur Gebrauch machen werden, wenn sie, sagen wir einmal, den dringenden Verdacht haben, daß hier Arglist und ein doloses Verhalten vorliegt, und daß sie nicht jeden kleinen fahrlässigen Verstoß dazu verwenden werden, ihr formales Recht geltend zu machen. Das ist ja wohl für die Praxis als zweifellos anzuerkennen. Andererseits handelt es sich hier doch um abstrakte gesetzliche Bestimmungen.

Direktor **Harbers**=Frankfurt a. M.: Meine Herren, wenn Sie sich dem Standpunkt, der in der Denkschrift der Feuerversicherungsgesellschaften eingenommen ist, nicht anschließen können, so möchte ich Ihnen wenigstens zur geneigten Erwägung stellen, ob Sie jedenfalls nicht davon absehen, daß Sie Arglist als Voraussetzung nehmen, sondern grobe Fahrlässigkeit. Das geben wir Ihnen zur Erwägung. Wir sind allerdings der Ansicht, daß man hier mit den Herren, die den Gesetzentwurf gemacht haben, Verschulden nehmen müßte. Aber jedenfalls kann man nicht Arglist zur Voraussetzung machen.

Generaldirektor **Vatke**-Magdeburg: Meine Herren, wenn das, was Sie wünschen, geschähe, wenn also der Absatz 2 gestrichen würde, würden wir ja nur noch das Recht haben, auf Grund verspäteter Anzeige eine Ersatzleistung zu verweigern, sobald wir Arglist nachweisen können. Meine Herren, eine Verspätung der Anzeige kann — das wissen Sie selbst — unter Umständen wesentlich auf die Höhe des Schadensersatzes einwirken. Sie kann aber vor allem beitragen — das ist ja auch in den Motiven zum Gesetzentwurf ausgesprochen — zur Verdunkelung des Tatbestandes.

Meine Herren, wenn das, was Sie wünschen, Gesetz werden sollte, dann kann ein Beschädigter, ohne Anzeige zu machen, z. B. seine Maschinen, die beschädigt sind, erst wieder herstellen lassen und alsdann der Gesellschaft Anzeige machen unter Einreichung der Kostenrechnung für die Wiederherstellung, mit dem Verlangen, daß ihm die durch Rechnung nachgewiesenen Wiederherstellungskosten bezahlt werden. Wir haben dann bis dahin von der ganzen Sache nichts erfahren, wir sind nicht in der Lage gewesen, rechtzeitig eine Prüfung eintreten zu lassen. Aber, meine Herren, sollen wir dann behaupten, daß der betreffende Beschädigte, der ja natürlich von dem Schaden schon vor der Wiederherstellung gewußt hat — daß der den Schaden arglistig verschwiegen hat? Ich glaube, den Beweis der Arglist werden wir nicht führen können und auch gar nicht führen wollen. Wir sind in solchen Fällen darauf angewiesen, an der Hand der eingereichten Kostenrechnung den Schaden festzustellen. Meine Herren, in vielen Fällen wird das möglich sein — gewiß. Aber in zahlreichen anderen Fällen wird das nicht möglich sein, und es werden unangenehme Differenzen daraus entstehen. Die Herren wissen ebensogut wie ich, daß bei einer Wiederherstellung mitunter nicht nur die Brandbeschädigung repariert wird, sondern die Sache wird gründlich nach allen Richtungen hin repariert oder wohl gar geändert. Die Aenderungen und Erneuerungen gehen mitunter so weit, daß das Objekt ganz anders aussieht, wie es vorher gewesen ist. Da ist es denn ungeheuer schwer und oft unmöglich, den wirklichen Schaden, den die Versicherungsgesellschaft zu tragen hat, lediglich aus der Kostenrechnung für die Wiederherstellung festzustellen. Das Richtige bleibt immer, daß, wenn der Schaden eingetreten ist, die Parteien sich den Schaden ansehen und ihn durch Sachverständige abschätzen lassen, ehe die Wiederherstellung erfolgt. Der andere Weg ist immer unrichtig. Ich glaube, diese Anführungen genügen, um klar zu machen, weshalb wir uns nicht damit zufrieden geben können, daß nur im Falle der nachgewiesenen Arglist der Beschädigte dem ausgesetzt ist, daß wir den

Ersatz verweigern. Die Vertragsstrafe, die wir fordern könnten, geht bloß bis zu 5 vom Hundert. Die macht unter solchen Umständen nicht viel aus, die gewährt uns kein Aequivalent.

Meine Herren, der Herr Referent hat seinerseits erwähnt, man könnte vielleicht „wissentlich" hineinsetzen. Ja, meine Herren, wenn aber der Geschädigte es nicht weiß, wenn er keine Kenntnis davon hat, daß der Schade vorgekommen ist, nun, meine Herren, dann tritt ja doch ohne weiteres die Verlängerung der Frist ein. Er braucht ja doch erst zwei Tage, nachdem er selber Kenntnis hat, die Anzeige zu machen.

Wir möchten Ihnen dringend empfehlen, Ihrerseits von der Forderung Abstand zu nehmen, den Absatz 2 des § 91 zu streichen.

Regierungsrat Dr. **Leidig**-Berlin: Meine Herren, ich möchte mir doch erlauben, darauf hinzuweisen, daß die Industrie selbstverständlich damit einverstanden ist, daß die Anzeigepflicht erfüllt wird. Es handelt sich doch lediglich darum, daß in der Industrie Bedenken darüber bestehen, daß auch eine nicht arglistige Verletzung der Anzeigepflicht dazu führen könnte, den betreffenden Versicherten sämtlicher Entschädigungsansprüche für verlustig zu erklären. Also ich meine, über die prinzipielle Stellung, daß der Versicherte verpflichtet ist, von seinem Brandschaden Anzeige zu machen, besteht völlige Uebereinstimmung zwischen sämtlichen hier anwesenden Herren.

Ich gestatte mir aber, weiter darauf hinzuweisen, daß ich doch die Stellung der Feuerversicherungsgesellschaften nicht für so schwierig anzusehen vermag, wie sie hier dargestellt ist. Ich erlaube mir, darauf aufmerksam zu machen, daß einmal der Ausdruck „wissentlich", den ich mir gestattet habe, vorzuschlagen, doch ganz erheblich weiter geht als „arglistig", daß er aber andererseits ausschließt die Fahrlässigkeit und daß es sich doch um eine Reihe von fahrlässigen Verletzungen der Anzeigepflicht handeln kann, auf die sich gerade die Bedenken, die gestern in der Kommission erhoben worden sind, bezogen.

Dann aber möchte ich mir doch erlauben, darauf hinzuweisen, daß ja der Versicherte seinerseits immer den Nachweis zu führen hat, inwieweit ein Brandschaden entstanden ist. Nicht die Versicherungsgesellschaften haben die Kostenrechnung zu beanstanden, sondern der Versicherte hat in der Kostenrechnung nachzuweisen, inwieweit die einzelnen Positionen dieser Kostenrechnung sich auf eine Wiederherstellung des Brandschadens erstrecken, inwieweit ein Brandschaden, der zu entschädigen ist, entstanden ist, und ich meine, durch diese Stellung des Versicherten ist doch die Stellung der Versicherungsgesellschaften von vornherein viel günstiger, als Herr Generaldirektor **Vatke** sie in seinem Beispiel geschildert hat.

Direktor **Wergin**-Berlin: Meine Herren! Der Verlauf der Diskussion über die in Rede stehende Angelegenheit hat mir jetzt die volle Ueberzeugung verschafft, daß das Inkraftbleiben des zweiten Absatzes des § 91 für die Industrie in der Praxis bedeutungslos ist. Es heißt in dem zweiten Absatz ausdrücklich, daß sich der Versicherer auf eine solche Vereinbarung — also auf eine Vereinbarung, nach welcher auch eine nicht arglistige Verletzung der Pflicht zur Anzeige des Versicherungsfalls das Erlöschen der Ansprüche oder einen sonstigen Rechtsnachteil für den Versicherten zur Folge haben soll — **nicht** berufen kann, wenn er in **anderer** Weise von dem Versicherungsfalle rechtzeitig Kenntnis erlangt hat. Meine Herren! Ich möchte sagen, in fast allen Fällen erlangen aber die Versicherungsgesellschaften bei dem Interesse, welches sich allerseits der Industrie zuwendet, von Bränden, welche industrielle Etablissements betreffen, auch auf anderem Wege als durch den Versicherten Kenntnis und zwar durch Zeitungsnachrichten 2c. 2c. Meiner Ansicht nach dürfte daher, wie bereits erwähnt, die praktische Bedeutung des zweiten Absatzes des § 91 für die Industrie in Wegfall kommen.

Meine Herren! Ich möchte Sie ferner bitten, bei Ihren Erwägungen nicht außer Betracht zu lassen, daß das Gesetz nicht für eine bestimmte Kategorie von Menschen gemacht werden soll. Das Gesetz soll natürlich für die Allgemeinheit, für alle im Leben vorkommenden Verhältnisse gelten. Wenn Sie dies bei dem Absatz 2 des § 91 erwägen, dann werden Sie finden, daß sich durch den Wegfall desselben hervorragende Bedenken ergeben müssen, wie das auch bereits seitens meiner Herren Kollegen bemerkt worden ist. Meine Herren! Wir haben es bei den Brandbeschädigten mit den allerverschiedensten Elementen und nicht immer mit durchaus reellen und in Bezug auf den Charakter einwandsfreien Leuten zu tun. Der Tatbestand im Falle eines Brandes kann bedeutend verdunkelt und die allgemeinen und öffentlichen Interessen können erheblich geschädigt werden, wenn der Absatz 2 des § 91 nicht existieren würde.

Da ich nur wiederholt der Meinung Ausdruck geben muß, daß das Bestehenbleiben des Absatzes 2 des § 91 in der Praxis der Industrie keinerlei Nachteil zufügen kann, so möchte auch ich es den Herren Vertretern der Industrie zur Erwägung anheim geben, ob sie es schließlich nicht doch für zweckmäßig befinden werden, in der gedachten Richtung mit der Vereinigung der in Deutschland arbeitenden Feuerversicherungsgesellschaften konform zu gehen.

Generaldirektor **Batke**-Magdeburg: Ich möchte meinerseits noch erwähnen, daß mir sehr wohl bekannt ist, daß der Beschädigte die Beweislast für den Schaden hat. Wir meinen ja auch nicht, daß bei dem von mir gewählten Beispiel etwa die Beweislast auf uns übergegangen wäre. Aber der Beschädigte ist nicht in der Lage, meine Herren, nachdem so viele Wochen und vielleicht Monate verflossen sind, seinerseits den Beweis so zu liefern, wie er ihn liefern kann, wenn er unmittelbar nach dem Brande uns den Schaden anzeigt. Der Tatbestand ist eben, ohne daß er da etwas Uebles gewollt hat, vollkommen verdunkelt. Man kann nicht an den wiederhergestellten Gegenständen erkennen, wie groß denn eigentlich der Schaden gewesen ist. Der richtige Zeitpunkt für die Feststellung des Schadens ist verflossen, und da von dem Beschädigten nicht mehr verlangt werden kann als Beweise, die er liefern kann, so sind wir, wenn wir erst nach Monaten die Anzeige bekommen, die Geschädigten.

Es liegt ja doch im beiderseitigen Interesse, meine Herren, daß der Schaden richtig und genau festgestellt wird. Die Folgen der verspäteten Anzeige können ja auch einmel umgekehrt ausschlagen; vermöge der Verdunkelung des Tatbestandes, die durch den Verfluß von mehreren Monaten eingetreten ist, kann auch zum Nachteil des Beschädigten eine Feststellung unmöglich werden. Es liegt auf der Hand, meine Herren, daß beide Parteien dahin streben müssen, möglichst sofort nach dem Schaden doch auch in die Schadenermittelung einzutreten. Sie wünschen ja doch selbst eine schleunige Schadenregulierung. Meine Herren, die Bedenken, die Sie geäußert haben, laufen im Grunde genommen bloß darauf hinaus, daß Sie vielleicht von einem Schaden selber verspätet erfahren könnten, und daß man dann behaupten könnte: Ja, das hättest du rechtzeitig erfahren können, wenn du nur geringe Sorgfalt aufgewendet hättest und nicht fahrlässig gewesen wärest. Nun, meine Herren, wenn Sie solche Bedenken haben, könnten Sie sich ja damit helfen, daß Sie beantragten, daß zwischen die Worte „arglistige“ und „Verletzung“ die Worte „aber grobfahrlässige“ eingeschoben werden. Aber noch richtiger ist es, Sie lassen den Paragraphen bestehen, wie er ist. Mein Kollege W e r g i n hat schon sehr richtig hervorgehoben: um was handelt es sich denn bei allen Ihren Bedenken! Sie glauben, daß wir einmal bei einem wesentlichen Schaden, der in die Tausende geht, vielleicht in die vielen Tausende oder Hunderttausende, von dem Abweisungsrechte Gebrauch machen könnten. Das ist ja ganz ausgeschlossen, meine Herren, wir können doch, wenn eine Fabrik irgendwo abbrennt und der Beschädigte wirklich erst nach fünf Tagen Anzeige macht, nicht behaupten, wir hätten von dem Schaden bis dahin nichts erfahren. Der hat ja längst in allen Zeitungen gestanden, unser Agent hat uns ja längst darüber berichtet, wir haben längst Kenntnis davon erhalten. Bei allen wirklich umfangreichen, großen Schäden werden wir unbedingt auch auf anderem Wege Kenntnis erhalten, und wenn der § 91 Gesetz wird, dann wird Ihnen bei großen Schäden aus dem Absatz 2 kein Nachteil entstehen können. Wir haben im Auge die kleineren Schäden, die nicht in die Oeffentlichkeit kommen, diejenigen Schäden beispielsweise, wo wiederhergestellt wird in bestem Glauben, und wir erst nach der Wiederherstellung etwas erfahren.

Ich wiederhole, daß ich namens der Versicherungsgesellschaften empfehlen möchte, daß die Herren Delegierten der Industrie davon absehen, die Streichung des zweiten Absatzes des § 91 zu verlangen.

Reichstagsabgeordneter Dr. **Beumer**-Düsseldorf: Meine Herren, ich möchte nach den Erklärungen, die die Herren von der Feuerversicherung abgegeben haben, doch auch den Vertretern der Industrie anheimgeben, von dieser Streichung Abstand zu nehmen, und zwar aus einem anderen Grunde, nämlich mit Rücksicht auf die Beschlüsse, die gestern von industrieller Seite zu § 45 gefaßt worden sind. Da ist gestern beschlossen worden: „Die vom Versicherer zu leistende Entschädigung ist vom Tage des Versicherungsfalles ab mit 4 pCt. zu verzinsen." Sollen nun die Versicherungsgesellschaften, wenn solche Fälle vorliegen, wie Herr Generaldirektor Vatke angeführt hat, verpflichtet sein, 4 pCt. zu bezahlen, auch dann, wenn also eine Anzeige sich vielleicht einen Monat lang hingezogen hat? Ich glaube, vom Billigkeitsstandpunkt aus wäre das von den Feuerversicherungsgesellschaften kaum zu verlangen. Also alle diejenigen, welche Wert darauf legen, diesen Beschluß von gestern zu § 45 ausgeführt zu sehen, werden lieber auf die Streichung des § 91 verzichten.

Justizrat **Krafft**-Köln: Meine Herren, ich möchte hier noch einen Gesichtspunkt geltend machen, der auch geeignet ist, die Bedeutung der ganzen Frage, die hier erörtert wird, also ob schon an Verschulden oder erst an Arglist die Folge geknüpft werden soll, zu verringern, nämlich der Gesichtspunkt, daß doch nach allgemeinen Rechtsgrundsätzen der Versicherte für sein Verschulden haften muß. Wenn durch sein Verschulden, in ursächlichem Zusammenhang damit stehend, der Schaden erhöht worden ist, so werden die Versicherungsgesellschaften sagen: Ja, das mußt Du selbst tragen, das hast Du selbst verschuldet. Das sind also allgemeine Grundsätze.

Meine Herren! Es handelt sich hier ja nicht um Bestimmungen, die endgültig das Gesetz gibt, sondern in den Paragraphen, die hier diskutiert werden, soll nur normiert werden: was darf in den Versicherungsbedingungen bestimmt werden, darf schon an das Verschulden oder erst an die Arglist eine nachteilige Konsequenz angeknüpft werden. Ganz abgesehen davon, besteht das allgemeine Prinzip, daß schon an das Verschulden Schadenersatzrecht der Versicherungsgesellschaften geknüpft werden kann. Nun glaube ich, meine Herren, daß in der Praxis sich die Sache in den meisten Fällen wohl so gestalten wird, wenn z. B. eine verspätete Anzeige und eine verspätete Regulierung vorliegt, daß dann, wenn der Versicherte noch nachweisen kann: hier der Schaden ist mir entstanden — er muß ja dann natürlich auch den ursächlichen Zusammenhang mit dem Brande nachweisen — die Versicherungsgesellschaft in den meisten Fällen auch in der Lage sein wird, nachzuweisen: ja, aber soweit ist der Schaden durch dein eigenes Verschulden entstanden. Ich glaube, daß das wohl auch mit in Erwägung zu ziehen ist für die ganze Bedeutung der Frage.

Generaldirektor **Batke**-Magdeburg: Ich möchte nur ganz kurz bemerken, meine Herren, das ist es ja gerade; wir wissen sehr wohl, daß wir sagen können: nein, der Schaden, den Du jetzt liquidierst, ist nicht so groß, wie Du ihn liquidierst, da steckt ein Teil darin, der nicht Brandschaden-Wiederherstellung ist. Das wissen wir sehr wohl. Für uns liegt aber die Sache so, daß der Beschädigte nachweist: die Wiederherstellung hier dieser Maschine oder dieses Apparates hat so und so viel gekostet. Wir aber sind nicht in der Lage, festzustellen, wie viel davon wirklich Brandschadenreparatur ist und wie viel nicht. Darüber können wir gegebenenfalls zumeist nur Vermutungen haben und aussprechen, und mit Vermutungen läßt sich wenig anfangen. Ein strikter Beweis läßt sich selten führen, aber selbst, wenn er gelingt, und wir kommen dem Beschädigten damit, so können wir mit einiger Sicherheit auf den Vorwurf rigoroser Schadenregulierung rechnen. Die Schadenfeststellung muß erfolgen, bevor das vom Schaden betroffene Objekt wesentliche Aenderungen erfahren hat. Deshalb haben wir den Wunsch, daß zur rechten Zeit der Schaden gemeldet werden muß und daß die in Rede stehende gesetzliche Bestimmung — die aber von einschneidendem Effekt für Sie nie werden kann, weil wir immer von größeren Bränden selbst rechtzeitig erfahren — bestehen bleibt.

Generalsekretär **Schlüter**-Berlin: Meine Herren, die Versicherungsgesellschaften betrachten diesen Absatz 2 unzweifelhaft als ein Sicherheitsventil, und das Recht dazu muß man ihnen zugestehen. Andererseits hat die Industrie aber auch ein wesentliches Interesse daran, daß nicht aus kleinen Ursachen, aus entschuldbaren Ursachen, möchte ich sagen, ein Anspruch erlischt.

Wenn z. B. die Anzeige erstattet wird, der Bureauangestellte aber, der den Brief zur Post besorgen soll, sich verspätet, so kann dadurch vielleicht die Frist um 24 Stunden versäumt werden. Dann würde das wohl ein entschuldbares Versäumnis sein.

Ich meine, wir würden beiden Anforderungen entgegenkommen, wenn wir vor das Wort „Verschulden" „erhebliches" einfügen; dann ist dem Anspruch der Versicherungsgesellschaften genügt, und die Industrie ist dagegen gesichert, daß nicht aus kleinen Verschulden ungünstige Schlüsse gezogen werden.

Direktor **Harbers**=Frankfurt a. M.: Wir können, wenn wir hier Anträge stellen wegen Abänderung dieser Bestimmungen des Gesetzentwurfs, doch kaum andere Begriffe nehmen, als sie das Bürgerliche Gesetzbuch für Verschulden und die verschiedenen Grade von Verschulden hat. Ein erhebliches Verschulden kennt das Bürgerliche Gesetzbuch nicht. Wir haben vorher verhandelt im Reichsjustizamt und haben da gesehen, daß es nicht gelingen wird, andere Bestimmungen und andere Ausdrücke in das Gesetz hineinzubringen, als wie das Bürgerliche Gesetzbuch die Begriffe nun einmal fixiert hat.

Meine Herren, ich glaube wirklich, wir unterhalten uns über einen Punkt, der nicht die Bedeutung hat, wie die Herren es annehmen. Der Fall, der von dem Herrn Vorredner genannt worden ist, liegt offenbar so, daß den Versicherten kein Verschulden trifft. Wie meine Herren Kollegen schon angeführt haben, könnte es sich da doch immer nur um Fälle von kleinen internen Bränden handeln, weil man von den anderen Bränden auf andere Weise unzweifelhaft durch die Zeitungen und den Agenten Kenntnis erhält. Wie immer auch die Herren sich zu diesem zweiten Absatz des § 91 stellen mögen — wir sind der Ansicht, wie wir bemerkt haben, daß man hier den Paragraphen bestehen lassen muß — wie immer die Herren sich dazu stellen mögen, das eine möchte ich nur nochmals betonen: mit der Voraussetzung der Arglist können wir uns vom Standpunkte der Feuerversicherung unter keinen Umständen einverstanden erklären.

Regierungsrat Dr. **Leidig**=Berlin: Meine Herren! Ich möchte auch glauben, daß wir mit dem Vorschlage des Herrn Generalsekretär Schlüter nicht weiter kommen. Aber der materielle Inhalt des Vorschlages, glaube ich, könnte doch wohl genommen werden und damit den Wünschen der Herren Vertreter der Feuerversicherungsgesellschaften, und auch den Wünschen der Herren Vertreter der Industrie in der gestrigen Kommission entsprochen werden. Ich habe mir erlaubt, bereits im Eingange meiner Ausführungen darzulegen, daß gestern in der Kommission durchaus anerkannt worden ist, daß diese Bestimmung allerdings nicht für die Industrie, aber doch nach vielen Richtungen hin für die Feuerversicherungsgesellschaften mindestens sehr zweckmäßig ist, daß die Feuerversicherungsgesellschaften allerdings ein Ventil haben müssen, auch nicht arglistige Verletzungen unter Umständen härter zu bestrafen, als mit einer Vertragsstrafe von 5 pCt., und da möchte ich mir den Vorschlag erlauben, ob nicht alle Interessen damit gewahrt werden, wenn dem ersten Satze des Absatzes 2 hinzugefügt wird „sofern die Verletzung der Anzeigepflicht wissentlich oder grob fahrlässig geschehen ist." — Das ist ja der Vorschlag, der vorher gemacht ist.

Ich möchte aber doch hinsichtlich dessen, was jetzt vorliegt, ein anderes Beispiel anführen. Meine Herren, es passiert nicht zu selten, daß man einen Brief auf die Post geben will, daß man ihn aber 24 Stunden in seiner Ueberziehertasche behält. Meine Herren, das ist zweifellos eine Fahrlässigkeit und, wenn Sie den Brief dann erst so in die Post stecken, daß er nach zwei Tagen ankommt, so haben Sie die Anzeigepflicht verletzt und nach dem Wortlaute des Paragraphen könnte Ihnen durchaus jeder Entschädigungsanspruch aberkannt werden. Also ich meine, eine mindere Fahrlässigkeit wollen ja auch die Herren Vertreter der Feuerversicherungsgesellschaften selbst nicht unter diese Bestimmung bringen, sondern sie wollen nur die dolose oder grob fahrlässige Verletzung der Anzeigepflicht darunterbringen und da, glaube ich, würde sich doch nach der Richtung hin eine Einigung der Ansichten herbeiführen lassen.

Geheimer Regierungsrat **Koenig**-Berlin: Ich möchte glauben, daß das, was Herr Regierungsrat Dr. Leidig eben zum Ausdruck gebracht hat, dadurch erreicht werden würde, wenn in der drittletzten Zeile des § 91 vor dem Worte „Verschulden" nicht, wie vorher gewünscht wurde, das Wort „erhebliches", sondern das Wort „grobes" eingeschoben werden möchte.

Vorsitzender: Vielleicht nehmen die Herren von den Feuerversicherungsgesellschaften Veranlassung zu diesem Antrage Stellung zu nehmen.

Oberbürgermeister a. D., Generaldirektor **Brüning**-Gotha: Ich glaube nicht, daß der Gesetzgeber, das heißt zunächst das Reichsjustizamt, sich darauf einlassen würde, das Wort „grobes" vor „Verschulden" zu setzen, weil eben im Bürgerlichen Gesetzbuch das grobe Verschulden in der Weise als technischer Ausdruck nicht vorkommt. Die Herren haben sich ja bei der ganzen Terminologie in Ihren Ausdrücken dem Bürgerlichen Gesetzbuch angeschlossen. Wir haben verschiedene Bedenken geltend gemacht in der Verhandlung im

Reichsjustizamt; aber die Herren sind diesen immer entgegengetreten und haben gesagt, wir müssen die Ausdrücke, wie sie im Bürgerlichen Gesetzbuch nun einmal eingeführt sind, auch in diesem Gesetze anwenden. Deshalb glaube ich, würde der gemachte Vorschlag nicht gebilligt werden können.

Vorsitzender: Meine Herren! Ich darf vielleicht den Antrag des Herrn Referenten noch einmal verlesen, und dann haben vielleicht die Herren von der Feuerversicherung die Güte, sich darüber auszulassen. Also der Antrag geht dahin, am Schlusse des ersten Satzes im Absatz 2 zu sagen: „sofern die Verletzung der Anzeigepflicht wissentlich oder grob fahrlässig geschehen ist".

Regierungsrat Dr. **Leidig**-Berlin: Grobe Fahrlässigkeit kennt auch der Gesetzentwurf selbst an anderer Stelle.

Direktor **Harbers**-Frankfurt a. M.: Unter „wissentlich" verstehen Sie „vorsätzlich". „Vorsätzlich" ist der Ausdruck im Bürgerlichen Gesetzbuch.

Regierungsrat Dr. **Leidig**-Berlin: Das Strafgesetzbuch hat beides.

Direktor **Harbers**-Frankfurt a. M.: Im Bürgerlichen Gesetzbuch steht bloß „vorsätzlich".

Regierungsrat Dr. **Leidig**-Berlin: Ja, „vorsätzlich" ist wohl das Richtige.

Vorsitzender: Also, ich will es noch einmal verlesen:

„sofern die Verletzung der Anzeigepflicht vorsätzlich oder grob fahrlässig geschehen ist".

Geheimer Regierungsrat **Koenig**-Berlin: Ich möchte noch einmal darauf hinweisen — wenn ich das Wort habe — daß der Paragraph alsdann im Wortlaute nicht stimmend sein würde. Der erste Satz des Absatzes 2 ist generell gefaßt und der zweite Satz des Absatzes 2 enthält die Ausnahmen.

Direktor Dr. **von Geyer**-Stuttgart: Ich glaube, daß der Antrag einer Ergänzung bedarf. Für den Fall seiner Annahme müßte wohl der letzte Halbsatz in § 91 Absatz 2: „oder wenn die Pflicht zur Anzeige ohne Verschulden verletzt worden ist", in Wegfall kommen. Andernfalls wäre die Sache nicht recht verständlich.

Regierungsrat Dr. **Leidig**-Berlin. Ja, das müßte gestrichen werden, dann stimmt es.

Vorsitzender: Meine Herren, also nach diesem Antrage würde der Absatz 2 in folgender Fassung vorgeschlagen werden:

„Es kann vereinbart werden, daß auch eine nicht arglistige Verletzung der Pflicht zur Anzeige des Versicherungsfalls das Erlöschen der Ansprüche oder einen sonstigen Rechtsnachteil für den Versicherten zur Folge haben soll, sofern die Verletzung der Anzeigepflicht vorsätzlich oder grob fahrlässig geschehen ist. Der Versicherte kann sich jedoch auf eine solche Vereinbarung nicht berufen, wenn er in anderer Weise von dem Versicherungsfalle rechtzeitig Kenntnis erlangt hat. Die Vorschrift des § 9 Satz 2 über die Zulässigkeit einer Vertragsstrafe bleibt unberührt."

Es würde sich hier wohl darum handeln, ob sich die Herren darüber auslassen möchten.

Direktor **Harbers**-Frankfurt a. M.: Meine Herren, die Situation, in der wir uns befinden, ist folgende, worauf ich allgemein noch hinweisen möchte: Die Denkschrift, wie sie von der Vereinigung ausgegangen ist, ist abgefaßt worden auf Beschluß der Generalversammlung der Vereinigung der in Deutschland arbeitenden Privat-Feuerversicherungsgesellschaften. Hier eine bindende Erklärung zu geben, die von dem Beschlusse, wie er damals in der Generalversammlung gefaßt worden ist, abgeht, sind die Delegierten der Feuerversicherungsgesellschaften nicht in der Lage. Sie sind einzig und allein im stande, in einer nächsten Generalversammlung über dasjenige zu berichten, was sie hier gehört haben und ihre Ansicht dahin zu erkennen zu geben, ob diejenigen Herren, die hier an den heutigen Verhandlungen teilgenommen haben, zu der Ueberzeugung gelangt sind, daß eine Abänderung des bisherigen Standpunktes der Feuerversicherer zweckmäßig ist.

Was nun diesen § 91 anlangt, so halte ich es allerdings schon für einen Gewinn, daß die Herren von der Industrie anscheinend doch davon überzeugt sind, daß nicht Arglist hier als Voraussetzung genommen werden kann, indem von ihrer Seite jetzt der Antrag gestellt worden ist, anstatt „arglistig" zu sagen „vorsätzlich" oder „grob fahrlässig". Zweckmäßiger ist es allerdings im Interesse beider Teile, wenn es bei der Bestimmung des Gesetzentwurfs bleibt, denn meines Erachtens haben beide Teile das allergrößte Interesse daran, daß sofort, bevor eine Verdunkelung, nicht eine subjektiv beabsichtigte Verdunkelung, sondern überhaupt eine Verdunkelung des Tatbestandes eintritt, nun die Schadensfeststellung in Angriff genommen wird. Sonst kommt nichts wie Streitigkeiten heraus, was zu vermeiden im Interesse beider Teile liegt, und vor allen Dingen, meine Herren, setzen Sie die Versicherungsgesellschaften nicht in die Lage dadurch, daß Sie auf Ihrem ersten Vorschlage bestehen bleiben, in einem solchen Falle sich überlegen zu müssen: können wir dem Versicherten, mit dem wir in Geschäftsverbindung sind, Arglist nachweisen? Das möchten wir doch unter allen

Umständen vermieden sehen, daß wir auf einen solchen Standpunkt mit den Versicherten kommen. Die Frage, ob die Versicherer eventuell einen Anspruch auf Schadensersatz geltend machen können, wie ein Herr sagte, hilft nicht viel, denn nach längerer Zeit sind die Verhältnisse beim eingetretenen Brandschaden so verdunkelt, daß hier ein Nachweis seitens der Versicherungsgesellschaft kaum möglich ist. Im Gegenteil, die Versicherungsgesellschaften könnten dann zu den Versicherten nur sagen: Du hast den Beweis nicht erbracht, daß der liquidierte Schaden wirklich durch den Brand entstanden ist, und wir warten den Beweis ab, und vorher zahlen wir nichts. Das ist eine sehr unangenehme Lage. Wir halten es für zweckmäßig, wenn es so bleibt, wie es im Gesetzentwurf steht, aber wir müssen es Ihnen anheimgeben, ob Sie sich auf den Standpunkt stellen wollen, daß hier richtiger „Vorsatz" und „grobe Fahrlässigkeit" hineingesetzt wird.

Vorsitzender: Meine Herren! Es ist ja ganz selbstverständlich, daß die Herren Vertreter der Feuerversicherungsgesellschaften nicht auf dem gleichen Standpunkt stehen, wie die Vertreter der Industrie, daß von irgend welchen bindenden Zusagen gar nicht die Rede sein kann. Ebenso wenig, wie es die Herren Industriellen getan haben, können die Herren, welche mit einem bestimmten Mandat hierhergekommen sind, davon abgehen. Aber jedenfalls hat die Diskussion doch gezeigt, daß von beiden Seiten gewisse Zugeständnisse möglich sind und man wird in den Versammlungen der beiden Interessentengruppen — nehme ich an — dann auf die Frage noch zurückkommen und vielleicht wird man nachher noch zu einer vollständigen Verständigung kommen.

Das Wort wurde nicht mehr gewünscht. Ich kann also die Diskussion über die §§ 7 bis 9 und § 91 Absatz 2 schließen.

Direktor **Harbers**-Frankfurt a. M.: Ich möchte mir noch ein Wort zu § 9 erlauben. Es ist zu erwägen, ob nicht im zweiten Satze wegen der Strafe, wo es heißt: „Es kann jedoch vereinbart werden, daß dem Versicherer auch wegen einer nicht arglistigen Verletzung einer Obliegenheit, die ihm gegenüber nach dem Eintritte des Versicherungsfalls zu erfüllen ist, ein Geldbetrag als Strafe entrichtet werden soll" — einzufügen ist — „auch wegen einer nicht arglistigen, aber mindestens verschuldeten Verletzung." Ich halte es für billig, daß auch eine Geldstrafe wegen Verletzung von Obliegenheiten nach dem Versicherungsfall nur dann zu bezahlen ist, wenn ein Verschulden vorliegt.

Regierungsrat Dr. **Leidig**-Berlin: Meine Herren! Ich glaube, dieser Vorschlag der Herren Vertreter der Feuerversicherungsgesellschaften kann vom Standpunkte der Versicherten nur akzeptiert werden. Wenn es immer auf subjektives Verschulden ankommen soll, so ist das ja entschieden eine günstigere Stellung, die die Versicherten erhalten.

Direktor **Harbers**-Frankfurt a. M.: Meine Herren! Ich gehe von dem Standpunkte aus, wenn der Versicherte diejenigen Vertragspflichten erfüllt hat, die man billigerweise für das Feuerversicherungsgewerbe von ihm fordern muß bei Abschluß des Vertrages und während des Laufes des Vertrages, und wenn nun ein Versicherungsfall eintritt, so dürfen wegen der Entschädigung unter keinen Umständen Rechtsnachteile des Versicherten bedungen sein, wenn nicht mindestens ein Verschulden in der Erfüllung seiner Obliegenheiten nach dem Versicherungsfall vorliegt. Dies hat auch für die Bestimmung einer Konventionalstrafe zu gelten.

Vorsitzender: Wir können nun die Diskussion schließen und kommen zu § 10.

Regierungsrat Dr. **Leidig**-Berlin: Die gestrige Kommission hat sich dahin geäußert, daß die Bestimmungen des § 10 im Interesse der Industrie liegen, insbesondere, daß die zweijährige Verjährungsfrist festzuhalten sei. Es ist in der Kommission besprochen worden, daß ja allerdings zur Zeit jetzt praktisch eine sechsmonatliche Verjährungsfrist bestehe und es ist auch hervorgehoben worden, daß von der Vereinigung der Feuerversicherungsgesellschaften der dringende Wunsch geäußert wird, höchstens eine einjährige Verjährungsfrist herbeizuführen, also die Verjährung auf ein Jahr herabzusetzen. Es ist dagegen aber hervorgehoben worden, daß wohl auf allen übrigen Gebieten die kürzeste Verjährungsfrist zwei Jahre beträgt und daß Nachteile, die beweisen, daß absolut gerade auf dem Gebiete des Feuerversicherungswesens nun noch unter diese sonst kürzeste Verjährungsfrist herabzugehen sei, bisher den Vertretern der Industrie nicht zur Kenntnis gekommen sind.

Generaldirektor **Batke**-Magdeburg: Meine Herren! Es bedarf vielleicht nur einer kurzen Bemerkung. Wir haben in unserer Denkschrift ausgeführt, daß nach unserer Ueberzeugung nur ein Bedürfnis da sei für eine einjährige Frist, aber wir werden auch leben können, wenn die zweijährige Frist schließlich festgesetzt wird.

(Heiterkeit.)

Vorsitzender: Meine Herren! Diese dankenswerte Erklärung wird zu Protokoll genommen, und ich kann die Diskussion, da sich niemand mehr zum Wort gemeldet hat, schließen.

Wir kommen zu § 11.

Regierungsrat Dr. **Leidig**-Berlin: Meine Herren! Nach § 11*) wird das Versicherungsverhältnis mit Eröffnung des Konkurses aufgelöst. In der gestrigen Kommission sind gegen diese Regelung des Gesetzes erhebliche Bedenken geltend gemacht worden. Es ist ausgesprochen worden, daß die Voraussetzung des Gesetzes, daß über den Konkurs, über die bevorstehende Eröffnung des Konkurses — so will ich mich ausdrücken — bereits längere Zeit alle Versicherten unterrichtet sein werden, doch nicht für alle Fälle als zutreffend angenommen werden kann. Es ist nicht anzunehmen, daß namentlich kleine Versicherte, auch kleine Industrielle, sich so auf diesem Gebiete versiert halten, daß sie darüber unterrichtet sind, eine Versicherungsgesellschaft komme in Zahlungsschwierigkeiten und demnächst würde der Konkurs eröffnet werden. Es ist andererseits darauf hingewiesen worden, daß ja nach dem Privatversicherungsgesetz in der Regel zunächst Sanierungsversuche von dem Aufsichtsamt für Privatversicherung gemacht werden sollen und gemacht werden müssen und daß dadurch wohl in die Kreise der Versicherten die Kenntnis hineingetragen wird. Immerhin sind die Bedenken gegen die Regelung, wie sie der Gesetzentwurf vorgeschlagen hat, in der Kommission als durchschlagend erachtet, und es sind deshalb diese beiden Aenderungen, die Ihnen hier zu § 11 vorliegen, beschlossen worden. Man hat geglaubt, daß dem betreffenden Versicherungsnehmer doch eine Deliberationsfrist von sechs Wochen zugestanden werden müsse, daß aber andererseits der Versicherungsnehmer das Recht haben muß, sofort mit der Eröffnung des Konkurses von dem Versicherungsvertrage seinerseits zurückzutreten, sobald er meint, anderweit genügenden Versicherungsschutz zu finden.

*) Beschlüsse der Kommission des Centralverbandes:

§ 11. Der Paragraph soll dahin abgeändert werden:

„Wird über das Vermögen des Versicherers der Konkurs eröffnet, so endigt das Versicherungsverhältnis mit Ablauf von 6 Wochen nach Eröffnung des Konkurses. Der Konkursverwalter ist verpflichtet, nach Eröffnung des Konkurses unverzüglich den Versicherungsnehmern von der Eröffnung des Konkurses schriftliche Mitteilung zugehen zu lassen."

„Der Versicherungsnehmer ist berechtigt, nach Eröffnung des Konkurses seinerseits das Versicherungsverhältnis ohne Einhaltung einer Kündigungsfrist zu kündigen."

§ 11a. Es soll eine Vorschrift in das Gesetz aufgenommen werden, wonach der Versicherungsnehmer, dessen Versicherungsfall vor Eröffnung des Konkurses eingetreten ist, der aber mit seiner Entschädigungsforderung zu den Konkursgläubigern gehört, hinsichtlich der Entschädigungsforderung ein Vorzugsrecht vor den nicht bevorrechtigten Konkursgläubigern erhalten soll. Ueber die Stelle dieses Vorzugsrechtes werden weitere Erwägungen anzustellen sein.

Im Zusammenhang mit § 11 steht die in § 11a aufgenommene Bestimmung. Es ist gestern auf folgendes hingewiesen worden: Jemand steht unter Versicherungsschutz, ein Brandschaden ist entstanden, er hat aber die Auszahlung der Entschädigungsforderung, entweder weil sie noch nicht völlig festgestellt worden ist oder aus anderen Gründen, vor der Eröffnung des Konkurses nicht erhalten können; nunmehr wird ihm derjenige Schutz, den er gerade durch die Versicherung hat nehmen wollen, unter Umständen infolge des Konkurses ganz ungemein geschmälert. Deshalb ist die Ansicht vertreten worden, daß es berechtigt sei, gegenüber den übrigen Konkursgläubigern demjenigen, der eine Konkursforderung auf Grund einer Entschädigungsforderung hat, die aus einem vor Ausbruch des Konkurses entstandenen Brandschaden herrührt, ein Vorzugsrecht zu geben. An welcher Stelle dieser bevorzugte Konkursgläubiger, dieser betreffende zu einer Entschädigungsforderung Berechtigte zu treten habe, das wurde gestern nicht festgestellt und konnte auch nicht festgestellt werden; das würde ja weiterer Erwägung bedürfen.

Oberbürgermeister a. D. Generaldirektor **Brüning**-Gotha: Wir haben uns in der Denkschrift zu § 11 überhaupt nicht geäußert, weil wir es dem Gesetzgeber ganz überlassen wollten, wie er verfahren will, wenn wider Erwarten eine Versicherungsgesellschaft in Konkurs gerät, und wir überlassen es deshalb den Herren von der Industrie auch ganz, ob sie die Bestimmung in § 11a dem Reichsjustizamt vorschlagen wollen.

Vorsitzender: Dann können wir, da sich niemand mehr zum Wort meldet, wohl gleich weiter gehen. § 11a ist damit auch erledigt. Wir kommen zu § 12.

Regierungsrat Dr. **Leidig**-Berlin: Meine Herren, die Aenderung in § 12 ist eine Konsequenz des Beschlusses zu § 11. Es ist wohl dazu nichts weiter zu sagen.*)

Oberbürgermeister a. D. Generaldirektor **Brüning**-Gotha: Der Fall, der hier in § 12 behandelt worden ist, ist bis dahin in den allgemeinen Versicherungsbedingungen der Feuerversicherungsgesellschaften überhaupt nicht berührt. Ob man demnächst hier aus Anlaß des § 12 eine derartige Bestimmung treffen wird oder treffen soll, lasse ich dahingestellt. Das ist eben eine Erwägung für die Aufstellung der allgemeinen Versicherungsbedingungen nachher. Wir haben

*) Der Beschluß der Kommission des Centralverbandes lautet:

§ 12. In der letzten Zeile soll es heißen: „Weniger als 6 Wochen zu kündigen."

also gegen den § 12 nichts zu erinnern und haben auch nichts zu erinnern gegen den Zusatz, den Sie zu § 12 wünschen.

Direktor **Harbers**-Frankfurt a. M.: Wenn hier aber gesagt worden ist, daß in den allgemeinen Versicherungsbedingungen der Feuer-Versicherungsgesellschaften der Fall des Konkurses überhaupt nicht vorgesehen worden ist, so ist das richtig, soweit es sich um diejenigen allgemeinen Versicherungsbedingungen handelt, welche seiner Zeit 1886 oder Anfang 1887 der Verband der Feuerversicherer in Deutschland eingeführt hat, und die von einem großen Teile der Feuerversicherungsgesellschaften akzeptiert worden sind. Aber es gibt Feuerversicherungsgesellschaften, die den Fall des **Konkurses** in ihren allgemeinen Versicherungsbedingungen mit vorgesehen haben. Wir vom Standpunkt der Vereinigung haben den Fall überhaupt in unserer Denkschrift nicht behandelt, und wir können Ihnen nur anheimgeben, wie Sie dazu Stellung nehmen wollen. Es interessiert uns nicht erheblich — ich meine vom Standpunkt unserer Interessen.

Ich kann das eine nur bemerken, daß ich den Herrn Referenten von seiten der Industrie nur darin recht geben kann, daß der Grund bezüglich des § 11 in den Motiven des Gesetzentwurfes wohl nicht ganz durchschlagend ist, denn wenn einmal ein Konkurs ausbricht über eine Versicherungsgesellschaft, was so leicht nicht vorkommen wird, weil vorher Sanierungen und Einigungen mit anderen Gesellschaften durch das Aufsichtsamt eintreten werden — aber kommt einmal ein Konkurs vor, ich glaube, so würden wir dadurch alle sehr überrascht werden.

(Heiterkeit.)

Vorsitzender: Wir kommen zu § 17 unter der Voraussetzung, daß von seiten der Herren der Feuerversicherungsgesellschaften nicht auf einen früheren Paragraphen zurückgegriffen wird.

(Zuruf.)

Ich werde daran erinnert, daß wir vielleicht zum zweiten Teil „Anzeige der Gefahrumstände, Gefahrerhöhung“ in eine allgemeine Diskussion eintreten möchten, und ich gebe hier unserem Herrn Referenten das Wort.

Regierungsrat Dr. **Leidig**-Berlin: Ich glaube, es empfiehlt sich mehr, daß die Herren (zu den Vertretern der Feuerversicherungsgesellschaften) zunächst sprechen.

Direktor **Harbers**-Frankfurt a. M.: Nein, bitte sehr!

Regierungsrat Dr. **Leidig**-Berlin: Meine Herren, ich kann vom Standpunkt der Industrie nur sagen, daß die Industrie im allgemeinen mit der Regelung der Anzeigepflicht und der Gefahrerhöhung, wie sie im Gesetzentwurfe vorgesehen worden ist, sich einverstanden erklärt hat, daß diese Regelung also als in ihrem Interesse liegend erachtet wird. Es ist aber nicht zu verkennen, daß in der Denkschrift der Feuerversicherungsgesellschaften ganz erhebliche Bedenken gegen das ganze System erhoben worden sind, und ich möchte deshalb glauben, daß es sich vielleicht empfiehlt, diese Bedenken zunächst darzulegen.

Direktor **Harbers**-Frankfurt a. M.: Meine Herren, die Regelung der Pflicht zur Anzeige der Gefahrenumstände, das heißt derjenigen Umstände, welche erheblich sind für die Beurteilung des Risikos, ist für das Feuerversicherungsgewerbe von außerordentlicher Wichtigkeit. Wir haben deshalb auch in der Denkschrift der Vereinigung zunächst einmal präzisiert, worin denn eigentlich das Wesen und die Bedeutung der Anzeigepflicht liegt.

Ich möchte hier noch etwas hinzufügen. Meine Herren, bei der Regelung der Normen des Versicherungsvertrages darf man nicht nur einen einzelnen Versicherungsvertrag ins Auge fassen, sondern man muß ausgehen von der Betrachung des Assekuranzbegriffs, von dem Wesen und dem wirtschaftlichen Zweck der Versicherung. Ein einzelnes Rechtsgeschäft nach Art eines Versicherungsvertrages, wenn sich z. B. jemand gegen Entgelt für einen eintretenden Schaden verbürgt, fällt nicht unter den Assekuranzbegriff. Ich beziehe mich dieserhalb auf unseren bedeutenden Rechtslehrer Dernburg, der in seinem Lehrbuch über das preußische Privatrecht sehr treffend das Wesen des Versicherungsvertrages gekennzeichnet hat, dessen Normen sich aus dem wirtschaftlichen Zweck der Versicherung ergeben müssen. Dort ist darauf hingewiesen, daß nicht das erwähnte einzelne Geschäft als Versicherungsvertrag zu beurteilen ist. Das Charakteristische besteht vielmehr darin, daß im planmäßigen Betriebe, auf Grund einer Durchschnittsberechnung, nach den Erfahrungen an großen Kategorien von Versicherungen Risiko und Prämien bemessen werden. Die Versicherungsverträge bilden, wie Dernburg hervorhebt, wirtschaftlich eine ganz besondere Gruppe. Diese wirtschaftliche Eigenart und die Erfüllbarkeit des als charakteristisch bezeichneten Zweckes der Versicherung sind zu beachten, wenn man Normen für den Versicherungsvertrag aufstellen will.

Auch in der Denkschrift der Versicherungsgesellschaften ist ausgeführt, daß man bei Normierung der Pflichten und der Rechte der einzelnen Parteien nicht ausgehen darf von dem einzelnen Versicherungsvertrage. Würde man das tun, würde man den einzelnen Versicherungsvertrag hernehmen und sich nun fragen, welche Pflichten sind den einzelnen Parteien aufzuerlegen, welche Rechte müssen sie haben, so kommt man sofort an die Leistungsfrage: welche erhebliche Leistung der einen Partei steht eventuell der Leistung der anderen gegenüber, die erhebliche Leistung der Versicherungsgesellschaft gegenüber der Einzelprämie. Von einem einzelnen Vertrage kann man nicht ausgehen, man muß immer das Wesen der Versicherung in seiner Totalität betrachten und beachten, daß die Feuerversicherung die Aufgabe hat, auf der Grundlage einer großen Menge von gleichartigen und ähnlichen Vertragsobjekten Versicherung zu gewähren zu einer Durchschnittsprämie, zu einer mäßigen Prämie für das einzelne Risiko; und dann muß man weiter fragen: um diesen wirtschaftlichen Zweck zu erfüllen, welche Pflichten haben dabei die einzelnen Vertragsteile zu übernehmen, und welche Rechte sind ihnen zuzubilligen.

Man muß meines Erachtens anerkennen, daß es undenkbar ist, den wirtschaftlichen Zweck der Versicherung zu erfüllen, wenn die Versicherungsgesellschaften sich bei jedem Risiko danach umsehen und selbst feststellen sollen, welche Gefahrmomente bei diesem Objekt in Betracht kommen. Es müßten Kosten entstehen, die überhaupt das Versichern kaum noch rentabel machen würden. Die Versicherungsgesellschaften sind außer stande in die einzelnen Betriebe hineinzusehen, um die Gefahrmomente zu erforschen. Und dann, meine Herren, möchte ich doch wissen, wann soll dann ein Versicherungsvertrag zu stande kommen, wie lange soll es dauern, bis ein Vertrag zu stande kommt, wenn die Versicherungsgesellschaft bei dem einzelnen Risiko die Kenntnis der Gefahrmomente sich selbst verschaffen soll, die in Betracht kommen. Um den wirtschaftlichen Zweck, die Feuerversicherung zu einer mäßigen Prämie für das einzelne Risiko, auf Grund von Durchschnittsberechnungen nach großen Kategorien von Versicherungen, zu gewähren, erfüllen zu können, ist es notwendig und eine Eigenart der wirtschaftlichen Gruppe der Versicherungsverträge, daß der Versicherte die Pflicht übernimmt, diejenigen erheblichen Gefahrmomente, die für die Beurteilung der einzelnen Versicherung in Betracht kommen, dem Versicherer anzuzeigen. Das ist eine Grundbedingung des Feuerversicherungsvertrages. Am Schlusse unserer Denkschrift ist gesagt worden — und das möchte ich noch besonders hervorheben, indem ich im übrigen auf die Ausführungen derselben hier verweisen möchte —: Denke man sich einen großen Kreis von Versicherten verschiedenster Berufsstände, die sich zusammentun, um sich gegenseitig Versicherung zu gewähren, und stellt man die Frage, wie eine solche Versicherungsgemeinschaft einzurichten ist, um einerseits dem einzelnen Versicherten ausreichenden Schutz zu bieten, andererseits aber auch die Garantien für einen rationellen Betrieb und eine möglichst vollkommene Erreichung des Zweckes der Versicherung zu wahren, so wird man den obigen Vorschlägen — in der Denkschrift — eine gerechte Bemessung der in Betracht zu ziehenden Rechte und Pflichten nicht absprechen können.

Meine Herren, von diesem Gesichtspunkte aus bitte ich die Regelung der Anzeigepflicht und unsere Vorschläge zu prüfen.

Vorsitzender: Meine Herren, das Wort zu dieser Generaldiskussion wird nicht weiter gewünscht, und wir treten in die Beratung der einzelnen Paragraphen ein. Ich möchte Ihnen vorschlagen, daß wir vorher eine Pause von 15 Minuten machen.

(Pause.)

Vorsitzender: Meine Herren, ich eröffne die Sitzung wieder und möchte bei der Wiedereröffnung den mir ausgedrückten Wunsch hier zur Kenntnis geben, daß wir möglichst am heutigen Tage fertig werden, indem eine Reihe von den Herren der Industrie gezwungen ist, heute abend oder morgen früh abzureisen. Es würde sich dadurch, wenn die Herren nicht mehr da sind, die Verhandlung auf eine akademische Erörterung zwischen den Herren der Feuerversicherungsgesellschaften und wenigen Industriellen und dem Direktorium beschränken, und das kann doch nicht die Absicht sein, daß wir uns nur akademisch unterhalten. Ich möchte deshalb erneut dem Wunsche Ausdruck geben, daß wir möglichst mit unseren Beratungen heute fertig werden.

(Zustimmung.)

Meine Herren, wir hatten die Generaldebatte über die §§ 14 bis 18 beendet. Anträge seitens der Kommission des Centralverbandes liegen nicht vor. Ausgesprochen soll werden, daß der Centralverband auf § 17 Wert legt. Darüber brauchen wir ja nicht zu debattieren, wenn von Ihrer Seite (zu den Herren Vertretern der Feuerversicherungsgesellschaften) nicht ein Widerspruch erhoben wird, und bis jetzt wird auch eine Diskussion über die einzelnen §§ 14 bis 18 nicht in Anregung gebracht.

Direktor **Harbers**-Frankfurt a. M.: Was den § 17 anbelangt, so steht die Vereinigung der Feuerversicherungsgesellschaften auf dem Standpunkt, daß in dem Absatz 2 das Wort „arglistig" gestrichen werden muß, daß die Arglist hier nicht Voraussetzung sein darf, sondern grobe Fahrlässigkeit.

Vorsitzender: Also daß in der letzten Zeile des Absatzes das Wort „arglistig" gestrichen wird. Seitens der Herren der Industrie wird die vollständige Aufrechterhaltung des § 17 vorgeschlagen.

Generalsekretär **Ditges**-Berlin: Meine Herren, ich glaube, es liegt doch im Interesse der Industrie, daß wir uns gegen die

Streichung des Wortes „arglistig“ erklären. Es kommt ja hier eine der wichtigsten Fragen des Versicherungswesens überhaupt in Betracht, die Herr Generaldirektor Harbers eben besprochen hat, nämlich die, ob für den Versicherten oder Versicherungsnehmer, wie wir gesagt haben, eine Anzeigepflicht vorliegt oder nicht. Herr Generaldirektor Harbers hat Ihnen ausgeführt, daß ohne diese Anzeigepflicht, die ja in der Hauptsache im Gesetz auch anerkannt ist, der Betrieb des Feuerversicherungsgewerbes im bisherigen Umfange und mit den bisherigen Erfolgen für die Versicherungsnehmer kaum möglich wäre. Ich glaube, die Industrie wird sich im allgemeinen doch auf einen anderen Standpunkt stellen müssen und nach den bisherigen Erfahrungen auch stellen können. Im großen und ganzen haben die Feuerversicherungsgesellschaften durch ihre bisherige Praxis gezeigt, daß sie für sich eine Pflicht zur Erkundigung anerkennen. Zunächst findet ja ein Versicherungsabschluß ohne Ausfüllung eines Fragebogens, wie er in § 17 hier erwähnt ist, kaum jemals statt. Jeder Versicherung geht eine Erkundigung durch einen Fragebogen voran. Außerdem verfügen die Feuerversicherungsgesellschaften über eine außerordentlich weitgehende und geschickte Organisation, durch die sie Erkundigungen einziehen und an deren Spitze zunächst die Agenten stehen. Wenn wir den § 17 nicht in seiner jetzigen Fassung und wenn wir auch namentlich diese Bedingung der arglistigen Verschweigung eines Umstandes, nach dem der Versicherer nicht gefragt hat, nicht aufrecht erhielten, so würde die Folge die sein, daß Fehler, die seitens der Angestellten der Feuerversicherungsgesellschaften, namentlich seitens der Agenten gemacht werden, dem Versicherungsnehmer zur Last gelegt werden würden. Ich glaube, hiervor müssen wir den Versicherungsnehmer schützen, und ich lege deswegen großen Wert darauf, daß in unseren Anträgen die Bemerkung aufrechterhalten wird, daß der § 17 gerade in seiner heutigen Form im Interesse der Industrie liege.

Direktor **Wergin**-Berlin: Meine Herren, ich möchte mir gestatten, anläßlich der Diskussion über die besprochene Sache einen Faktor aus dem internen Betriebe einer Feuerversicherungsgesellschaft mit kurzen Worten zu beleuchten.

Eine Feuerversicherungsgesellschaft, welche sich mit der Akzeptation industrieller Risiken befaßt, arbeitet in der Regel mit einem größeren Apparat von Rückversicherungsgesellschaften, um einen Teil der übernommenen Summen, ihren Grundsätzen gemäß, an dieselben zu ihrer Entlastung abzugeben. Mit diesen Rückversicherungsgesellschaften hat die direkt zeichnende Gesellschaft verschiedene Abmachungen getroffen. Es sind nach diesen Abmachungen unter anderem eine ganze Anzahl Risiken beziehungsweise Gefahren ausgeschlossen. Wenn nun der direkt zeichnende Versicherer seitens des Versicherten nicht alle wesentlichen Gefahren zur Kenntnis erhält, dann kann er eventuell in die Lage kommen, daß der Rückversicherer ihm vorkommenden Falls sagt: „Es handelt sich, wie sich jetzt im Brandschadenfalle herausstellt, um Gefahren, die ich inhaltlich unserer Abmachungen gar nicht habe übernehmen wollen; ich lehne daher jede Verbindlichkeit meinerseits ab.“ Der direkt zeichnende Versicherer würde dann das Obligo für eigene Rechnung zu tragen und unberechenbare Verluste zu erleiden haben. Seine fundamentalen Grundsätze könnten erschüttert und seine wirtschaftliche Leistungsfähigkeit könnte beeinträchtigt werden, wenn sich derartige Fälle mehrfach wiederholen sollten, sofern er nicht durch kostspielige Schutzmaßnahmen, welche natürlich den Versicherten in der Form von wesentlichen Prämienerhöhungen zur Last fallen müßten, in dieser Beziehung einen Ausgleich zu finden in der Lage wäre.

Ich habe es für zweckmäßig erachtet, meine Herren, auf diesen Faktor des internen Feuerversicherungsbetriebes aufmerksam zu machen, weil derselbe bei Ihren Erwägungen in Bezug auf die seitens der Feuerversicherungsgesellschaften vorgebrachten Darlegungen sicherlich von Einfluß sein dürfte.

Direktor **Harbers**-Frankfurt a. M.: Meine Herren, ich kann den Ausführungen meines verehrten Herrn Kollegen nicht ganz folgen. Im Moment übersehe ich wenigstens nicht, wie weit die Frage der Rückversicherung hier von Belang ist.

Der Standpunkt der Denkschrift geht dahin, daß man in die Anzeigepflicht, die der Versicherte bei Abschluß des Vertrages und während des laufenden Vertrages zu erfüllen hat, nicht den Begriff „Arglist“ hineinbringen soll. Wir dürfen nicht in die Lage kommen in unseren gegenseitigen geschäftlichen Beziehungen, daß die eine Partei der anderen den Vorwurf der absichtlichen Täuschung machen muß, wenn sie glaubt, ein Recht verfolgen zu müssen. Das halten wir für durchaus verkehrt im Gesamtinteresse. Wir sind der Ansicht, daß da, wo der Gesetzgeber die Absicht hat, den Versicherten zu schützen gegen den, wie er behauptet, mächtigeren Versicherer, und zwar bei denjenigen Obliegenheiten, die vor dem Versicherungsfalle liegen, man von dem Begriff „Arglist“ absehen muß.

Ich erkenne durchaus an, daß es die Aufgabe des Gesetzgebers ist, Normen zu treffen, um den Versicherten zu schützen gegen etwaige unberechtigte und unbillige Anforderungen des Versicherers. Ich bin aber der Ansicht, daß bei der Bedeutung der Anzeigepflicht für das

Versicherungswesen man Halt machen muß da, wo Treue und guter Glauben bei dem Versicherten aufhören, und Treue und guter Glauben bei dem Versicherten hört da auf, wo es sich um eine vorsätzliche oder eine dem Vorsatz gleich zu rechnende grob fahrlässige Verletzung handelt.

Ich möchte Sie auf den bisherigen Rechtszustand hinweisen. Wir haben in Deutschland keine Kodifikation des Binnenversicherungsrechts, sondern nur ein Gesetz über Seeversicherung. Das Seeversicherungsrecht ist weit strenger als der Standpunkt, den wir einnehmen. Es verlangt für die Anzeigen objektive Richtigkeit. Wir sind in unserer Denkschrift zu dem Standpunkt gekommen, daß ohne Verschulden des Versicherten keine Verletzung der Anzeigepflicht vorliegen soll, aber bei der großen Bedeutung der Anzeigepflicht bitte ich Sie, meine Herren, sich zu überlegen, ob es in der Tat im Interesse der beiden Parteien ist, daß hier das Moment der Arglist, der absichtlichen Täuschung hineingebracht wird. Jeder einigermaßen ordentliche Geschäftsmann, der seine Vertragsverpflichtungen zu erfüllen bereit ist, kann sich meines Erachtens mit unserem Vorschlag einverstanden erklären. Sonst würde man einen Schutz gewähren einer absichtlich rechtswidrigen Handlung oder einer außerordentlich grobfahrlässigen Handlung seitens der einen Partei, deren Folgen man doch unmöglich der anderen Partei auflegen kann. Das ist unser grundsätzlicher Standpunkt.

Bei allen Verpflichtungen, die vor dem Versicherungsfall liegen, muß die Arglist heraus, muß teils Verschulden, teils Vorsatz und grobe Fahrlässigkeit hinein. Hat der Versicherte in dieser Beziehung seine Vertragspflichten erfüllt, und ist der Schadenfall eingetreten, so muß dafür gesorgt werden, daß der Versicherte zu seinem Rechte kommt. In der Erfüllung der Obliegenheiten nach eingetretenem Schadensfall darf man ihn in der Regel nicht schon für Verschulden haftbar machen. Aber vorher handelt es sich um die Grundlage des Vertrages, um die Erfüllung des Zweckes der Versicherung. Da können wir mit „Arglist“ unmöglich arbeiten.

Generaldirektor **Schröder**-Aachen: Meine verehrten Herren von der Industrie! Auch ich habe die Bitte, die freundliche und dringende Bitte, daß Sie dem Standpunkt der Feuerversicherung, der Ihnen hier vorgetragen worden ist, freundlichst Rechnung tragen. Ich halte das für ganz undenkbar, daß wir in der Lage sein könnten, unser Gewerbe so wie bisher fortzusetzen, wenn nicht in dieser Weise auf unsere berechtigten Interessen Rücksicht genommen würde. Es ist das ja leicht zu erfüllen. Trotz der, wie ja hier mit Fug und Recht hervorgehoben wurde, vorzüglichen

Organisation der größten Mehrzahl der in Deutschland arbeitenden Feuerversicherungsgesellschaften sind wir unmöglich imstande, einem Betriebe in seiner Gefahrenhöhe folgen zu können, unsere Interessen schützen zu können, diejenigen Maßnahmen treffen zu können, die sich ergeben, wenn ohne eine Verständigung an uns wesentliche Veränderungen im Betriebe vorgenommen werden.

Mein verehrter Herr Vorredner, Harbers, wird es mir freundlichst nicht für ungut anrechnen, wenn ich mich auf den Standpunkt der Darstellung des Herrn Kollegen Wergin, meines Nachbars zur Linken, stelle. Der Fall ist sehr wohl denkbar, daß aus der Rückversicherung höchst unbequeme Komplikationen für die direkt zeichnende Gesellschaft sich ergeben können, denn nicht alle Rückversicherungen werden genommen auf Grund obligatorischer Verträge — für diese ist das Tatsache, was Herr Kollege Harbers sagt — sondern es ist der Fall nicht nur denkbar, er ereignet sich vielmehr in jedem Jahre in Hunderten von Fällen bei den verschiedenen Kompagnien, daß sie auch fakultativ Deckung nehmen. Eine fakultative Rückversicherung ist eine solche, wo die uns befreundete Kompagnie vorerst unter Vorlage der Einzelheiten der betreffenden Versicherung Offerte macht: Wollt Ihr Aachen-Münchener Gesellschaft Euch beteiligen bei dieser Versicherung, bei dem Risiko z. B., welches mein Nachbar, Commercial Union, übernommen hat? Wenn nun ein Schadenfall eintritt und ich werde durch den Schadenfall davon unterrichtet, daß hier eine wesentliche Veränderung vorgekommen ist an dem Risiko, daß der Gefahrencharakter ein ganz anderer geworden ist, daß infolgedessen die Prämie, die mir bezahlt worden ist, nur zur Hälfte zulänglich erscheint, ja, dann ist meine Position eine andere.

Also, ich bitte Sie recht freundlich, doch sich dieser Forderung, die wir in der Gestalt einer Bitte an Sie richten, nicht zu verschließen. Es ist ein Gebot der Notwendigkeit für uns.

Generaldirektor **Wermunghoff**-Berlin: Meine Herren, wir folgen gewiß den Ausführungen der Herren Vertreter der Feuerversicherungsgesellschaften mit großem Interesse. Ich meine aber, wenn bei irgend einem Paragraphen des Entwurfes wir nicht direkt den Anträgen der Denkschrift entgegengesetzte Anträge stellen in Bezug auf Abänderung des Entwurfs, wir dann doch nicht so weit gehen können, gerade diejenigen Abänderungsanträge, die seitens der Feuerversicherungsgesellschaften gestellt sind, zu unterstützen. Das scheint z. B. bei dem § 17 der Fall zu sein. Wir haben zu § 17 keinen besonderen Antrag gestellt, sondern wir haben bloß anerkannt, daß er im Interesse der Industrie liege. Ich meine, wenn die Feuerversicherungsgesellschaften ein Interesse haben, hier eine Aenderung einzuführen, wie sie ja eben uns das dargelegt und in der Denkschrift zum Ausdruck gebracht haben, so erübrigt sich eigentlich eine weitere Diskussion über diese Sache. Wir glauben nicht, als Industrie berufen zu sein oder herangezogen werden zu können, um diese besonderen abweichenden Auffassungen, die die Feuerversicherungsgesellschaften gegenüber dem Entwurf haben, zu unterstützen. Wenn nicht gerade von seiten der Industrie bestimmte Paragraphen des Entwurfes bekämpft werden oder Abänderungsanträge zu bestimmten Paragraphen des Gesetzentwurfes vorliegen, zu denen andererseits von den Feuerversicherungsgesellschaften auch Anträge vorliegen, so daß also von beiden Seiten verschiedene, den ursprünglichen Entwurf abändernde Anträge vorhanden sind, erübrigt sich eine Diskussion über die einzelnen Paragraphen. Bei § 17 ist das der Fall. Die Industrie hat dazu gar keinen Beschluß weiter gefaßt. Deswegen meine ich, daß wir über den § 17 kurz hinweggehen können.

Vorsitzender: Meine Herren, der Auffassung des Herrn Generaldirektor Werminghoff kann ich mich nicht anschließen, insofern, als wir ausdrücklich beschlossen haben, diesen § 17 aufrecht zu erhalten. Dadurch wird also dokumentiert, daß wir auch das Wort „Arglist" darin stehen lassen wollen. Das ist der Unterschied zwischen unserer Auffassung und derjenigen der Feuerversicherungsgesellschaften, und insofern haben wir allerdings mit den Feuerversicherungsgesellschaften nicht den gleichen Standpunkt. Es dreht sich lediglich um das Wort „Arglist" dabei. Die Herren glauben eben, dieses Wort „arglistig" ausmerzen zu müssen, und wir, die Industrie, sind gestern der Auffassung gewesen, dieses Wort darin stehen lassen zu wollen. Das sind die beiden entgegengesetzten Auffassungen, und beide sind begründet worden. Es erübrigt sich allerdings wohl eine lange, weitere Diskussion; es werden die Auffassungen ja nachher an den gegebenen Orten zur Kenntnis gebracht werden.

Regierungsrat Dr. **Leidig**-Berlin: Meine Herren, ich glaube, es wird und kann ja nicht die Aufgabe der Industrie sein, diejenigen Versicherten, die sich vorsätzlich oder grob fahrlässig ihren Verpflichtungen entziehen, zu schützen. Aber nicht in allen Fällen lassen sich diese Auffassungen so darlegen, daß damit nicht auch Anschauungen getroffen werden, die tatsächlich als nicht grob-fahrlässig — will ich mich ausdrücken — aufzufassen sind. Ich möchte darauf hinweisen, daß in demjenigen Abschnitt des Gesetzentwurfes, um den es sich hier handelt, der Ausdruck „arglistig" nur an zwei Stellen vorkommt. Das ist einmal im § 15, Abs. 1, wo es heißt: „Das Gleiche gilt, wenn die Anzeige eines erheblichen Umstandes deshalb unterblieben ist, weil sich der Versicherte oder der Vertreter der Kenntnis des Umstandes arglistig entzogen hat." Wenn hier an Stelle des Ausdruckes „arglistig" „vorsätzlich" gesetzt würde, so, glaube ich, würde von seiten der Industrie dagegen nach keiner Richtung hin ein Einwand zu erheben sein. Dagegen ist es mit dem Worte „grob-fahrlässig" allerdings doch wohl etwas anderes. „Grob-fahrlässig sich entziehen", das kann ja in den verschiedensten Umständen geschehen, und die Frage müßte wohl erst erwogen werden.

Ganz besonders aber möchte ich auf den § 17 hinweisen. Auch hier bin ich persönlich der Auffassung, daß an Stelle des Wortes „arglistig" ohne weiteres „vorsätzlich" gesetzt werden könnte, denn derjenige, welcher vorsätzlich einen Umstand verschweigt, von dem er nicht Mitteilung machen will, mag ja in gewissen Fällen nicht arglistig handeln; das steht aber dann doch so nahe der Arglist, daß da einen Versicherungsschutz dem Betreffenden zu gewähren nicht nötig ist. Dagegen, glaube ich, würde es hier gerade im § 17 ganz erhebliche Bedenken haben vom Standpunkt der Industrie aus, wenn hier der Begriff der Fahrlässigkeit hineingefügt würde. Meine Herren, das soll ja gerade nach der Auffassung des Gesetzentwurfes vermieden werden, daß die Fahrlässigkeit auch als ein Schutzmoment herangezogen wird. Der Gesetzentwurf sagt: Wenn der Versicherer dem betreffenden Versicherten oder dem Versicherungsnehmer, wie es hier in diesem Falle wohl am richtigsten heißen würde, einen Fragebogen vorlegt, so hat der Versicherungsnehmer im allgemeinen das gute und berechtigte Recht, anzunehmen, daß nunmehr durch die sorgfältige Ausfüllung dieses Fragebogens seine Verpflichtungen erfüllt sind, und da, glaube ich, können Sie dann allerdings nicht weiter gehen, als daß Sie sagen: Hast du noch von einem Umstande Kenntnis, von dem du positiv weißt, er ist erheblich und du machst davon doch nicht Anzeige, dann allerdings ist das ein Handeln gegen Treue und Glauben, und ein solches Handeln will natürlich die Industrie und wollen die Herren Vertreter der Industrie auch nicht schützen. Aber, meine Herren, nachher auszuführen: Du hast das allerdings nicht gewußt, aber du hättest es doch wissen müssen, wenn du dir nur ein wenig den Kopf darüber zerbrochen hättest, das widerspricht doch der ganzen Konstruktion dieses Paragraphen, und ich glaube, daß sich die Herren der Industrie nicht damit einverstanden erklären können, das Wort „grob-fahrlässig" hier einzufügen.

Generalsekretär **Bueck**-Berlin: Meine Herren, ich will mich zur Sache nicht äußern. Ich möchte mir nur einige Bemerkungen zu dem Prinzip gestatten, das von meinem verehrten Freunde, Herrn Generaldirektor **Werminghoff**, mit Rücksicht auf die ganze Behandlung dieser Frage von seiten der Industrie aufgestellt worden ist. Er hat das Prinzip vertreten, daß, wenn in dem Gesetzentwurf Bestimmungen sind, mit denen sich die Industrie einverstanden erklären kann oder die sie als wünschenswert erachtet, sie kein Interesse weiter daran hat, Rücksichten auf diejenigen Wünsche und Anträge zu nehmen, die von den Vertretern der Feuerversicherungsgesellschaften gestellt werden, sondern daß es ihnen überlassen bleiben müsse, ihre Interessen selbst zu vertreten. Dieses Prinzip steht auf dem Boden eines Interessengegensatzes, den ich nicht gelten lassen kann. Denn, meine Herren, ich habe immer bei meiner Stellung zwischen der Industrie und zwischen den Feuerversicherungsgesellschaften den Standpunkt vertreten, daß nicht gegensätzliche Interessen, sondern daß in viel höherem Grade gemeinschaftliche Interessen bestehen. Wenn es sich hier um Bestimmungen handelt, gegen die die Industrie keine Einwendungen zu erheben hat von ihrem Interessenstandpunkte aus, die aber die Interessen des Feuerversicherungswesens erheblich schädigen, dann hat die Industrie meines Erachtens doch zu überlegen, ob diese Schädigung des Versicherungswesens nicht auch zurückgreift auf die industriellen Interessen und ob diese Interessen es nicht erfordern, in Gemeinschaft mit den Vertretern des Versicherungswesens gegen jene Schädigung Stellung zu nehmen. Von diesem Gesichtspunkte aus kann ich den Standpunkt des Herrn Generaldirektors **Werminghoff** nicht als richtig anerkennen. Sie müßten in eine Erörterung der Frage eintreten, ob bei diesem Paragraphen die Schädigung der Interessen des Feuerversicherungsgewerbes nicht soweit gehen kann, daß Ihre eigenen Interessen dadurch geschädigt werden, indem — will ich einmal sagen — die Feuerversicherungsgesellschaften nicht mehr in der Lage sind, ihr Gewerbe in einer Weise betreiben zu können, daß sie ihre Aufgabe vollständig erfüllen.

Das wollte ich mir nur erlauben, mit Bezug auf die ganze Behandlung des hier in Frage stehenden Gesetzentwurfes anzuführen, nämlich daß hier nicht ein Interessengegensatz in erster Reihe hervorzuheben ist, sondern zu suchen ist nach Interessengemeinschaft. Ich glaube, von diesem Gesichtspunkte aus würde man richtiger verfahren und vielleicht zu einer besseren Verständigung gelangen.

Kommerzienrat **Dierig**-Oberlangenbielau: Ich muß auf die Worte des Herrn Generalsekretärs **Bueck** zurückkommmen. Ich fasse doch die Vertretung der Industrie anders auf. Die Industrie hat ihre Interessen und die Feuerversicherungsgesellschaften haben ihre

Interessen, also die Gemeinsamkeit der Interessen kann ich nicht so anerkennen. Nun ist aus verschiedenen Reden der Herren Vertreter von der Feuerversicherung doch immer hervorgegangen: sie legen einen ganz großen Wert darauf, daß heute festgestellt wird, daß sie unter allen Umständen an dem festhalten, was in ihrer Denkschrift dargelegt ist, und es dürfte doch wohl nicht unsere Aufgabe sein, heute festzustellen, daß wir einem Teil dieser Denkschrift zustimmen. Wir von der Industrie haben doch unsere Interessen zu vertreten, und wir glauben, daß wir in vielen Fällen die Schwächeren sind, die durch das Gesetz geschützt werden müssen.

Aber, meine Herren, wir müssen auch noch weiter gehen und berücksichtigen, daß die wenigen hier anwesenden Herren der Industrie doch heute Verbände vertreten. Wir können heute nicht Erklärungen abgeben, die dem widersprechen, was unsere Mandanten uns aufgegeben haben. Es ist beispielsweise gerade bei dem § 17 hervorgehoben worden von meinen Auftraggebern, daß sie mit dem § 17 sehr einverstanden sind. Nun hatte vorhin Herr Generaldirektor Schroeder die sehr große Freundlichkeit gehabt, an uns die Bitte zu richten, wir möchten auch hier Entgegenkommen zeigen. Meine Herren, ich weiß nicht, inwieweit wir dem nachkommen können. Uns ist doch eine gewisse Marschroute gegeben, ebenso wie den Herren von der Feuerversicherung, und es würde meiner Ansicht nach wohl zu falschen Schlüssen führen, wenn wir nun heute erklärten, nachdem in unserem Verein der § 17 angenommen ist: wir sind bereit, an dem § 17 Abänderungen zu gestatten. Die Herren von den Feuerversicherungsgesellschaften wollen keine Abänderungen haben an dem, was sie beschlossen haben, weil sie sagen, sie müssen erst dann wieder eine Generalversammlung haben. Sie können heute keine Erklärung abgeben, Sie sind gebunden. Wir sind ja aber auch gebunden. Also es ist nicht Mangel an Entgegenkommen unsererseits, wenn wir sagen: wir müssen doch zunächst einmal das festhalten, was in unseren Vereinen beschlossen worden ist, und da ist nun zunächst speziell in meinem Verein beschlossen worden: der § 17 entspricht unseren Interessen, und ich glaube nicht, daß es in unserem Verein gebilligt werden würde, wenn ich heute eine Erklärung abgebe, ich wäre geneigt, einer Abänderung dieses § 17 zuzustimmen.

Vorsitzender: Meine Herren, es scheint mir hier ein Mißverständnis vorzuliegen. Ich glaube mich zu erinnern, daß ich schon ausgeführt hatte, ebenso wie es von den Herren Industriellen nicht verlangt werden kann, daß sie Abänderungsvorschlägen, welche seitens der Herren der Feuerversicherungsgesellschaften hier unterbreitet werden, ihre Zustimmung geben können, indem dieselben an eine gewisse Marschroute — um mich mit den Worten des Herrn Kommerzienrat Dierig in Einklang zu bringen — gebunden sind, wie sie aber in ihren respektiven Vereinen die Verhältnisse resp. die Wünsche, welche hier vorgetragen worden sind, nachher auch vorbringen werden, und hier alsdann in einer wieder zusammenzuberufenden Kommission die Frage wieder prüfen werden, — ebenso haben sich die Herren der Feuerversicherungsgesellschaften nicht mit der apodiktischen Gewißheit, wie eben gesagt worden ist, gegen alles gewehrt, was hier vorgebracht worden ist, und sich festgenagelt auf das, was in jener Denkschrift gesagt ist, sondern im Gegenteil, sie haben ausgeführt, daß in diesen und jenen Fragen es wohl möglich sein würde, eine Abänderung herbeizuführen von den Beschlüssen, welche sie schon festgelegt haben, aber sie wären nicht in der Lage, diese Zusicherung hier geben zu können, sie müßten das, ebenso wie wir in unseren Vereinen, in ihrer Generalversammlung erst vorbringen.

Ich glaube, das ist der korrekte Standpunkt der beiden Parteien, und von dem müssen wir ausgehen. Wenn hier von dem Herrn Generaldirektor Schroeder an unser gutes Herz appelliert worden ist, uns Ihren Wünschen zu fügen, so können wir das eben nur ad referendum nehmen, und wir werden die Sache naturgemäß den Vereinen und der demnächst hier zusammenzuberufenden Kommisson vortragen müssen. Das ist der Standpunkt der beiden Parteien.

Generaldirektor **Werminghoff**-Berlin: Ich wollte nur einige Worte sagen zur richtigen Auffassung der Bemerkungen, die ich vorhin gemacht habe und die Herr Bueck in einer Weise auf die allgemeine Behandlung des Gegenstandes ausgedehnt hat, die von mir durchaus nicht beabsichtigt war. Da hier von seiten der Herren Vertreter der Feuerversicherungsgesellschaften an uns appelliert wurde, wir möchten ihre Auffassung bezüglich Aenderung des Wortes „Arglist“ in „Verschulden und grobe Fahrlässigkeit“ unterstützen, so glaubte ich, daß bei einem Paragraphen, an dem wir unsererseits nichts auszusetzen haben, wir uns nicht zu Vertretern der Auffassung der Feuerversicherungsgesellschaften machen und sie unterstützen können. Das ist nicht unsere Sache nach meiner Meinung. Ich stimme vollständig mit dem Herrn Generalsekretär Bueck darin überein, daß wir zusammengekommen sind, um uns gegenseitig zu verständigen, und wenn zu einem Paragraphen des Entwurfs unsererseits Abänderungsvorschläge vorliegen, und solche liegen von seiten der anderen Herren auch vor, dann würde ich eine Aussprache darüber für angezeigt halten, ob wir einen Einspruch gegen diesen Paragraphen des Gesetzentwurfes erheben oder ob wir den Einspruch, nachdem wir hier von sachverständiger Seite belehrt worden sind, fallen lassen sollen. Nur wollte ich der Auffassung Ausdruck geben, daß wir derartigen Appellen, wie sie von seiten der Herren an uns gerichtet worden sind, nicht in der Weise Folge geben können, daß wir uns gegen einen Paragraphen des Entwurfs erklären, gegen den wir vom Standpunkte der Industrie nichts einzuwenden haben. Wir sind überzeugt, daß die Herren von der Feuerversicherung ihren Standpunkt und ihre Paragraphenabänderungen viel besser vertreten können, als wir von unserem nicht sachverständigen Standpunkte aus. Ich meine auch, daß wir gar nicht in der Lage sind, immer zu beurteilen, ob tatsächlich die Nichtannahme der Vorschläge zur Abänderung des Gesetzentwurfes, die von seiten des Verbandes der Feuerversicherungsgesellschaften ausgehen, eine ungünstige Rückwirkung auf die Industrie haben muß, wie der Herr Generalsekretär Bueck ausführte. Das können wir nicht beurteilen. Wir müssen uns zunächst an das halten, was in dem Gesetzentwurf, über den wir zu sprechen haben, in unserem Interesse zu liegen scheint. Sind von seiten der Industrie und von seiten der Feuerversicherungsgesellschaften zu einem Paragraphen dieses Entwurfs abweichende Anträge gestellt, dann ist das Gegenstand der Diskussion. Haben wir gegen einen Paragraphen vom Standpunkte der Industrie nichts einzuwenden, so meine ich, können wir, auch wenn die Delegierten der Feuerversicherungsgesellschaften abweichende Auffassungen vortragen und geltend machen, diese von unserm Standpunkte aus nicht unterstützen. Wir können höchstens sagen: wir erheben keinen Widerspruch dagegen.

Generalsekretär **Bueck**-Berlin: Herr Kommerzienrat Dierig möge die Güte haben, mir zu verzeihen, wenn ich bemerke: ich müßte mich außerordentlich unklar ausgedrückt haben — was im allgemeinen meine Sache nicht ist —, wenn meine Ausführungen so verstanden werden konnten, als wenn ich die Aufgabe und das Recht der Industrie, ihre Interessen in sachlicher Weise zu vertreten, hier irgendwie in Frage gestellt hätte. Meine Ausführungen gingen auf das Ziel hinaus, darzulegen, daß bei der Vertretung der industriellen Interessen es im gegebenen Falle Ihnen nahe liegen könnte, sich auch der Interessen der Feuerversicherungsgesellschaften anzunehmen, soweit Ihr eigenes Interesse es zuläßt. Etwas anderes glaube ich nicht gesagt zu haben.

Der Herr Generaldirektor Werminghoff hat, glaube ich, seine ersten Ausführungen in seiner letzten Rede sehr wesentlich modifiziert. Denn er sprach in seinen ersten Ausführungen im allgemeinen davon, daß es hier die Aufgabe der industriellen Vereine nicht sein könne, eine Sache, die von den Versicherungsgesellschaften befürwortet wird, zu unterstützen, und nur dagegen haben sich meine Ausführungen gewendet.

Im übrigen, meine Herren, glaube ich hier das Recht zu haben, wie jeder in der Versammlung, meine persönliche Ansicht auszusprechen, und Sie werden es mir nicht verübeln, wenn ich das ganz offen tue. Nach dem Gang der heutigen Verhandlungen und dem Standpunkte, den die Herren eingenommen haben, scheint mir der eigentliche Zweck der heutigen Zusammenkunft verfehlt zu sein. Der eigentliche Zweck der heutigen Zusammenkunft zwischen den Vertretern der Industrie und den Vertretern der Versicherungsgesellschaften bestand meines Erachtens darin, sich über die divergierenden Punkte auszusprechen und, wenn möglich, eine Verständigung herbeizuführen. Die Herren stellen sich jetzt auf den Standpunkt: wir können uns nicht verständigen, wir sind mit gebundener Marschroute hier, wir nehmen gewissermaßen ad referendum, was hier gesagt worden ist, und werden das späterhin feststellen. Wir haben bei unserer Zusammenkunft vor zwei Jahren einen anderen Standpunkt eingenommen, meine Herren, und haben ein — freilich von manchen Seiten bezweifeltes, aber im allgemeinen doch anerkannt gutes Resultat erzielt. Dieses gute Resultat scheint mir bei dem jetzigen Gange der Verhandlungen gefährdet zu sein. Wie gesagt, das ist eine persönliche Ansicht, die ich habe, die kann ich mir nicht nehmen lassen, und ich habe auch das Recht, sie auszusprechen.

Direktor **Harbers**-Frankfurt a. M.: Meine Herren, um auf die letzten Ausführungen des Herrn Generalsekretärs Bueck eine kurze Bemerkung zu machen, so ist es ja unzweifelhaft wünschenswert, daß wir zu der Ansicht kommen, daß gemeinschaftliche Interessen vorliegen, Interessen der Industrie sowohl als der Versicherungsgesellschaften, die so identisch miteinander sind, daß man sich über ein Vorgehen bezüglich der Gesetzesnormen verständigen kann. Ich glaube aber nicht, daß wir heute in der Lage sind, uns über eine gemeinsame Stellungnahme zu verständigen. Ich glaube nicht, daß so eingehend die Folgen und die Folgerungen der Bestimmungen des Gesetzentwurfs jetzt schon übersehen werden, daß man zu einem bestimmten Beschluß kommen könnte, in dieser oder jener Frage gehen Industrie und Feuerversicherung zusammen. Ich glaube, es kann die Aufgabe der heutigen Verhandlung im wesentlichen doch nur die sein, daß man gegenseitig aufklärend wirkt, und daß die etwa hier geklärten Ansichten in die Kreise, die hier vertreten sind, weitergetragen werden; und dann muß abgewartet werden, ob zu einer gegenseitigen Verständigung die Voraussetzungen vorhanden sind.

(Sehr richtig!)

Meine Herren, ich möchte mich doch in einem Punkte Herrn Generalsekretär Bueck voll und ganz anschließen, und zwar gegenüber demjenigen, was Herr Generaldirektor Werminghoff zunächst gesagt hat, was er allerdings auch nach meiner Ansicht nachher außerordentlich modifiziert hat. Die Industrie hat meines Erachtens doch ein ganz wesentliches Interesse daran, auch diejenigen Bestimmungen einer Erwägung zu unterziehen, von denen sie vielleicht annimmt, daß die Industrie nichts dagegen einzuwenden habe. Es mag ja im ersten Augenblick für die Stellung des Versicherten ganz günstig erscheinen, wenn der Industrielle z. B. bezüglich der Anzeigepflicht nur für Arglist haften soll. Es ist wirklich erklärlich, wenn der einzelne Versicherte sagt: was habe ich denn nötig, gegen eine solche Absicht des Gesetzgebers anzugehen? Es kann mir ja an sich ganz recht sein, wenn ich überhaupt nur für Arglist haften soll.

Aber, meine Herren, die Frage liegt doch etwas anders, wenn man betrachtet, welche Bedeutung die Anzeigepflicht hat. Darauf möchte ich Sie bitten, Ihr Augenmerk zu richten. Es ist in der Denkschrift ausgeführt, und ich habe mir vorhin darauf einzugehen erlaubt, welche Bedeutung überhaupt die Anzeigepflicht hat, damit das Versicherungsgewerbe seine Zwecke in möglichst vollkommener Weise erfüllt. Wenn man nicht bloß davon ausgeht, wie der einzelne Versicherte seine Position möglichst günstig schafft, sondern wie die Gesamtheit der Versicherten vielleicht ein Interesse daran hat, daß die Normen des Versicherungsvertrages vom Gesetzgeber so getroffen werden, daß möglichst vollkommen der Zweck der Versicherung erreicht wird, so hat die Industrie doch wohl ein großes Interesse daran, auch die Einwendungen eingehend zu prüfen, die die Versicherungsgesellschaften glauben aus ihrer Erfahrung machen zu müssen. Die Anzeigepflicht ist eins der wichtigsten Momente, und wie die gestaltet wird, davon hängt ab, ob wir in bisheriger Weise — ich will nicht sagen: überhaupt — unser Geschäft betreiben können, ob wir in der Weise in der Lage sind, die wirtschaftlichen Bedürfnisse zu erfüllen, wie es bis jetzt geschehen ist.

Meine Herren, es sind Angriffe in letzter Zeit gekommen gegen die allgemeinen Versicherungsbedingungen. Sie werden es mir aber nicht bestreiten, daß diese Angriffe gegen die allgemeinen Versicherungsbedingungen eigentlich erst dann gekommen sind, als man glaubte einen günstigen Boden dafür zu finden, weil die Feuerversicherungsgesellschaften nach ihrer Ansicht in der Notlage waren, für gewisse Versicherungskategorien die Prämie zu erhöhen. Die Prämienerhöhung war der Kardinalpunkt, und darüber hat sich damals ein Sturm der

Entrüstung in der Industrie geltend gemacht, auch in gewissen Geschäftskreisen, bei Warenhäusern 2c., und da griff nun auch die Agitation ein gegen die allgemeinen Versicherungsbedingungen. Wir haben in Deutschland keine Kodifikation des Binnenlandversicherungsrechts, und wir haben bis jetzt gelebt eigentlich auf Grund der Rechtsnormen, die in den wenigen 15 Paragraphen der Feuerversicherungsgesellschaften aufgestellt worden sind. Und mögen die Angriffe noch so intensiv, noch so kritisch sein, meine Herren, das eine werden Sie nicht bestreiten können, daß auf Grund dieser wenigen allgemeinen Versicherungsbedingungen das Feuerversicherungsgewerbe in Deutschland seine Aufgabe in einer Weise erfüllt hat, daß es sich mit demjenigen aller Länder messen kann. Erst jetzt, infolge der Prämienerhöhung, sind die Angriffe gekommen gegen die allgemeinen Versicherungsbedingungen.

Ich möchte Sie nun darauf hinweisen: wie wird es sich denn nun stellen mit den Prämien, meine Herren, wenn wir genötigt sein würden, uns nur auf Arglist berufen zu können, wenn wir genötigt sein würden, in jeden Fabrikbetrieb hineinzutreten und dort zu suchen: wo sind die Gefahrmomente? Wir haben uns ja gewiß eine Technik erworben und stellen unsere Fragen deshalb nach gewissen Momenten und nach den wichtigsten Momenten; die erfahren wir durch die Fragen und durch die Beantwortung der Fragen. Aber es können doch auch in einem Gewerbebetrieb, ich will einmal sagen z. B. bei der chemischen Industrie, Aenderungen eintreten, es können so eklatante Gefahrerhöhungen eintreten, von denen wir als Feuerversicherer unmöglich eine Ahnung haben können, die aber der Versicherte, der sein eigenes Risiko kennt, der sein Geschäft kennt, sehen muß. Ueber solche Gefahrmomente, meine Herren, müssen wir Nachricht haben. Wir müssen nicht in die Lage versetzt sein, Ihnen beweisen zu müssen: du bist ein Betrüger, du hast aus arglistiger Täuschung die Anzeige unterlassen, sondern wir müssen in der Lage sein, uns auf eine pflichtgemäße Anzeige verlassen zu können, um unsere Aufgabe gegenüber den wirtschaftlichen Verhältnissen zu erfüllen, und wenn das nicht der Fall ist — was ist die Folge? Dann können wir zu solchen Prämien wie bisher nicht mehr zeichnen; wenn wir erhebliche Mehraufwendungen machen müssen, wenn wir höhere Gefahren tragen müssen, dann müssen wir eine höhere Gegenleistung haben, und dann möchte ich einmal sehen, ob das im Interesse der Industrie liegt, ob es nicht vielmehr im Interesse der Industrie liegt, daß die Anzeigepflicht von den Versicherten übernommen wird. Bisher ist sie getragen worden, und zwar war wie nach dem Seerecht die objektive Richtigkeit der Anzeige zu prästieren. Wir sind bereit, uns prinzipiell auf den Standpunkt zu stellen, daß der Versicherte nur verantwortlich ist, wenn ihn ein Verschulden trifft in dieser Beziehung. In den §§ 14 bis 18 ist als Grundlage das Verschulden angenommen, und es sind da nur zwei Ausnahmen gemacht von diesem Prinzip des Verschuldens in den beiden Paragraphen, wo Arglist steht. Wir stehen auf dem Standpunkte: „Arglist“ muß heraus aus diesen notwendigsten, grundlegenden Vorbedingungen für unsern Geschäftsbetrieb. Wir sind einverstanden, wenn in den beiden gedachten Ausnahmebestimmungen „Vorsatz und grobe Fahrlässigkeit“ gesetzt wird.

Vorsitzender: Meine Herren, bevor ich das Wort weitergebe, möchte ich mich doch gegen die Ausführungen meines sehr verehrten Freundes Herrn **Bueck** wenden. Trotz seiner Jahre hat er noch das jugendliche Feuer, unmittelbaren Erfolg wünschen zu wollen. Er meint, daß die heutigen Verhandlungen verfehlt sind. Dieser Auffassung kann ich mich nicht anschließen. Nicht nur ich, sondern die verschiedenen Herren haben ausgeführt, daß sie den heutigen Verhandlungen mehr einen präparatorischen Charakter beimessen; wir haben ausgeführt, daß diese Fragen hier behandelt und ad referendum genommen würden, um später in diesen betreffenden Gremien eben wieder besprochen zu werden. Und dann würden doch weitere Verhandlungen in den einzelnen Kommissionen bezw. in den Generalversammlungen folgen. Ob man dann nachher, nachdem alles niedergelegt ist, was die Herren der Feuerversicherungsgesellschaften gesagt haben, nachdem alles niedergelegt ist, was die Herren der Industrie gesagt haben, zu der Ueberzeugung kommt: in dem Punkte haben die Herren recht und in dem Punkte haben jene Herren recht, das erscheint mir doch bei manchen Punkten nicht ganz unwahrscheinlich. Deshalb möchte ich durchaus nicht, daß der Ausdruck, daß die Verhandlungen verfehlt sind, so pure hier unwidersprochen bleibt, denn wenn das der Fall wäre, dann könnten wir ja allerdings die Verhandlungen lieber schließen. Wenn wir eben nicht die Auffassung haben, daß wir uns, wenn auch nicht für den Moment, aber doch im Laufe der Zeit noch verständigen können, dann wäre es ja praktischer, jetzt nicht die Zeit zu resultatlosen Beratungen zu verschwenden.

Generalsekretär **Schlüter**-Berlin: Meine Herren, ich glaube, der Ansicht Ausdruck geben zu müssen, daß die Herren **Dierig** und **Werminghoff** — wenn ich mir gestatten darf, das zu sagen — eine ein wenig doktrinäre Stellung zur Sache eingenommen haben; denn wenn wir auch mit einer gewissen Marschroute hierher gekommen sind, dann kann diese Marschroute doch nur so weit gebunden sein, als wir uns nicht eines besseren belehren lassen. Wenn die Herren von der

Gegenpartei — wenn ich den Ausdruck gebrauchen darf — uns eines besseren belehren, dürfen wir nicht so hartnäckig sein, das nicht anzuerkennen.

Ich komme deshalb auf die Ausführungen des Herrn Regierungsrats Leidig zurück, der ausgeführt hat, daß in diesem Zusammenhang der Begriff „Vorsatz“ ungefähr dasselbe zu bedeuten hätte wie „Arglist“, und daß man wohl den Feuerversicherungsgesellschaften konzedieren könnte, daß hier „Vorsatz“ statt „Arglist“ zu setzen sei; denn moralisch ist es ziemlich dasselbe.

Ich möchte aber dringend bitten, den Wunsch auf Einschaltung der „groben Fahrlässigkeit“ nicht anzunehmen. Soweit kann ich mein Entgegenkommen den Herren von der Versicherung gegenüber nicht ausdehnen. Außerdem, was bereits Herr Regierungsrat Leidig dafür angeführt hat, möchte ich besonders, um die Ablehnung dieses Wunsches der Versicherungsgesellschaften zu begründen, darauf hinweisen, daß es unser Bestreben sein muß, unser Versicherungsverhältnis so einfach und durchsichtig zu machen, wie nur irgend möglich. Die Herren werden mir aber zugeben, daß, vielleicht abgesehen von dem Begriff des Betruges, in der Rechtsprechung kaum ein Rechtsbegriff vorhanden ist, der so spröde ist, so der richterlichen Feststellung widerstrebt, wie gerade der Begriff der Fahrlässigkeit, und mit einem so sehr variablen Begriff möchte ich unser Versicherungsverhältnis nicht belasten. Ich bitte die Herren deshalb, von diesem Wunsche abzustehen.

Justizrat **Krafft**-Köln: Ich wollte gerade das erwähnen und ausführen, was der Herr Vorredner gesagt hat, nämlich der Begriff des Verschuldens ist allerdings ein außerordentlich schwieriger, und das zeigen ja auch unsere Verhandlungen. Gerade bei der Erörterung dieses Begriffes, bei der Erörterung, ob und inwieweit gerade das Moment des Verschuldens maßgebend sein soll, kommt sogar die Ansicht zum Ausdruck, daß unsere ganze Verhandlung vergeblich sei. Meine Herren, ich wundere mich dessen gar nicht, denn wenn Sie die außerordentlich reichhaltige Rechtsprechung über diesen Begriff berücksichtigen, dann wird Ihnen das sehr leicht verständlich sein, daß man da gewissermaßen verzweifelt, und es kann auch deshalb gar kein Gedanke daran sein, daß wir uns gerade über alle diese Fragen, betreffend das Verschulden, hier klar werden und darüber eine Einigung erzielen.

Nun, meine Herren, im Prinzip bin ich der Ansicht, daß das Moment des Verschuldens soweit in Betracht gezogen werden soll, als es zweckmäßig ist. In allererster Linie muß immer die Zweckmäßigkeit entscheiden und auch gewiß nicht zum wenigsten die Zweckmäßigkeit der

Versicherungstechnik. Die muß maßgebend sein, auch im Interesse der Industriellen; auch selbst wenn vielleicht scheinbar zum Nachteil der Industriellen hier schon an das Verschulden im Gegensatz zu der Arglist irgend eine nachteilige Konsequenz geknüpft werden kann, dann wird das doch in ihrem Interesse sein, wenn das eben die Versicherungstechnik verlangt.

Nun, meine Herren, nachdem ich diesen allgemeinen Grundsatz vorgetragen habe, möchte ich ihn hier auf den § 17 Absatz 2 anwenden. Nämlich ich glaube, daß auch gerade aus Zweckmäßigkeitsrücksichten hier der Ausdruck „Arglist" gebraucht worden ist bezw. nur an eine arglistige Verschweigung die Folge geknüpft sein soll. Meine Herren, der Fall, der da im Absatz 2 behandelt ist, ist doch derjenige, daß irgend etwas, was der Versicherungsnehmer verschwiegen hat, also etwas, wonach nicht gefragt ist, unter Umständen für die Versicherungsanstalt maßgebend zum Rücktritt sein soll. Nun sagt hier der Absatz 2 aber nur: wenn das arglistig verschwiegen ist. Also in dem Verschweigen liegt ja doch das Erfordernis, daß der Versicherte es gewußt hat; er muß gewußt haben, daß es so und so ist. Meine Herren, Arglist hat ihre zweifellosen Momente zu ihrer Feststellung. Ob eine Arglist vorliegt oder nicht, das kann nicht im Prinzip . . . .

(Zuruf: Es läßt sich nicht beweisen!)

. . . der Beweis ist schwer, das gebe ich zu, aber über die Frage: liegt Arglist vor oder nicht, wird in der Regel gar kein großer Zweifel sein können. Dagegen wird ein außerordentlich großer Zweifel sein können gerade hier in diesem Falle, ob Fahrlässigkeit vorliegt, und zwar nicht nur gelinde Fahrlässigkeit; auch selbst bei grober Fahrlässigkeit wird es außerordentlich schwer sein, dieses Moment hier festzustellen. Denken Sie sich doch: es ist nicht gefragt nach dem betreffenden Punkt, der Versicherungsnehmer weiß es aber. Nun muß also, um das Verschulden festzustellen, klargestellt werden: weiß der Versicherungsnehmer auch, ob und inwieweit das für die Versicherungsanstalt von Bedeutung war und welche Konsequenz das für die Versicherungsanstalt haben konnte. Das muß nämlich auch alles noch nachgewiesen werden. Also das, meine ich, meine Herren, wird außerordentlich schwer festzustellen sein, und ich glaube, daß aus diesem Gesichtspunkte hier man ganz davon abgesehen hat, das Verschuldungsprinzip hier hineinzubringen und maßgebend sein zu lassen.

Im übrigen ist ja auch schon angedeutet: äußersten Falls muß die Präm ie nachhelfen. Die Prämie muß das ausgleichen. Es kan dadurch eventuell ein größeres Quantum Leistung von der Versicherungsanstalt gefordert werden, und das muß eben durch die Prämie ausgeglichen werden.

Kommerzienrat **Dierig**-Oberlangenbielau: Meine Herren, ich hatte mich vorhin zum Worte gemeldet auf Grund der Ausführungen von Herrn Generalsekretär Bueck, aber es erübrigt sich eigentlich jetzt, noch etwas Besonderes zu sagen, da ich mit großem Dank das anerkennen muß, daß die Ausführungen von Herrn Direktor Harbers im großen ganzen das eigentlich bestätigt haben, was ich gesagt habe und noch ausführen wollte. Der Zweck unserer heutigen Aussprache ist bloß der der gegenseitigen Aufklärung. Von Herrn Generalsekretär Bueck wurde vorhin gesagt, daß jetzt Momente hineingeworfen worden sind in die Verhandlung, welche es wohl erwarten lassen, daß eine gedeihliche Weiterverhandlung dadurch in Frage gestellt würde. Meine Herren, das habe ich überhaupt gar nicht beabsichtigt. Ich habe geglaubt, es stehen sich hier zwei Parteien gegenüber, und es wird von jeder Partei der Standpunkt, den sie hat, vertreten, und dann war ich der Ansicht, daß die Aufklärungen von beiden Seiten dankbar entgegengenommen werden, daß wir aber doch von der Industrie das gleiche Recht beanspruchen dürften, das die Herren von der Versicherung haben, welche vorhin erklärten, wir können hier nicht am heutigen Tage irgendwelche Konzessionen machen, da wir doch auch unsere Marschroute von seiten unserer Vereinigung haben. Nun, ich glaube nicht, daß — es wurde vorhin gesagt, daß zwei Herren einen doktrinären Standpunkt eingenommen hätten — wir irgendwie doktrinär sind. Ich habe gemeint, wir haben heute hier Aufklärungen zu geben, und wir, die einzelnen Vertreter von Verbänden, können heute nicht Erklärungen abgeben, die irgendwie bindend sind. Anderseits erkläre ich, daß ich für jede Aufklärung außerordentlich dankbar bin.

Kommerzienrat **Dietel**-Coßmannsdorf: Meine Herren, ich glaube, ich kann mich kurz fassen. Ich möchte auch nur mit ein paar Worten auf die Bemerkungen des Herrn Generalsekretärs Bueck zurückkommen. Er knüpft an Vorgänge an, die gestern stattgefunden haben. Ich möchte darauf nur kurz erwidern, daß ich vollständig bei dem bleiben muß, was ich gestern gesagt und erklärt habe; ich kann daran nichts ändern. Diese vollkommene Einigkeit, wie sie teilweise dokumentiert werden sollte, hat damals nicht bestanden. Keineswegs aber bin ich dagegen, daß die Verhandlungen mit den Herren von den Feuerversicherungsgesellschaften fortgeführt werden und in der Weise weitergeführt werden, daß wir gegenseitig Aufklärungen erhalten. Das ist ganz selbstverständlich.

Nun, meine Herren, zur Sache selbst möchte ich mir die einfache Bemerkung erlauben, daß wir uns den Kopf hierüber nicht zu zerbrechen brauchen. Meine Herren, bei der Beratung dieses Entwurfs, der hier vorliegt, sind doch gerade die Kapazitäten von den Feuerversicherungsgesellschaften, summa summarum möchte ich beinahe sagen, vertreten gewesen — wir von der Industrie in keiner Weise. Ich bitte Sie, meine Herren, wer sich dafür interessiert, auf Seite 49 der Begründung nachzusehen, wer da alles mitberaten hat und wer da Gelegenheit gegeben hat, sich zu äußern. Meine Herren, wenn an jener kompetenten Stelle gegen das Wort „Arglist" keine Einwendungen gemacht sind, dann wüßte ich nicht, weshalb wir paar Leute, die wir von der Industrie nur hier sind, uns der Feuerversicherungsgesellschaften annehmen wollen, deren Standpunkt ich im übrigen vollständig anerkennen will. Ich bin im allgemeinen der Anschauung, daß die Deduktionen, die sie gemacht haben, zutreffend sind. Ich bin aber nicht Jurist genug, um mir Rechenschaft darüber zu geben, ob es nicht doch wünschenswert war, daß in dem Entwurf das Wort „Arglist" hineingekommen ist, und ich glaube, meine Herren, wir können ganz ruhig dabei bleiben. Ich bin meinesteils bis jetzt auf Grund der ganzen Entwickelung der Sache nicht zu der Ueberzeugung gekommen, daß es durchaus nötig ist, dieses Wort „Arglist" herauszunehmen oder zu ersetzen.

Fabrikbesitzer **Langen**-M.-Gladbach: Das meiste von dem, was ich habe sagen wollen, hat der Herr Vorsitzende bereits vorweg genommen. Ich wollte auch vom Standpunkte der Industrie hier sagen, daß wir die Verhandlungen durchaus nicht als verfehlt betrachten, sondern daß wir uns darüber freuen, daß diese Verhandlungen hier geführt werden, und daß wir sie für ersprießlich halten, wenn sich auch einzelne Punkte zeigen werden, bei denen wir uns nicht einigen.

Im übrigen stehe ich auf einem etwas anderen Standpunkte, wie meine verehrten Kollegen hier in der Kommission, die Herren Kommerzienrat Dietel und Dierig, und das ist der Standpunkt, der auch in früheren Kommissionsverhandlungen vertreten worden und meiner Ansicht nach der einzig richtige ist, wenn wir hier zu ersprießlichen Ergebnissen kommen wollen. Ich bin nämlich der Ansicht, daß wir hier nicht als Vertreter unserer Vereine an den Verhandlungen teilnehmen, sondern als Industrielle. Wir sind damals persönlich vom Centralverband gebeten worden, der Kommission beizutreten. Wenn wir hier jedesmal uns die Zustimmung unserer Vereine zu unseren Beschlüssen vorbehalten wollten, dann würden wir nie zu einem ersprießlichen Resultat kommen. Es ist eine große Zahl von Vereinen Mitglieder des Centralverbandes, die hier nicht vertreten sind, man hat bei der Zusammensetzung der Kommission auf diese keine Rücksicht genommen und deshalb sind wir nicht als Vertreter unserer Vereine, sondern als Industrielle hier, die ihre eigene Ansicht zum Ausdruck bringen sollen.

Im übrigen bin ich nach den letzten Ausführungen des Herrn Direktors Harbers gern bereit, das Wort „arglistig" durch das Wort „vorsätzlich" oder ein anderes ähnliches Wort zu ersetzen. Denn als Versicherter stehe ich auch auf dem Standpunkte, der Vertrag muß geschlossen werden vom Standpunkte von Treu und Glauben, und da möchte ich nicht gern dieses „arglistig" da hineingebracht sehen.

Generaldirektor **Werminghoff**-Berlin: Meine Herren, ich möchte nur mein Bedauern aussprechen, daß durch die Bemerkung, die ich vorhin gemacht habe, der Fortgang der Beratung gestört worden ist. Aber ich glaube tatsächlich mißverstanden worden zu sein. Der stenographische Bericht wird wohl ergeben, daß ich meine Bemerkung damit eingeleitet habe, daß wir mit großem Dank den Ausführungen und Belehrungen von seiten der Vertreter der Feuerversicherungsgesellschaften folgen, daß ich es aber nicht für die Aufgabe der Vertreter der Industrie halte, Abänderungsvorschläge, die von seiten der Feuerversicherungsgesellschaften gemacht sind zu dem Gesetzentwurf und die nicht im Interesse der Industrie liegen, zu unterstützen. Das wollte ich sagen, und diese Auffassung muß ich auch jetzt noch aufrecht erhalten. Ich muß gestehen, daß ich zu den Aeußerungen veranlaßt wurde durch den Appell der Herren Vertreter der Feuerversicherungsgesellschaften, wir möchten Ihren Antrag unterstützen, den § 17 abzuändern. Darauf habe ich gesagt, wir haben den § 17 einfach akzeptiert, weil er im Interesse der Industrie das weitestgehende ist. Wenn von seiten der Herren von der Feuerversicherung uns dargelegt worden ist, daß es zweckmäßiger gewesen wäre, den Ausdruck „Arglist" zu ersetzen durch „Verschulden" und „grobe Fahrlässigkeit", so kann ich dem in meinem Innern durchaus beistimmen. Trotzdem sage ich aber, daß wir als Industrielle nicht Veranlassung finden können, unsererseits zu diesem Paragraphen ein derartiges Amendement zu stellen. Ich glaube, das ist nicht unsere Aufgabe. Denn das wird man doch zugeben: wir sind ja gar nicht in der Lage, vom Standpunkte der Feuerversicherungstechnik aus zu beurteilen, ob das eine oder das andere das richtigere ist.

Wenn uns dann entgegengehalten wird, das verursache eine Erhöhung der Prämie — meine Herren, das können wir bei jedem Punkte sagen. Auf diese Weise würden wir überhaupt zu gar keiner selbständigen Stellungnahme hier zu dem Entwurf kommen können. Ich meine, das braucht aber nicht soweit zu führen, wie Herr Bueck sagt: daß dann die Verhandlungen verfehlt seien. Im Gegenteil, wir bekommen eine ganze Menge schätzbarer Informationen, und bei den divergierenden Auffassungen, die wir über bestimmte Paragraphen haben, wo wir eine Verbesserung in unserem Sinne für die Industrie wünschen, während Sie andererseits als Vertreter der Feuerversicherungsgesellschaften Anträge stellen, die den betreffenden Paragraphen in Ihrem Sinne abändern, wird eine Verständigung natürlich nur durch einen Austausch der Meinungen möglich sein, und diese anzustreben ist, meine ich, auch der erste Zweck, den wir mit der ganzen Verhandlung verfolgen.

Direktor **Harbers**-Frankfurt a. M.: Meine Herren, mehr, als der Herr Vorredner gesagt hat, können wir natürlich gar nicht wünschen. Wir denken gar nicht daran, und wenn ein gewisser Appell von einem Herrn Kollegen an die Herren gerichtet worden ist, uns doch entgegenzukommen, so kann der doch nur dahin aufgefaßt werden, in Erwägung zu ziehen, ob es nicht richtiger sei, unseren Vorschlägen in dieser Beziehung zu folgen. Wir wollen absolut nicht etwa hier als Bittsteller an Sie herantreten und Sie bitten, nun für uns mitzuwirken, sondern wir nehmen selbstverständlich bei den Herren an, daß sie überhaupt nur etwas tun werden, von dessen Richtigkeit auch in ihrem Interesse sie mit überzeugt sein werden. Das ist ja ganz positiv.

Ich möchte nur noch zwei Worte über dasjenige sprechen, was Herr Kommerzienrat Dietel gesagt hat. Wenn er zunächst darauf hinwies, daß wir doch im Reichsjustizamt in einer Kommission unsere Wünsche hinreichend vorgetragen und da doch Veranlassung gehabt hätten, auch gegen das Wort „Arglist" Stellung zu nehmen, daß die Industrie nun keine Veranlassung hätte, für uns noch einzutreten in der Beziehung, so möchte ich zur Berichtigung sagen, daß der jetzige Entwurf nicht der Entwurf ist, der uns seinerzeit zur Beratung im Reichsjustizamt vorgelegen hat.

(Zuruf: Die Grundzüge waren doch dieselben!)

Wie die damaligen Grundzüge lauteten, darüber Mitteilung zu machen bin ich nicht in der Lage, weil das absolut vertraulich war. Aber eins kann ich Sie nur versichern, daß, so weit von seiten der Herren im Reichsjustizamt oder von unserer Seite ein Vorschlag gemacht worden ist, bezüglich der Anzeigepflicht von dem Versicherungsfall

Arglist als Voraussetzung zu nehmen, wir da nicht unterlassen haben, auf das allerentschiedenste darzulegen, weshalb es für das Versicherungsgewerbe nicht geht, daß wir hier mit Arglist arbeiten.

(Herr Kommerzienrat Dietel: Und doch ist es hineingekommen; wir haben keinen Einfluß darauf gehabt!)

Wir auch nicht!

(Heiterkeit.)

Kommerzienrat **Dietel**-Coßmannsdorf: Meine Herren, ich möchte mit ein paar kurzen Worten dem Herrn Vorredner erwidern. Es ist ja ganz richtig und mir auch bekannt, daß der Gesetzentwurf aus diesen Verhandlungen erst hervorgegangen ist, aber die Prinzipien sind doch dort naturgemäß zur Geltung gekommen, und wie Sie selbst erklären, haben Sie natürlich, soweit von der Arglist überhaupt die Rede gewesen ist, Stellung dagegen genommen. Nun aber, nachdem wir Industriellen bei der Beratung dieses Entwurfes überhaupt keine Stimme gehabt haben, haben wir doch zunächst keinen Grund, gegen den Entwurf zu sprechen und können ruhig abwarten, ob die Einwendungen, die von Ihrer Seite — ich gebe gern zu: berechtigterweise — gemacht werden, an denjenigen Stellen ihre Wirkung haben werden, an denen das allein von Bedeutung sein kann. Im Gegensatze zu den Aeußerungen des Herrn Langen muß ich doch dabei stehen bleiben, daß ich die Anschauungen unseres Industriezweiges, die Anschauungen meiner Kollegen hier zu vertreten habe, die mir ein Mandat gegeben haben. Herr Langen sagte, wir wären persönlich gewählt worden. Das ist nicht zutreffend. Wir sind damals gewählt worden als die Vertreter derjenigen Industriezweige, welche von der Tarifierung zunächst betroffen worden sind. Aus dem Grunde sind wir hauptsächlich damals in die Kommission berufen worden.

Die Kommission war damals in ihrer Mitgliederzahl außerordentlich beschränkt und es wurde damals die Beschränkung so streng gehandhabt, daß nicht einmal ein Vertreter der Papierindustrie zur Kommission zugelassen ward. Ich habe seinerzeit mich erboten, für diese Industrie, soweit sie Anlaß hätte, sich vertreten zu lassen, das zu tun. Ich will damit nur belegen, daß wir tatsächlich nicht für unsere Person, sondern für einen bestimmten Industriezweig gewählt worden sind, um die Interessen des betreffenden Industriezweiges zu vertreten, und dabei muß ich natürlich auch stehen bleiben.

Reichstagsabgeordneter Dr. **Beumer**-Düsseldorf: Meine Herren, die Ausführungen meines verehrten Herrn Kollegen Bueck über den Zusammenhang zwischen Feuerversicherung und Industrie teile ich grundsätzlich durchaus. Nichtsdestoweniger würde ich, wenn ich an seiner Stelle gewesen wäre, aus taktischen Gründen im gegenwärtigen Stadium der Verhandlungen diese allgemeinen Ausführungen nicht gemacht haben. Sie haben aber trotzdem dazu geführt, daß die Feuerversicherungsgesellschaften uns über die eventuelle wirtschaftliche Einwirkung einer solchen Vorschrift auf die Gestaltung des Feuerversicherungsgeschäfts wertvolle Mitteilungen gemacht haben, die ich deshalb mit Freude begrüße, weil sie nunmehr in unseren Vereinen zur Sprache gebracht werden können. Ich möchte deshalb, daß wir an dem gestrigen Beschluß an sich festhalten, daß wir aber ins Protokoll vielleicht als die Meinung der Versammlung aufnehmen:

> „Die Vorschriften dieses Paragraphen werden als im Interesse der Industrie liegend anerkannt, doch wird eine nähere Prüfung der Einwirkung dieser Vorschriften auf die wirtschaftliche Gestaltung des Feuerversicherungsgeschäftes und ihre eventuelle Rückwirkung auf die Industrie der Beratung in den einzelnen Vereinen dringend empfohlen."

Ich brauche diesen Antrag nach dem Gange der Diskussion nicht näher zu motivieren. Ich halte es durchaus für wünschenswert, daß wir in den Vereinen, nachdem wir gestern ja nur einen einzigen Tag für die Beratung gehabt haben, doch die Gründe erwägen, welche uns eventuell veranlassen könnten, in der Industrie nicht auf unserer Meinung zu bestehen. Auf alle Fälle aber wollen wir in eine nähere Prüfung der von den Feuerversicherungsgesellschaften hier vorgetragenen Gründe eintreten.

Oberbürgermeister a. D. Generaldirektor **Brüning**-Gotha: Meine Herren, ich wollte mir gestatten, den Herren Industriellen vorzuschlagen, ob Sie nicht eine Aussprache über den § 17 unterlassen oder aber einen Zusatz machen wollen in dem Sinne, daß zur Erwägung gestellt wird, an Stelle der „Arglist" die anderen Worte „Verschulden" und „Vorsatz"

(Zuruf: Vorsatz und grobe Fahrlässigkeit!)

zu wählen mit der Erklärung, daß sich die Industrie an einer solchen Fassung genügen lassen kann.

Meine Herren, die Leistungsfähigkeit der deutschen privaten Feuerversicherungsgesellschaften ist doch für die Industrie von einer so wesentlichen Bedeutung, daß diesen Bedenken, die wir haben und die wir geltend gemacht haben gegen die Vorschriften, wie sie an einzelnen Stellen des Gesetzentwurfes gegeben sind, doch eine gewisse Rechnung getragen werden muß. Meine Herren, das Gesetz wird ohnehin nach meiner festen Ueberzeugung zu einer Unsumme von Prozessen Veranlassung geben, weil die Bestimmungen nie so gefaßt werden können, um jeden Zweifel zu beseitigen. Meine Herren, wenn die Versicherungsgesellschaften sich in ihren Ergebnissen beeinträchtigt fühlen müssen durch die Folgen des Gesetzes und zu einer Prämienerhöhung nach allen Richtungen hin schreiten müssen, und wenn dann eine Anzahl der Gesellschaften in ungünstige Verhältnisse vorher geraten, ehe die Prämienerhöhung ihre Einwirkung üben kann, — was hat dann die Industrie insbesondere davon, die die größten Risiken an die Feuerversicherungsgesellschaften gibt, wenn sie mit mehr oder weniger leistungsunfähigen Gesellschaften zu tun hat? Deshalb möchte ich auch meinerseits Ihnen anheimgeben, daß Sie den Anliegen, den Wünschen der Feuerversicherungsgesellschaften einige Rechnung tragen. Ich glaube, in diesem Falle des § 17 könnte das geschehen, wenn Sie zu diesem Beschluß von gestern in dem von mir vorgeschlagenen Sinne einen Zusatz machen.

Generalsekretär **Bueck**-Berlin: Mein verehrter Freund und Kollege Beumer hat mir in der Sache zwar recht gegeben, aber gemeint, daß meine Ausführungen taktisch nicht gut gewesen wären. Da mag er recht haben, ich bin Zeit meines Lebens ein schlechter Taktiker in der Beziehung gewesen, daß ich auf die Stellung meiner Person nicht Rücksicht genommen habe, wenn es sich darum handelte, meiner Ueberzeugung Ausdruck zu geben. Ich war von vornherein vollständig überzeugt, daß ich das Mißfallen der Herren Vertreter der Industrie durch meine Ausführungen erregen würde. Dem ist ja auch in genügendem Maße Ausdruck gegeben worden. Ich habe mich aber für verpflichtet gehalten, die gemeinschaftlichen Interessen hier in den Vordergrund zu stellen, und ich habe die Genugtuung gehabt, daß selbst einige der Herren Redner, die sich gegen mich gewandt haben, meinen Argumenten nachher zugestimmt haben. Aber es ist ein besonderes Dekorum, wenn man sich erst gegen mich wendet.

Mein verehrter Freund Werminghoff hat in der Citierung seiner ursprünglichen Bemerkung nur einen Zusatz gemacht, den ich noch nicht gehört habe — ich habe ihn vielleicht überhört — indem er sagte, „soweit nicht Interessen der Industrie dabei berührt werden". Hätte ich diesen Zusatz gehört — ich bezweifle nicht, daß er es gesagt hat — dann wären meine ganzen Ausführungen nicht gemacht worden.

Generaldirektor **Werminghoff**-Berlin: Meine Herren, ich möchte an den Vorschlag anknüpfen, der uns seitens der Herren Vertreter der Feuerversicherungsgesellschaften gemacht worden ist, daß wir in unserer Stellungnahme zu dem Gesetzentwurf den § 17 gar nicht erwähnen. Das ist auch nach meiner Ansicht gar nicht nötig, denn wir wollen doch nur zu den Paragraphen ausdrücklich uns äußern, zu denen wir eine abweichende Stellung gegenüber dem Entwurf einnehmen. Ich möchte auch dem Vorschlage, der von seiten der Herren Feuerversicherungsvertreter gemacht worden ist, den § 17 gar nicht zu erwähnen, den Vorzug geben vor demjenigen, den Herr Dr. Beumer gemacht hat, denn ich glaube, daß eine Stellungnahme der einzelnen Vereine in der Industrie doch vielleicht eher dazu führen könnte, daß eine gegensätzliche Auffassung zu Tage treten würde gegenüber einer Abänderung dieses Paragraphen im Sinne der Feuerversicherungsgesellschaften, als umgekehrt, und die Belehrungen, die wir hier von seiten der Feuerversicherungsgesellschaften bekommen haben und die unmittelbar auf uns einwirken werden, haben doch einen größeren Eindruck gemacht, als wenn wir gewissermaßen als Referenten für die Feuerversicherungsgesellschaften in unseren Vereinen auftreten. Ich möchte daher vorschlagen, über diesen Paragraphen in dem Gesetzentwurf hinwegzugehen, da er nichts enthält, was uns veranlaßt, dagegen Stellung zu nehmen. Diesem Vorschlage möchte ich den Vorzug geben und möchte bitten, ihn anzunehmen, um so mehr, als er ja von den Vertretern der Feuerversicherungsgesellschaften selbst ausgeht.

Vorsitzender: Meine Herren, es ist ein Antrag auf Schluß der Diskussion eingegangen von Herrn Dr. Johannes. Zum Wort sind noch gemeldet Herr Kommerzienrat Dietel und Herr Kommerzienrat Dierig. Ich stelle die Frage, ob geschlossen werden soll, und bitte diejenigen, welche für Schluß dieser speziellen Verhandlung sind, die Hand zu erheben.

(Geschieht.)

Meine Herren, ich glaube wohl, ohne zu zählen, sagen zu dürfen, daß es die Majorität ist. Die Verhandlungen sind geschlossen.

Generalsekretär **Ditges**-Berlin (zur Geschäftsordnung): Wie soll, wenn ich mir die Frage erlauben darf, die Diskussion beendet werden? Durch eine Abstimmung oder dadurch, daß wir lediglich zu einem anderen Paragraphen übergehen? Es sind ja hier verschiedene Anträge gestellt worden. Also ein Antrag geht z. B. dahin — — —

Vorsitzender (einfallend): Ich würde ja jetzt darauf kommen —

(Generalsekretär Ditges-Berlin: Ich danke sehr!)

Meine Herren, es liegt ein Antrag des Herrn Dr. Beumer vor. Ich habe mir schon vorhin erlaubt, zu sagen, daß Abstimmungen eigentlich nicht intendiert waren. Ich würde deshalb auch vorschlagen, diesen Antrag des Herrn Dr. Beumer nicht zur Abstimmung kommen zu lassen, sondern ihn einfach dem Protokoll anzufügen, da es eigentlich nichts anderes wie eine Resolution ist.

(Dr. Beumer: Das genügt mir!)

Ebenso würde ich verfahren mit dem Antrage des Herrn Oberbürgermeisters Brüning. Wenn die Herren damit einverstanden sind, so wird so verfahren werden. Die Herren sind damit einverstanden; also beide Anträge werden als Anlagen des Protokolls fungieren.

Kommerzienrat **Dietel**-Coßmannsdorf (zur persönlichen Bemerkung): Ich befinde mich in einer eigenen Lage. Herr Generalsekretär Bueck hat erklärt, daß er nicht genügend Taktiker ist. Ich bin vielleicht nicht genügend Diplomat, er ist vielleicht mehr Diplomat als ich. Ich weiß nicht, was er mit seinen Ausführungen gemeint hat, daß man Angriffe auf ihn zuerst inauguriert und nachher des besseren Aussehens halber erklärt, daß man doch mit seinen Ausführungen einverstanden ist.

(Bueck: Umgekehrt habe ich es gesagt!)

Sie haben erklärt, daß es einen besseren Eindruck mache, wenn man erst sich gegen Sie wendet und nachher doch Ihren Ansichten zustimmt. So habe ich es aufgefaßt.

(Bueck: So ist es richtig!)

Nun weiß ich ja nicht, gegen wen es gemeint ist, es wäre ja aber immerhin möglich, daß das auch auf mich gemünzt sein könnte, weil ja eigentlich die Vertreter der Industrie, von denen bei der speziellen Gelegenheit gerade die Rede war, nicht so zahlreich hier vorhanden sind. Da wollte ich doch nur erwähnen, daß ich auch gewohnt bin, meiner Pflicht nach jeder Richtung hin immer zu entsprechen, und daß ich natürlich dem Mandat, das ich habe, nachgehe. Wenn ich da vielleicht eine Bemerkung zu machen habe, die dem Herrn Generalsekretär Bueck nicht vollständig angenehm ist, so tut mir das leid, und ich bedauere es, ich habe sie aber machen müssen, und wenn ich mich dann doch überzeuge, daß die Ausführungen der Herren Vertreter der Feuerversicherungsgesellschaften — das haben Sie (zu Bueck) damit gemeint, Sie sind doch Generalsekretär der Vereinigung — solche sind, daß man sich Ihnen ungefähr anpassen kann und, wenn das also meinerseits geschehen ist, dann wüßte ich nicht, warum ich dem nicht Ausdruck geben soll. Ich habe bei den allermeisten Fällen, um die es sich hierbei handelt, erklärt, daß ich mich persönlich von dem und jenem habe überzeugen lassen, und selbstverständlich werde ich auch alle diese Punkte meinen Auftraggebern dann mitteilen und werde erfahren, ob sie mit meinen Anschauungen einverstanden sind oder ob sie ihre Anschauungen geltend gemacht und bei einer späteren Verhandlung wieder vertreten haben wollen.

Kommerzienrat **Dierig**-Oberlangenbielau: Ich hatte mich vorhin auch noch zum Wort gemeldet, — — —

Vorsitzender (einfallend): Ja, verzeihen Sie, Sie hatten sich zur Sache gemeldet.

Kommerzienrat **Dierig**-Oberlangenbielau: Zu einer persönlichen Bemerkung!

Vorsitzender: Zur Sache dürfte das Wort nicht mehr erlaubt sein, sondern nur zu einer persönlichen Bemerkung.

Kommerzienrat **Dierig**-Oberlangenbielau: Nur zu einer persönlichen Bemerkung. Es erübrigt sich, indem ich die Bemerkung, die Herr Kommerzienrat Dietel eben gemacht hat, auch zu der meinigen mache. Es war ungefähr dasselbe, was ich sagen wollte.

Vorsitzender: Meine Herren, damit wären wir nun bis zu § 19 gekommen. Ich schlage vor, auch die §§ 19 bis 27 gemeinsam zu behandeln, und gebe das Wort hierzu Herrn Regierungsrat Dr. Leidig.

Regierungsrat Dr. **Leidig**-Berlin: Meine Herren, zu diesem Abschnitt, der ja wesentlich, abgesehen von § 26, über die Gefahrerhöhung handelt, haben die Herren in der gestrigen Kommission gleichfalls keine Aenderungen für zweckmäßig erachtet. Nach den Erklärungen in der Denkschrift der Feuerversicherungsgesellschaften wird aber von den Herren Vertretern der Feuerversicherungsgesellschaften die Auffassung vertreten, mit dem § 25 lasse sich überhaupt nicht arbeiten, und die Herren in der Kommission des Centralverbandes sind der Auffassung gewesen, daß die Voraussetzung jeder Versicherung eben das Bestehen eines Versicherungsgewerbes ist und daß deshalb die Herren Vertreter der Feuerversicherungsgesellschaften um noch nähere Darlegungen ersucht werden sollen, ehe die Vertreter der Industrie nach dieser Richtung hin ihren endgültigen Beschluß fassen. Deshalb ist in der Zusammenstellung der Beschlüsse auch gesagt, daß an sich auch der § 25 als der Industrie entsprechend erachtet wird, daß aber eine endgültige Stellungnahme bis zur heutigen Verhandlung verschoben worden ist.

Vorsitzender: Ich eröffne die Diskussion und darf wohl annehmen, daß die Herren (zu den Vertretern der Feuerversicherungsgesellschaften) das Wort dazu ergreifen werden.

Direktor **Harbers**-Frankfurt a. M.: Meine Herren, ich weise darauf hin, daß in dem Gesetzentwurf nur von einer Gefahrerhöhung die Rede ist, während es bisher darauf ankam, ob eine Aenderung der ursprünglichen Gefahrmomente vorlag. Lag eine Aenderung vor, so mußte seitens des Versicherten eine Anzeige erfolgen. An sich war das auch begründet, und ich bemerke, daß auch der schweizerische Entwurf die Bestimmung enthält, daß eine Aenderung der ursprünglichen Gefahr anzuzeigen ist. Der Gesetzentwurf hat nun nur Gefahrerhöhung genannt. Dagegen haben wir Einwendungen nicht erhoben. Ich möchte Sie bitten, bei Beurteilung auch dieser Bestimmungen über Gefahrerhöhungen, welche eintreten während der Dauer der Versicherung, immer das wichtige Moment in Erwägung zu ziehen: welchen Zweck und welche Bedeutung hat denn überhaupt die ganze Anzeigepflicht für das Versicherungswesen? Wenn man diese Bedeutung und diesen Zweck richtig auffaßt, so wird man meines Erachtens ganz konsequenterweise auch zu der Erkenntnis kommen, welchen Einfluß Gefahrerhöhungen auf den Vertrag haben müssen.

Es ist nun zunächst, mit dem § 19 anfangend, von denjenigen Gefahrerhöhungen die Rede, die der Versicherte selbst in seinem Betriebe vornimmt oder die er vornehmen läßt, die mit seinem Willen vorgenommen werden, und da lautet nun das Gesetz dahin: Er darf nicht ohne Genehmigung des Versicherers solche Gefahrerhöhungen vornehmen. Ich glaube, diese Fassung der Vorschrift des Gesetzes hat dazu Anlaß gegeben, daß von seiten der Industrie gegen den Inhalt der Vorschrift Bedenken geltend gemacht sind, indem die Fassung zu der Deutung Anlaß gibt, als ob ein Industrieller in seinen gewerblichen Einrichtungen, in seinem Etablissement von dem Willen der Versicherer abhängig wäre. Die Vorschrift hat natürlich nicht die Bedeutung, daß etwa die Versicherungsgesellschaften hineinzureden haben, wenn ein Industrieller in seinem Betriebe Aenderungen machen will und vielleicht machen muß, mögen sie auch Gefahrerhöhungen sein, sondern die Bestimmung, daß eine Genehmigung der Versicherungsgesellschaften einzuholen ist, hat naturgemäß nur nach der Richtung des Versicherungsvertrages hin eine Bedeutung, daß der Versicherungsvertrag den zu treffenden Aenderungen anzupassen ist, und der Versicherte sich hierüber mit der Versicherungsgesellschaft zu verständigen hat. Aus der Bedeutung der Anzeigepflicht für das ganze Gewerbe geht hervor, daß nicht allein bei Schließung des Vertrages, sondern auch während der Dauer des Vertrages Gefahrerhöhungen, die einen wesentlichen Einfluß haben auf die Grundbedingungen des Vertrages, dem Versicherer zur Kenntnis gebracht werden müssen. Nach dieser Kenntnis hat derselbe nicht allein die Prämie zu bestimmen, sondern davon hängt die Leistungsfähigkeit und der ganze sichere Boden seines Gewerbes ab. Danach ist er genötigt, die Gefahr zu bemessen, die Gefahr zu verteilen, und danach muß er ermessen, wieweit er sich überhaupt verpflichten kann. Es ist allgemein anerkannt, es ist auch in der bisherigen Praxis der Feuerversicherung und in den bisherigen Verträgen Bestimmung gewesen, daß der Versicherte Gefahrerhöhungen, die von Einfluß sind auf den Versicherungsvertrag, dem Versicherer anzeigen muß.

Ich glaube, die Einwendungen, die vielfach hier gekommen sind von seiten der Industrie, nicht allein von den Herren Vertretern, sondern auch in vielen Zeitungen, beruhen zum Teil in der Wortfassung der Bestimmung. Man muß die Wortfassung also richtig dahin auffassen, daß naturgemäß die Versicherungsgesellschaft nicht hineinreden kann in den Betrieb oder in die Einrichtungen des Betriebes, sondern daß es nur erforderlich ist, daß in solchen Fällen, wo der Versicherte sich genötigt sieht oder beabsichtigt, wesentliche Aenderungen zu treffen, die Gefahrerhöhungen in sich schließen, er sich mit den Versicherungsgesellschaften zu benehmen hat über diejenigen Aenderungen, welche für den Vertrag nötig sind.

Meine Herren, es handelt sich nun um zweierlei, einmal um solche Aenderungen, die der Versicherer selbst vornimmt oder vornehmen läßt, oder um solche, die ohne seinen Willen von dritter Seite vorgenommen worden sind, namentlich z. B. um solche Gefahrerhöhungen, die in unmittelbarer Nachbarschaft des betreffenden Versicherungsobjektes vorgenommen werden, so daß sie dieses Objekt beeinflussen.

Was nun die erste Gefahrerhöhung anbelangt, so stehen die Versicherungsgesellschaften auf dem Standpunkt, daß es Sache der Versicherten ist, auch in seinem eigenen Interesse, um das Versicherungsverhältnis möglichst günstig für sich zu gestalten, daß er sich bei derartigen Aenderungen in seinem Betriebe, die doch wirklich nicht von Stunde auf Stunde zu machen sind, bewußt ist: das ist ein Moment, wo du dich zunächst mit dem Versicherer zu verständigen hast, und wir sind der Ansicht, daß bezüglich dieser von dem Versicherten selbst vorgenommenen Aenderungen es nicht darauf ankommen kann, wenn er die Anzeigepflicht verletzt hat, ob ihn hier ein Verschulden trifft, sondern bei solchen Aenderungen, die er selbst vornimmt, wo er selbst eine Gefahrerhöhung seines Betriebes vornimmt, muß er sich bewußt sein, daß er sich diesbezüglich auch mit dem Versicherer zu verständigen hat. Was dagegen die anderen Aenderungen betrifft, die nicht mit seinem Willen von dritter Seite vorgenommen werden, so muß hier allerdings das Versicherungsgewerbe, will es seinen Zweck erfüllen, das Wagnis übernehmen, daß der Versicherte ohne sein Verschulden diese Sache nicht anzeigt.

Dann kommt der § 25. Das ist etwas ganz Neues, was in das Versicherungsrecht hineingetragen worden ist. Dieser § 25 verdreht nach Ansicht der Versicherungsgesellschaften die Anzeigepflicht aller Gefahrerhöhungen. Der § 25 begrenzt überhaupt den Begriff der Gefahrerhöhung auf solche, die der Versicherer in dem Vertrag als in Betracht kommende Gefahrerhöhungen dokumentiert hat, und wir sind der Ansicht, daß hiermit Unmögliches verlangt wird. Unmöglich kann eine Versicherungsgesellschaft, mag sie auch noch so vollkommen sein in der Technik ihres Gewerbes, vorher wissen und voraussehen, was nun der Versicherte in seinem industriellen Betriebe für Aenderungen treffen wird, die eine Gefahrerhöhung in sich schließen. Es ist geradezu eine Umdrehung der ganzen Anzeigepflicht in eine Nachforschungspflicht und in eine Voraussetzungspflicht der Versicherungsgesellschaften. Wir fassen den § 25 so auf, als wenn der Gesetzgeber will, die Versicherungsgesellschaft soll bei jeder Versicherung, bei jedem einzelnen Betriebe, den sie in Deckung nimmt, wissen: was können denkbar hier für Gefahrerhöhungen eintreten? Und diese denkbar eintretenden Gefahrerhöhungen sollen die Versicherungsgesellschaften in den Vertrag als Gefahrerhöhungen hineinschreiben. Meine Herren, das ist etwas ganz Unmögliches. Der Versicherte muß sich fragen, wenn er in der Fabrik erhebliche Aenderungen vornimmt, ob darin eine Gefahrerhöhung liegt für das Versicherungsverhältnis, und er muß sich über diese Frage mit dem Versicherer ins Benehmen setzen. Wir können unmöglich jeden Gewerbebetrieb, jeden Industriebetrieb kennen, wir können unmöglich wissen, wohin jemals der Entschluß des einzelnen Versicherten nun gehen wird, wie er seinen Betrieb anders einrichten kann und will, was für neue Erfindungen, was für neue Maschinen in seinen Betrieb kommen können, was z. B. in der chemischen Industrie für neue Arten von Präparaten gemacht werden, mit welcher Brand- und Explosionsgefahr sie verbunden sind: alles das kann unmöglich die Versicherungsgesellschaft vorher wissen.

Der § 25 ist in der Denkschrift ausführlich behandelt, und ich bin nicht in der Lage, hier in noch eingehenderer Weise die Gründe darzulegen, die die Feuerversicherer zu der Ansicht gebracht haben, daß sie mit dem § 25 nicht arbeiten können. Der § 25 ist die Folge von Konstruktionen, welche die Theorie aufgestellt hat, die ihren Ursprung darin haben, daß die Feuerversicherer auf gewisse Gefahrumstände, die nach ihren Erfahrungen bei diesen und jenen Betrieben vorkommen können', fürsorglicherweise im Interesse beider Vertragsteile im Vertrage aufmerksam zu machen pflegen. Hieraus hat sich nun die Theorie den Rechtssatz zu konstruieren gesucht, daß Gefahrumstände nur solche sein sollen, die von dem Versicherer vorausgesetzt werden. Diese Theorie ist unseres Erachtens in der Praxis absolut nicht brauchbar.

Vorsitzender: Eine Weiterführung der Diskussion wird nicht gewünscht. Ich schließe dieselbe und gebe das Schlußwort dem Herrn Referenten.

Regierungsrat Dr. **Leidig**-Berlin: Meine Herren, ich möchte darauf hinweisen, daß ja in der gestrigen Diskussion eine Reihe von Anträgen und Wünschen auf Aenderung der §§ 19 bis 25 gestellt worden sind, daß aber alle diese Anträge schließlich zurückgezogen worden sind, weil man gerade den Gesichtspunkt vertreten hat, der hier vorhin in längerer Diskussion mehrfach zum Ausdruck gekommen ist, daß Rücksicht darauf genommen werden soll, nicht bloß auf die Stellung des einzelnen Versicherten zu den Feuerversicherungsgesellschaften, sondern auch auf die Stellung der Gesamtheit zu den Versicherungsgesellschaften, und daß von diesem Gesichtspunkte aus — es ist das namentlich gestern von einem Herrn betont worden — sich die Notwendigkeit ergebe, nicht weiter zu gehen in der Abschwächung der Schutzmaßregeln für die Versicherungsgesellschaften, als sie der Gesetzentwurf in Aussicht genommen hat.

Was nun den § 25 selbst anbetrifft, so habe ich persönlich die Auffassung, daß die Herren Vertreter der Feuerversicherungsgesellschaften diesen § 25 vielleicht zu tragisch auffassen. Ich komme zu dieser Auffassung namentlich deshalb, weil in der Denkschrift der Herren Vertreter der Feuerversicherungsgesellschaften gerade auch mit dem Beispiel exemplifiziert oder auf das Beispiel Bezug genommen worden ist, das in den Motiven angeführt worden ist. Wenn die Herren sich die Motive des Gesetzentwurfs ansehen, so werden sie finden, daß dort darauf hingewiesen worden ist, daß beispielsweise das Urteil, ob der Fall des § 25 vorliege, verschieden ausfallen werde, je nachdem dieselbe Gefahrerhöhung sich entweder in dem Villenviertel einer Stadt oder in dem Fabrikviertel einer Stadt ereignet, und an dieses Beispiel haben ja die Herren Vertreter der Versicherungsgesellschaften in ihrer Denkschrift angeknüpft und auf das Unzulängliche dieser Bestimmung hingewiesen. Ich möchte doch glauben, meine Herren, daß dieses Beispiel beweist, daß man die Versicherten sehr einschränken will, und ich möchte glauben, daß es sich hier gerade um diejenigen Bestimmungen handelt, die in der Gewerbeordnung ja gerade für diesen Fall in Betracht gezogen sind. Wenn die Herren sich der Bestimmungen der Gewerbeordnung erinnern, so ist in der Gewerbeordnung gesagt worden, daß bestimmt werden kann: bestimmte Viertel der Stadt sind Villenviertel, bestimmte Viertel sind

Fabrikviertel, und daran knüpft die Begründung des Gesetzentwurfs an und sagt, wenn solche Bestimmungen getroffen worden sind, wenn gesagt worden ist, hier ein bestimmtes Viertel einer Stadt ist zu einem Fabrikviertel bestimmt, dann müssen allerdings die Versicherungsgesellschaften damit rechnen, daß in diesem Viertel sich immer dauernd weiter Fabriken entwickeln werden, auch wenn vielleicht jetzt in der Nähe des betreffenden Versicherungskomplexes sich noch keine Fabriken befinden. Andererseits, wenn bestimmt worden ist, dieses Viertel der Stadt ist ein Villenviertel, hier dürfen keine Fabriken gebaut werden, dann haben natürlich die Versicherer das gute Recht, damit zu rechnen, daß hier keine Fabriken gebaut werden, und wenn dann etwa durch eine Abänderung oder Aufhebung des Ortsstatuts hier andere Verhältnisse eingeführt werden, dann liegen selbstverständlich ganz andere Verhältnisse vor, mit denen nicht gerechnet werden konnte, und gerade aus diesem Beispiel möchte ich doch annehmen, daß § 25 auch nach der Auffassung des Gesetzgebers erheblich beschränkt sein soll.

Ich möchte aber auch weiter glauben, daß die Hauptschwierigkeit für die Versicherungsgesellschaften, nämlich die Schwierigkeit, die von Herrn Generaldirektor Harbers angedeutet wurde: wie können denn die Feuerversicherungsgesellschaften gegenüber der stets fortschreitenden Entwickelung der Technik sich mit dem § 25 befreunden, in nicht schwerer Weise wohl durch eine allgemeine Fassung in dem Vertrage beseitigt werden kann, nämlich dadurch, daß eben alle diese Aenderungen, die durch eine andere oder fortschreitende Technik hervorgerufen werden, in einer allgemeinen Bestimmung der Verträge als eine ausdrückliche Aenderung der Gefahr im Sinne des Absatzes 3 des § 25 untergebracht werden und bezeichnet werden. Dann sind alle diese Bedenken vielleicht beseitigt, die hier angeführt worden sind: wie können wir uns darauf einlassen, daß morgen ganz andere chemische Stoffe eingeführt werden, daß auch die Fabrikationsmethoden gänzlich andere werden, wie können wir mit diesen Verhältnissen der Zukunft irgendwie rechnen? Die Verhältnisse liegen ja gegenwärtig so, daß, meine ich, über diese Fragen und über diese Darlegungen des Herrn Direktors Harbers erst beraten werden soll und beraten werden kann in der nächsten Zusammenkunft der Kommission, daß sie also augenblicklich nur ad referendum genommen werden können — morgen soll ja kein Zusammentritt stattfinden — und daß also dann noch einmal die Erörterung des § 25 aufgenommen werden muß, inwieweit man glaubt, daß auch im Interesse der Industrie etwa eine Abänderung dieses Paragraphen zu beantragen sein sollte.

Vorsitzender: Meine Herren, es würde also dieser Paragraph dementsprechend bestehen bleiben, und es würden die Ausführungen, welche seitens der Herren Vertreter der Feuerversicherungsgesellschaften gemacht worden sind, dementsprechend in den einzelnen Vereinen und später in der Kommission eventuell Berücksichtigung finden.

Meine Herren, wir kommen zum dritten Teil „Prämie", und ich würde Ihnen vorschlagen, die Diskussion bis inklusive § 33 zu eröffnen, wo also ja auch an der Fristforderung eine Aenderung gewünscht wird.

Regierungsrat Dr. **Leidig**-Berlin: Meine Herren, über den Abschnitt „Prämie" besteht ja im ganzen und großen Uebereinstimmung. Auch die Herren Vertreter der Feuerversicherungsgesellschaften haben in ihrer Denkschrift erklärt, daß sie, im großen und ganzen, abgesehen von einem Paragraphen, auf den wir nachher gleich kommen, gegen die Vorschriften des Gesetzentwurfs wesentliche Bedenken nicht zu erheben haben. Von Seiten der Industrie sind gestern die Bestimmungen der einzelnen Paragraphen als im Interesse der Industrie liegend erachtet worden. Nur bei dem § 33 ist eine Verlängerung der Frist gewünscht worden.*) Es war dies ja der allgemeine Wunsch, der bei einer Reihe von Paragraphen zum Ausdruck gekommen ist, daß die nach der Auffassung der Herren Vertreter der Industrie etwas knapp bemessenen Deliberations-, Ueberlegungs- und Entscheidungsfristen ein wenig verlängert werden müssen und hier ist der Wunsch auch deshalb ausgesprochen worden, weil z. B. bei den Spezialbestimmungen über die Feuerversicherung in einem bestimmten Falle, bei der Gebäudeversicherung, bereits eine vierwöchige Frist gegeben ist. Das sind wohl die Gründe, die dazu geführt haben, diesen Beschluß zu fassen.

Direktor **Altvater**-Leipzig: Bei dem Wunsche, eine Verlängerung der Prämienzahlungsfrist herbeizuführen, mag wohl die unwillkürliche Vorstellung mitgewirkt haben, daß sich die Aufforderung zur Zahlung der Prämien ganz direkt an den Prämienfälligkeitstermin anschließt. Indessen in der Praxis liegen die Verhältnisse anders. Notgedrungen muß zwischen dem Prämienfälligkeitstermin und zwischen der Absendung der Mahnung, die für die Zahlung eine 14 tägige Frist stellt, ein gewisser Zeitraum liegen, und dieser Zeitraum ist in der Regel nicht sehr unbedeutend. In der Wirklichkeit entwickeln sich die Verhältnisse so, daß der Agent, wenn er die Prämie an dem Fälligkeitstage nicht bekommt, wiederholt zu dem Versicherten hingeht, und erst nach Verlauf von einigen Wochen, und zwar gewöhnlich nach

*) Der Beschluß lautet:
§ 33 Abs. 2. Es erscheint empfehlenswert, die Mindestfrist auf vier Wochen auszudehnen.

Beendigung des Monats, der ihm selbst in der Instruktion als Frist für die Rücksendung bei Vermeidung eigener Haftung gestellt ist, die Prämienquittung zurückschickt und erst dann die schriftliche Mahnung an den Versicherten abgeht. Jedenfalls verstreicht meist eine ganz erhebliche Frist, bis diese Mahnung abgehen kann, und so genießt eigentlich der Versicherte so wie so schon eine viel längere Stundung, als es im Gesetze zum Ausdruck kommt. Außerdem ist ja noch in § 90 für die Gebäudeversicherung eine längere Prämienzahlungsfrist gestellt, so daß ich der Ansicht bin, daß auch für die Industrie kein Bedürfnis vorliegt, diese Frist noch länger ausgedehnt zu wissen. Sie müssen immer bedenken, meine Herren, daß die Versicherungsgesellschaft durch diese Frist immerhin stark belastet wird, denn sie trägt die Gefahr innerhalb der Frist auf die Möglichkeit hin, daß sie gar keine Prämie bekommt, und diese Gefahr, die sie trägt, muß immer in der Prämie, die die Gesamtheit belastet, zum Ausdruck kommen. Also, meine Herren, ich glaube, Sie können sich wirklich an der Frist, wie sie hier im Gesetzentwurf festgelegt ist, genügen lassen.

Direktor **Harbers**-Frankfurt a. M.: Meine Herren, in der Praxis stellt sich die Sache so: Wenn die Prämie einer laufenden Versicherung fällig wird, so kommt in der Regel der Agent und fordert den Versicherten auf, seine Prämie zu bezahlen. Wenn die Prämie nun auf diese Aufforderung hin nicht bezahlt wird, — ich will mal sagen am 1. Januar fängt eine neue Versicherungsperiode an, der Agent ist gekommen und hat die Prämie eingefordert, und sie wird ihm nicht gezahlt oder er ist nicht gekommen — eine Verpflichtung dazu liegt ja auch nicht vor — und der Versicherte versäumt die Frist, am 1. Januar zu zahlen, dann schreibt der Agent an seine Generalagentur oder an die Versicherungsgesellschaft, schickt die Prämienquittung zurück und bemerkt: die und die Prämien sind nicht eingegangen, weil der Versicherte nicht gezahlt hat, oder weil er trotz Aufforderung nicht gezahlt hat. Dann erhält der Agent eine Anordnung: hier bekommst du ein Schreiben welches dem Versicherten zu überreichen ist, und in dem Schreiben würde dann folgendes stehen: Ihre Prämie ist am 1. Januar fällig gewesen. Sie haben die Zahlung verabsäumt. Wir fordern Sie nunmehr auf, innerhalb 14 Tagen die Prämie zu bezahlen und machen Sie darauf aufmerksam, daß, falls Sie nicht innerhalb 14 Tagen die Prämie zahlen, das Versicherungsverhältnis aufhört.

Ich möchte nun fragen, meine Herren, ob ein Interesse seitens der Versicherten vorliegt, daß eine längere Frist gesetzt wird. Ich habe eben das Kopfschütteln meines verehrten Kollegen Vatke bemerkt; er wird mich wohl berichtigen, wenn ich mich irgendwie nicht richtig ausgesprochen habe. Aber ich meine, wenn die Verhältnisse so liegen, daß der Versicherte zu dem Fälligkeitstermine nicht bezahlt hat, und er bekommt dann ein Schreiben, worin es heißt: du hast innerhalb 14 Tagen wegen Versäumnis die Prämien zu zahlen, sonst treten Rechtsfolgen ein, daß das für den Versicherten genügt. Die Frage möchte ich nur an die Herren richten.

Generaldirektor **Batke**-Magdeburg: Meine Herren, zur Korrektur aufgefordert von meinem Herrn Kollegen Harbers, kann ich nur sagen, ich habe nur einzuwenden, daß Herr Harbers sich ursprünglich dahin ausdrückte, daß wir mitzuteilen pflegten, daß nach Verlauf von 14 Tagen das Versicherungsverhältnis aufhöre. Das ist nicht ganz korrekt, sondern es ruht die Entschädigungsverpflichtung der Gesellschaft nach den bisherigen Versicherungsbedingungen, wie sie bei den Vereinigungsgesellschaften bestehen.

Meine Herren, zunächst möchte ich hervorheben, daß wir im großen und ganzen gar keine Veranlassung haben, über Unpünktlichkeit der Prämienzahlung bei der Industrie zu klagen. Die Industrie zahlt im großen und ganzen pünktlich. Es sind nur Ausnahmsfälle, wo das nicht geschieht. Aber nicht ganz so ist es bei den anderen Gruppen der Versicherten. Im bürgerlichen Geschäft und auch in der Landwirtschaft haben wir oft darüber zu klagen, daß die Versicherten im Verzuge bleiben mit der Prämienzahlung.

Nun muß ich allerdings wiederum eine kleine Korrektur anbringen. Es ist nicht bei allen Gesellschaften so, daß die Mahnung, die vom Agenten erfolgt, erst nach Wochen erscheint. Verschiedene Versicherungsgesellschaften haben, wie mir bekannt ist, ihren Agenten die allgemeine Instruktion gegeben, wenn die Prämie nicht pünktlich eingehe, sogleich zu mahnen. Also ich möchte doch den Vorbehalt aussprechen, daß nicht immer mit Sicherheit etwa auf viele Wochen Frist zu rechnen ist, sondern es kann schon einmal kommen, daß fast unmittelbar nach Verfluß von zwei Wochen die bezüglichen nachteiligen Rechtsfolgen eintreten, wenn die Prämie nicht bezahlt ist. Aber, meine Herren, die zwei Wochen reichen doch vollständig. Es ist ja diese Frist nicht in Vergleich zu stellen mit anderen Fristen. Ich weiß nicht, aus welchem Grunde eigentlich eine Verlängerung dieser Frist gefordert werden kann. Meine Herren, wenn wir dafür uns erklären wollten, die Zahlungsfrist von 14 Tagen auf vier Wochen zu erhöhen, so würden wir von allen denen, die gewohnt sind, säumig zu zahlen, die Prämie dann auch noch 14 Tage später bekommen. Meine Herren, sehen Sie sich freundlichst einmal die Bilanzen der Versicherungsgesellschaften an, dann werden Sie finden, daß die

Außenstände bei den Agenten — und die Außenstände bei den Agenten sind ziemlich, glaube ich, nicht ganz, aber wesentlich, Außenstände bei den Versicherten — einen ganz bedeutenden Posten ausmachen. Das sind Prämien, die die Versicherten uns schuldig sind. Wenn wir die Fristverlängerung gutheißen würden, so bekämen wir einen wesentlichen Teil der Prämien noch zwei Wochen später und verkürzten die Verzinsung unserer Prämienreserven, auf die wir rechnen müssen, die in unserer Kalkulation liegt, um 14 Tage. Ich kann in der Tat kein wirkliches Bedürfnis dafür sehen, daß jemand eine Leistung, die fällig ist, erst vier Wochen, nachdem er erinnert ist, soll erfüllen müssen. Meine Herren, für den Versicherten bleibt die Hauptsache die, daß er nicht in die Lage geraten kann, einmal die Prämienzahlung zu übersehen und dadurch seines Anspruchs auf Entschädigung verlustig zu gehen. Für den Versicherten bleibt die Hauptsache, daß er erinnert werden muß an die Prämienzahlung und daß er genügend Zeit behält, um seiner Verpflichtung, die er ja doch nun kennt, zu genügen. Dafür sind aber zwei Wochen vollständig ausreichend.

Regierungsrat Dr. **Leidig**-Berlin: Meine Herren, die Ausführungen der Herren Vertreter der Feuerversicherungsgesellschaften sind in ähnlicher Weise auch bereits gestern zur Geltung gebracht worden. Aber der Beschluß, der gefaßt worden ist, ist ja wesentlich von dem Gesichtspunkt ausgegangen, daß man gesagt hat, es ist doch eine ganz ungemein schwierige Lage, in die man gebracht wird, wenn gesagt wird, nun tritt bei Ablauf dieser Zeit eventuell der Brandschaden ein und der Betreffende ist nunmehr ohne Versicherungsschutz, und in dieser Stimmung, aus dieser Befürchtung, daß das eintreten könnte, ohne daß doch eigentlich ein böser Wille von der andern Seite vorliegt, sondern lediglich eine Sorglosigkeit oder ein Versehen, wie sie im Verkehr, im laufenden Tagesgeschäft vorkommen können, ist man zu der Auffassung gekommen, da der Entwurf an einer anderen Stelle, nämlich bei der Gebäudeversicherung, bereits die Frist von vier Wochen oder vielmehr von einem Monat setzt, möge diese einmonatliche Frist als die allgemeine Frist angesehen werden. Das sind wohl so, glaube ich, die Stimmungen und Erwägungen gewesen, die gestern dazu geführt haben, diese Verlängerung auszusprechen, ohne daß man dabei verkannte, daß in der Tat damit den Versicherungsgesellschaften manche Schwierigkeit, ja auch eine gewisse schwierige Stellung gegenüber nachlässigen Zahlern auferlegt wird.

Reichstagsabgeordneter Dr. **Beumer**-Düsseldorf: Meine Herren, ich kann in diesem Fall nur den Ausführungen der Herren Vertreter der Versicherungsgesellschaften beitreten. Es wird immer im Versicherungsgeschäft gesagt — wir haben das ja schon betreffs des Durchlesens der Policen u. s. w. gehört — so ein Mann, der sich versichert, sieht sich das Papier nicht an, oder beim Anzeigefall eines Brandes: er läßt den Brief in der Rocktasche sitzen. Hier handelt es sich um eine Mahnung, der binnen 14 Tagen entsprochen werden soll. Nun frage ich, auf welchem anderen Gebiet ist das der Fall? Bei der Einlösung eines Wechsels muß der Mann direkt bezahlen, wenn ihm der Wechsel präsentiert wird, bei der Steuer wird zwar gemahnt, aber es wird direkt eine Mahngebühr erhoben, und wenn man nicht gepfändet werden will, bezahlt man seine Steuer sofort nach der Mahnung. Dann aber befürchte ich, nachdem Herr Generaldirektor Vatke mit Recht gesagt hat, daß bei der Kalkulation der Prämien diese Sache mit in Rücksicht gezogen werden muß, daß wir durch Beantragung und eventuelle Erlangung einer solchen Fristverlängerung die Prämiensätze uns erhöhen, und dann wird wieder die Anklage gegen die Feuerversicherungsgesellschaften kommen, daß die Prämien zu hoch bemessen seien. Auch bei diesem Falle kann ich nicht umhin, noch darauf hinzuweisen, daß die Versicherungsgesellschaften Erwerbsgesellschaften sind und daß wir in der Industrie an der Sicherheit ihrer Leistungen das allergrößte Interesse haben. Ich meine, eine Frist von 14 Tagen zur Erfüllung der an einen gerichteten Mahnung entspricht nicht allein völlig den billigen Anforderungen, sondern sie geht weit über das bei den übrigen Verhältnissen im bürgerlichen Leben Uebliche hinaus.

Direktor **Harbers**-Frankfurt a. M.: Wenn ich mir das einmal vom Standpunkt der Industrie überlege, so meine ich, daß die Industrie in der Tat kein Interesse daran hat, daß eine Fristverlängerung eintritt, wie Herr Generaldirektor Vatke auch ausgeführt hat, und die Fälle, die der Herr Referent vorhin anführte, wenn jemand aus Nachlässigkeit seine Prämie nicht bezahlt, sind ja gedeckt durch den Paragraphen. Wenn jemand das tut, hat er noch gar nicht die Rechtsfolge zu tragen, sondern er bekommt dann erst ein Schreiben: du hast das versäumt, und wenn du das weiter versäumst, 14 Tage, dann treten die Rechtsfolgen ein.

Es ist hier hingewiesen worden auf die Bestimmungen über die Gebäudeversicherung. Meine Herren, bei der Gebäudeversicherung liegen die Verhältnisse ganz so. Wir sind auch der Ansicht, daß wir eigentlich den Grund nicht einsehen, weshalb der Gesetzgeber nun bestimmen soll, daß bei der Gebäudeversicherung vier Wochen Zeit sein soll. Wenn jemand eine Aufforderung bekommt: du hast deine Zahlung versäumt und du mußt jetzt innerhalb einer Frist von 14 Tagen die Prämie zahlen, und wenn er das nicht tut, so tut er es wahrscheinlich auch nicht, wenn ihm vier Wochen gegeben sind.

Generalsekretär **Schlüter**-Berlin: Meine Herren, es liegt nach den Ausführungen des Herrn Generaldirektors Batke seitens der Feuerversicherer kein grundsätzliches Bedenken gegen den Wunsch vor, der hier geäußert worden ist, sondern nur ein finanzielles Bedenken, daß nämlich die Herren mit dem Zinsverluste rechnen, der ihnen entsteht, wenn sie die Summe der ausstehenden Prämien später bekommen. Ich glaube, das kann doch kein Grund sein, dagegen zu sprechen; denn sie haben doch Anspruch auf Verzinsung der fälligen Schuld. Die Herren können sich doch an den betreffenden Versicherten wenden und sagen: Du hast zu spät bezahlt, vergüte uns die Zinsen. Wenn man sich auf diesen Standpunkt stellt, kann doch nichts gegen den gestrigen Beschluß eingewendet werden.

Generaldirektor **Batke**-Magdeburg: Meine Herren, ich möchte zunächst auf die Motive zu § 90 hinweisen. In den Motiven ist gesagt, daß die Frist von vier Wochen für die Gebäudeversicherung im Interesse der Realberechtigten notwendig erscheint. Auch ich bin der Meinung, daß bei der Gebäudeversicherung man wohl diese längere Frist zulassen kann. Bei der Mobiliarversicherung ist sie nicht notwendig.

Was dann die Bemerkung des Herrn Vorredners betrifft, daß es sich bloß um eine Frage der Verzinsung handele, so möchte ich das doch bestreiten, meine Herren. Wir haben ein sehr großes Heer von Agenten, das die Prämien einzukassieren und an die General-Agenten abzuführen hat. Da ist es nicht verwunderlich, daß mitunter Ausfälle vorkommen durch Vermögensverfall und andere Ursachen. Meine Herren, ein jeder ordentliche Geschäftsmann schützt sich vor solchen Ausfällen nach Möglichkeit. Je länger aber die Zahlungsfristen bemessen sind für denjenigen, der zahlungspflichtig ist, desto schwerer wird uns die Kontrolle der Agenten über die Beträge, die sie auf Grund des Inkassos haben können und haben sollen. Es ist, als seiner Zeit die vierzehntägige Frist nach geschehener Mahnung eingeführt wurde — das ist geraume Zeit her, das war in den 80er Jahren —, schon damals zu bemerken gewesen, daß die Kontrolle der Agenten erheblich schwieriger wurde. Tun wir jetzt noch 14 Tage hinzu, meine Herren, dann haben wir die Ausfälle in weit stärkerem Maße zu befürchten. Oder wenn ich noch nicht einmal darauf das Gewicht legen will — denn es kann mir gesagt werden, das ist auch wieder eine Geldfrage —, dann haben wir noch weitere Einrichtungen zu treffen, um unser großes Agentenpersonal zu kontrollieren, und wir möchten denn doch nicht, daß uns ohne dringende Not diese neuen Lasten auferlegt werden. Ich möchte deswegen die Herren bitten, sich mit dem Gedanken zu befreunden, daß Sie den Vorschlag, den Sie machen wollen zur Abänderung des § 33, fallen lassen. Die Industrie hat wahrlich diese Konzession nicht so nötig, wie wir es nötig haben, unsere Agenten unter Kontrolle zu behalten.

Oberbürgermeister a. D., Generaldirektor **Brüning**-Gotha: Meine Herren, ich möchte mir gestatten, eine allgemeine Bemerkung über diese Fristfrage zu machen. Nach meinen Erfahrungen, früher im Staatsdienst und dann im städtischen Dienst, und auch nach meinen Erfahrungen in der Privatversicherung, bin ich zu der Ansicht gekommen, daß eine Frist, je milder, d. h. je länger sie gestellt ist, mit einiger Sicherheit darauf rechnen läßt, daß sie überschritten wird, daß sie nicht innegehalten wird, d. h., daß die Angelegenheit vergessen und nicht erledigt wird innerhalb der gestellten Frist. Je schärfer aber eine Frist gestellt wird, d. h. je kürzer sie ist, desto mehr ist die Gewähr dafür vorhanden, daß die Angelegenheit innerhalb der kurzgestellten Frist erledigt wird.

Fabrikbesitzer **Langen**-M.-Gladbach: Meine Herren, ich glaube, die Sache ist nicht von solcher Bedeutung, daß wir so lange uns darüber unterhalten sollten, lassen Sie uns das streichen was hier steht: „es erscheint empfehlenswert, die Mindestfrist auf vier Wochen auszudehnen". Ich glaube, die Industrie würde sich doch ein Armutszeugnis ausstellen, wenn sie hier auf dieser Frist von vier Wochen bestände.

Kommerzienrat **Dietel**-Coßmannsdorf: Ich hatte die Absicht, ähnlich zu sprechen, zwar nicht in der Nuance, die Herr Langen gewählt hat.

(Heiterkeit.)

Ich wollte nur sagen, daß wir von unserem Standpunkt aus einen erheblichen Wert darauf nicht legen. Ich beziehe mich aber nur auf die Ausführungen des Herrn Referenten, der darauf hingewiesen hat, daß wir der Meinung gewesen sind, was in der Gebäudeversicherung angängig gewesen ist, könnte auch bei der Mobiliarversicherung möglich sein. Ich bin aber auch — ich sage das auf die Gefahr hin, daß ich da wieder einen indirekten Vorwurf bekomme — belehrt worden und zu der Meinung gekommen, daß es gar keine Bedeutung hat, wenn man anstatt vier Wochen sagt 14 Tage oder überhaupt nur eine Mahnung voraussetzt, die dann die betreffende Folge hat.

Meine Herren, ich möchte aber im allgemeinen noch ein Wort hinzufügen, das bisher noch nicht gesprochen worden ist. Ich begreife wohl, daß den Herren von der Feuerversicherung die durch das Gesetz in Aussicht stehenden verschiedenen Erschwerungen unangenehm und lästig sein werden. Das finden wir von der Industrie an sich ja auch ganz begreiflich. Uns ist es in den letzten Dezennien ja in ähnlicher Weise ergangen mit den Bestimmungen der Gewerbeordnung. Diese brachten uns auch Neuerungen, von denen wir meinten, sie seien nicht ausführbar, und schließlich haben wir uns doch damit abgefunden, und es geht alles seinen guten Gang. Ich habe viel zu viel Vertrauen zu der Solidität der Gesellschaften, als daß sie nicht imstande sein würden, für die Folge doch auch immer ihr Geschäft in befriedigender Weise weiter zu führen, wenn auch diese und jene in Aussicht stehende Gesetzesbestimmung nicht ganz nach ihrem Geschmack sein würde. Meine Herren, Sie haben ja Mittel und Wege in der Hand, sich zu helfen, Sie sind durch Ihr Kartell die beati possidentes, die wir gern sein möchten und nicht sein können, und ich glaube, Sie kommen aus mancher Schwierigkeit allemal heraus.

Also lassen wir die Sache fallen.

Kommerzienrat **Dierig**=Oberlangenbielau: Meine Herren, ich habe nur die Erklärung abzugeben, daß der § 90 für mich maßgebend gewesen ist. Ich habe aber tatsächlich hier nicht für die Industrie sprechen wollen, sondern für eine Reihe kleiner Leute, die damals mit mir über die Sache gesprochen haben, und ich erkläre ausdrücklich, daß ich für die Industrie es nicht für nötig erachte, daß die Fristverlängerung für diese gewährt wird. Ich erkläre das besonders, weil vorhin gesagt wurde, es wäre ein testimonium paupertatis, das die Industrie sich ausstellt. Aber ich glaubte nicht bloß die Interessen der Industrie zu vertreten, sondern, da ich einmal einberufen war, auch das zum Ausdruck bringen zu sollen, was ich von kleinen Leuten gehört habe.

Reichstagsabgeordneter Dr. **Beumer**=Düsseldorf: Meine Herren, ich möchte Herrn Kommerzienrat Dierig erwidern im Anschluß an das, was Herr Oberbürgermeister Brüning gesagt hat, daß gerade für die kleinen Leute eine solche Fristverlängerung unwirtschaftlich wirkt. Die Zahlung der Prämie wird dadurch immer weiter hinausgeschoben, bis die Leute in die Unsicherheit einer Nichtversicherung hineinkommen. Außerdem wird das Gesetz ja nicht für die Industrie allein gegeben, sondern für alle Kreise, und für diese hunderttausend und aberhunderttausend Fälle, die die Versicherung mit ihren Agenten zu regulieren hat, halte ich eine solche Fristverlängerung für durchaus unrichtig und durchaus über das hinausgehend, was sonst im bürgerlichen Leben üblich ist.

Kommerzienrat **Dierig**-Oberlangenbielau: Ich habe die Erklärung gegeben, daß, nachdem ich belehrt worden bin, daß die kleinen Leute gerade nach dieser Richtung hin Schwierigkeiten gemacht haben und ich für die kleinen Leute gesprochen habe, ich die Sache zurückgezogen habe. Ich glaube also, die Sache war eigentlich erledigt.

Vorsitzender: Meine Herren, die Diskussion ist geschlossen.

Nach unserer früheren Anschauung ist ja ein Beschluß ausgeschlossen. Dahingegen darf ich zu Protokoll geben, daß die Herren Vertreter der Industrie, soweit sie sich ausgelassen haben, mit der Beibehaltung der zwei Wochen einverstanden sind. Ich glaube, damit ist der Standpunkt für die spätere Verhandlung vollständig genügend gekennzeichnet.

Meine Herren, zu § 34 liegt wohl nichts vor.

Wir kommen zu § 35.

Regierungsrat Dr. **Leidig**-Berlin: Meine Herren, bei § 35 ist meines Erachtens die Stellung der Versammlung eine etwas andere, als zu allen übrigen Paragraphen. Die Herren Vertreter der Feuerversicherungsgesellschaften haben erklärt, mit dem § 35 ist überhaupt nicht zu arbeiten, und zwar aus dem Grunde nicht zu arbeiten — und darum liegt das anders, wie mit allen übrigen — weil der § 35 von Voraussetzungen ausgeht, die auf den Geschäftsbetrieb der Feuerversicherungsgesellschaften überhaupt nicht zutreffen. Er geht von Voraussetzungen aus, die die Feuerversicherungsgesellschaften in ihrem Geschäftsbetrieb nicht haben, und deshalb kann der ganze § 35 auf die Feuerversicherungsgesellschaften nicht angewendet werden. Das ist der Standpunkt, der in der Denkschrift der Feuerversicherungsgesellschaften vertreten ist.

Ich möchte mir nun allerdings erlauben, darauf hinzuweisen, daß in der Begründung schon darauf Bezug genommen worden ist. Die Begründung geht davon aus, daß es auch Versicherungsverhältnisse gibt derart, wie sie in der Denkschrift der vereinigten Feuerversicherungsgesellschaften dargestellt sind, nämlich Versicherungen gegen eine freie Prämie, nicht auf Grund eines festen Prämientarifs, und die Begründung sagt dazu: in solchen Fällen, in denen eine freie Prämie, die nicht einen festen Prämientarif zur Grundlage hat, der Versicherung zu Grunde gelegt ist, findet § 35 allerdings nicht Anwendung, denn in diesen Fällen ist gar kein Raum gegeben zu irgend einer Aenderung der Prämie bei einer Gefahrerhöhung in den Fällen, die § 35 vorsieht, also in denjenigen Fällen, in denen ein Rücktritt nicht zugelassen ist, und die Begründung behauptet, daß diese Möglichkeit nur deshalb nicht gegeben sei, weil ja bei der Zugrundelegung einer freien Prämie gar keine Möglichkeit besteht, festzustellen, inwieweit die Gefahrerhöhung auf die Prämie einwirkt, um wieviel die Prämie in solchen Fällen erhöht werden muß. Da müßte also von vornherein der Versicherer die Gefahr tragen, daß eine derartige Gefahrerhöhung im Laufe der Versicherung eintritt.

Ich möchte mir nun allerdings erlauben, darauf hinzuweisen, daß dann ja eine gewisse Gefahr für die Industrie vorliegt, daß die Feuerversicherungsgesellschaften nun überall gewissermaßen bei der allgemeinen Prämie schon einen Sicherheitszuschlag nehmen werden und nehmen müssen, um sich für diese Gefahrerhöhung im Laufe der Versicherung zu decken. Das wird allerdings wohl die Folge sein, die eventuell eintreten wird. Aber, meine Herren, ich darf auch wieder darauf hinweisen, daß im Laufe der heutigen Debatte bereits mehrfach betont worden ist, die Befürchtung, daß eine allgemeine Prämienerhöhung eintreten wird, könne den Beschlüssen und den Erörterungen der heutigen Verhandlung nicht zu Grunde gelegt werden, weil dann überhaupt nicht die Möglichkeit gegeben sei, in die Beratung der einzelnen Bestimmungen einzutreten. Darüber, glaube ich, muß man nach den verschiedenen Richtungen sich klar sein, daß, sofern nicht anderweit retardierende Momente eintreten, die Bestimmungen des Gesetzentwurfs den Versicherungsgesellschaften vielfach Anlaß geben werden, in geeigneten Fällen, wenigstens soweit sie meinen, es durchsetzen zu können, eine Erhöhung der Prämien einzuführen, und darüber sind wir uns ja auch beim Eintritt in diese Beratungen einig gewesen.

Direktor **Harbers**-Frankfurt a. M.: Meine Herren, der § 35 ist unseres Erachtens zu beurteilen in Verbindung mit den früheren Bestimmungen über die Anzeigepflicht. Es ist für die Feuerversicherer von viel größerer Bedeutung, daß sie von den Gefahrerhöhungen, die eintreten, Kenntnis erhalten und sich dann darüber mit den Versicherten verständigen, wie nun das Versicherungsverhältnis und eventuell auch die Prämie danach zu bemessen ist, als daß hinterher bekannt wird: da hat ein Fall der Gefahrerhöhung vorgelegen, und nun hinterher die Versicherer das Recht haben sollen, ihre Prämien entsprechend zu erhöhen, wie das in § 35 gesagt ist. Wir legen das Hauptgewicht darauf, daß die Anzeigepflicht in der Weise geregelt wird, wie wir in der Denkschrift ausgeführt haben.

Wenn nun aber hier in dem § 35 Bestimmungen darüber getroffen werden, wie die Prämie nachzufordern ist, wenn die Feuerversicherer eine Gefahr getragen haben, von der sie nichts wußten, und für die sie kein Aequivalent hatten, so sind wir der Ansicht, daß die Regelung dieser Frage in § 35 vielleicht paßt für die Lebensversicherungen, soweit hierfür feste Prämiensätze, feste Prämientarife gegeben sind, und daß es daher gekommen sein mag, daß in den allgemeinen Teil hier diese Bestimmung hineingekommen ist, daß aber diese Regelung nicht berücksichtigt hat und nicht erkannt hat, was denn eigentlich in der Feuerversicherung ein Prämientarif für eine Bedeutung hat. In der Feuerversicheruug ist der Prämientarif in der Tat lediglich eine Anleitung für die Bemessung der Prämie. Die einzelnen Risiken sind individuell verschieden; und es gehört eine technische Erfahrung dazu, um die Prämie festzusetzen. Deshalb wird, abgesehen von einfachen Sachen, auch nicht vom Agenten die Prämie festgesetzt, sondern der Antrag geht zu dem Zweck an das technische Bureau der Versicherungsgesellschaft.

Wenn nun der Grundsatz in dem Gesetz aufgestellt wird, daß die Prämie für eine Gefahr, von der der Versicherer nichts gewußt hat, nachgefordert werden kann, so muß doch als Grundlage für diese Nachforderung etwas geschaffen werden, was wirklich praktisch anwendbar ist, und dazu paßt hier für die Feuerversicherung nicht der Prämientarif. Der Gesetzgeber kann nicht sagen: wenn ihr keinen Prämientarif habt, so könnt ihr allerdings für die Gefahr, die ihr getragen habt und die Verpflichtung, die ihr übernommen habt, keine Gegenleistung verlangen, deshalb, weil ihr keinen Prämientarif habt, in dem ausdrücklich bestimmt ist, wie hoch die Gefahr zu bemessen ist.

Meine Herren, wenn das versicherungstechnisch und wirtschaftlich nicht geht, dann muß sich meines Erachtens die Gesetzgebung nach den wirtschaftlichen Verhältnissen richten und nicht umgekehrt, und es würde ein großer Fehler sein, wenn etwa die Feuerversicherer bestimmt würden, nun feste Prämiensätze, die natürlich gewisse Maximalsätze sein müßten, unter die man eventuell heruntergeht, einzuführen, und wenn weiter die Feuerversicherungen, um sich dagegen zu schützen, daß sie eine Verpflichtung übernehmen, die sie ohne Prüfung im Einzelfall nicht übernehmen können, Bestimmungen vorsorglich treffen müssen, daß sie an sich derartige Kategorien nicht zeichnen. Das würde doch sehr schädlich für das Versicherungsbedürfnis sein, und ich kann dem Herrn Referenten nicht darin beitreten, wenn er sagt, man hat dann ja gar keine Grundlage, um die Höhe der Prämie oder die Annahmefähigkeit der Versicherung zu bestimmen.

(Regierungsrat Dr. Leidig: Die Begründung sagt das!)

Ja, Sie haben das aber doch wohl zu Ihrer eigenen Ansicht gemacht.

(Regierungsrat Dr. **Leidig**: Nein, ich referiere nur!)

Entschuldigen Sie; also die Begründung sagt, daß dann keine Grundlage vorhanden sein würde. Eine ausdrücklich geschriebene Grundlage ist allerdings nicht vorhanden. Aber, meine Herren, wenn die Versicherungsgesellschaft die Behauptung aufstellt, daß sie hier eine Gefahr getragen hat, für die ihr eine Leistung von dem Versicherten nicht gewährt ist, so ist es natürlich die Aufgabe der Versicherungsgesellschaft, den Beweis zu führen. Kann sie den Beweis nicht führen, so ist es selbstverständlich, daß ihr keine höhere Prämie zusteht. Der Richter wird dann also entscheiden, ob der Beweis, den die Versicherungsgesellschaft hierfür antritt, ein ausreichender ist, und ich möchte vor allen Dingen darauf hinweisen, meine Herren, das ist ja derselbe Standpunkt, den das Seerecht bisher schon immer einnimmt. Das Seerecht stellt auch nicht die Nachforderung von Prämien auf feste Prämientarife, noch auch die Frage, ob die Versicherung angenommen worden wäre etwa darauf, ob die Seeversicherungsgesellschaften Bestimmungen getroffen haben in ihrem Geschäftsbetriebe, daß sie die und die Versicherung nicht übernehmen, sondern regelt diese Frage so, wie wir vorgeschlagen haben. Damit ist die Seeversicherung bisher ausgekommen. Die Verpflichtung des Beweises liegt bei den Versicherungsgesellschaften, damit hat der Versicherte nichts zu tun. Ich meine, Sie können den Versicherungsgesellschaften überlassen, ob sie in der Lage sind, den Beweis wirklich zu führen.

Also der praktische Weg, den wir hier vorschlagen, liegt begründet in der Art, wie die Feuerversicherung das Risiko bemessen und beurteilen muß, und der Weg, der hier vorgeschlagen ist, ist der, der sich bewährt hat in der Seeassekuranz.

Oberbürgermeister a. D. Generaldirektor **Brüning-Gotha**: Ich wollte eben auf folgendes noch aufmerksam machen: Die Herren wissen, daß der Entwurf dieses Gesetzes im Reichsjustizamt beraten worden ist mit Direktoren von Versicherungsgesellschaften und mit anderen Sachverständigen, und zwar nicht in einer gemeinsamen Versammlung, sondern branchenweise, so also mit uns für die Feuerversicherung. In dem Entwurf, der uns damals vorlag, war der § 35 nicht enthalten. Dieser Paragraph ist auf Wunsch der Abteilung für Lebensversicherung formuliert, ist dann aber nicht in den besonderen Abschnitt für die Lebensversicherung gebracht, sondern in den allgemeinen Teil, anscheinend, weil man im Reichsjustizamt angenommen hat, er passe auch für andere Versicherungen. Das ist aber, wie schon ausgeführt, für die Feuerversicherung nicht der Fall. Unsere Prämientarife sind ganz anders geartet, wie die Prämientarife der Lebensversicherungsgesellschaften. Diese haben bestimmte Promillesätze für jeden einzelnen Fall, während wir bei den einzelnen Risiken z. B. rechnen mit 3 bis 6 pro Mille, und dann also je nach der besonderen Eigenschaft des Risikos, dieses auch nach der subjektiven Seite beachtet, zwischen den Sätzen von 3 bis 6 wählen. Das ist eben in der Lebensversicherung ganz anders, so daß eigentlich dieser § 35 gar nicht in den allgemeinen Teil hätte gebracht werden sollen, sondern in den speziellen für die Lebensversicherung. Dorhin paßt er.

Generalsekretär **Ditges**-Berlin: Meine Herren, ich bin der Ansicht, daß der § 35 eigentlich gerade den Anschauungen Rechnung trägt, die die Feuerversicherungsgesellschaften in der letzten Zeit gerade in Bezug auf ihre Minimaltarife immer ausgesprochen haben. Die Feuerversicherungsgesellschaften haben die Minimaltarife damit gerechtfertigt, daß sie von jetzt ab die Prämie jedem einzelnen Risiko nach Möglichkeit anpassen, und daß sie jeden Vertrag inviduell gestalten wollten nach der Art des betreffenden Risikos. Dieser Absicht trägt ja eigentlich der § 35 Rechnung, indem er die Möglichkeit geben will, bei einer Erhöhung der Gefahr nun auch wieder auf einen ganz bestimmten Tarif gegründete Prämienerhöhungen vornehmen zu können.

Sie wissen alle, und ich glaube, den Herren von den Feuerversicherungsgesellschaften wird dies ja auch nicht unbekannt sein, daß auch aus den nichttarifierten Industrien in der letzten Zeit sehr viele Klagen über willkürliche Erhöhung von Prämien erhoben worden sind. Meine Herren, es liegt mir in diesem Augenblicke ganz fern, zu sagen, sie sind gerechtfertigt oder nicht. Die Tatsache ist da. Ich glaube, daß vielleicht gerade diesen Klagen der § 35 begegnen will, daß er Abhilfe schaffen will, und daß es deshalb auch im Interesse der Industrie liegt, wenn Sie an dem Paragraph festhalten. Denn durch ihn soll auch verhindert werden, daß durch eine an und für sich nicht zur Auflösung des Vertrages berechtigende Gefahrerhöhung eine willkürliche Erhöhung der Prämien hervorgerufen wird.

Generaldirektor **Batke**-Magdeburg: Ich weiß nicht, ob ich den Herrn Vorredner recht verstanden habe. Jedenfalls möchte ich darauf aufmerksam machen, daß sich der § 35 ja doch auf solche Fälle bezieht, wo seitens des Versicherten bei Schließung des Vertrages die ihm obliegende Anzeigepflicht verletzt ist. Das ist doch eine ganz enge Grenze. Der ganze Paragraph bezieht sich doch nur darauf, und ich glaube kaum, daß der Herr Vorredner das bei seinen Ausführungen berücksichtigt hat.

Meine Herren, was die Tarife anlangt, so möchte ich, nachdem einmal hier von den Tarifen der Feuerversicherung im allgemeinen gesprochen worden ist, betonen, daß die Feuerversicherungsgesellschaften nur einen sehr beschränkten Teil der Industrie unter Tarif gestellt haben und daß nach den Erklärungen der Feuerversicherungsgesellschaften zur Zeit nicht die Absicht vorliegt, noch andere Industriezweige unter Tarif zu stellen, da ein Bedürfnis dazu nicht für vorliegend erachtet wird. Die bestehenden Tarife aber haben in neuerer Zeit keine Verschärfungen, sondern an verschiedenen Stellen Abmilderungen erfahren.

Was nun die Bemerkung anlangt, daß jetzt willkürliche Prämienerhöhungen auch bei anderen als Tarifrisiken vorkämen, so ist nicht zu bestreiten, meine Herren, daß für wohl eine ganze Anzahl von Versicherten, die nicht unter den sogenannten Minimaltarif gestellt sind, Prämienerhöhungen seitens der Gesellschaften verlangt worden sind. Aber, meine Herren, das ist doch nicht geschehen während der Dauer der Versicherung und nicht, weil die Anzeigepflicht verletzt worden ist, sondern das ist doch, wie ich sicher annehme, bloß geschehen beim Ablauf der Versicherung. Wenn aber eine Gesellschaft glaubt, beim Ablauf der Versicherung eine höhere Prämie verlangen zu müssen, so kann dagegen der Gesetzgeber nicht einschreiten, das Maß der vom Versicherten zu leistenden Prämie hat mit dem Gesetz nichts zu tun. Für diese Verhältnisse kann meines Erachtens auf den § 35 gar nicht Bezug genommen werden.

Regierungsrat Dr. **Leidig**-Berlin: Meine Herren, ich möchte nur hervorheben, daß ich mich den Ausführungen des Herrn Generaldirektors Harbers hinsichtlich der Bezugnahme auf die Seeversicherung nicht ganz anzuschließen vermag. Das ist ja allerdings ganz richtig, daß § 806 des Handelsgesetzbuchs für die Seeversicherung andere Vorschläge macht. Aber, meine Herren, weshalb denn? Die Seeversicherung geht doch davon aus, daß eine objektive Unrichtigkeit oder das Unterlassen der Anzeige genügt, und das ist jetzt bei § 14 aufgehoben worden, und da muß doch bei § 14, weil da gewisse Nichtanzeigen gestattet sind, die nicht vom Vertrage loslösen, dafür Bestimmung getroffen werden, und diese Bestimmung ist in § 35 getroffen. Also ich meine, ohne weiteres kann man sich auf den § 806 nicht beziehen.

Direktor **Harbers**-Frankfurt a. M.: Ich möchte dem Herrn Vorredner darauf erwidern, daß dasjenige, was er sagt, mit dem Prinzip des Verschuldens nichts zu tun hat, sondern es handelt sich hier einzig und allein um die Frage, ob überhaupt Prämientarife, wie sie hier als Vorbedingung für eine Erhöhung der Prämien gedacht sind, in der Feuerversicherung existieren und ob die in der Feuerversicherung möglich, ob sie erwünscht sind für die Versicherten, das ist die Frage, auf die es hier ankommt. Bei der Feuerversicherung verhält es sich diesbezüglich gerade so wie bei der Transportversicherung. Beide haben keine festen Prämiensätze in dem Maße, wie die Lebensversicherung. Deshalb kann man beide nicht unter das Kriterium des § 35 stellen.

Generalsekretär **Ditges**-Berlin: Meine Herren, es ist ja richtig, in § 35 handelt es sich um Erhöhung der Gefahr gegenüber der Anzeige während des laufendes Vertrages. In dem Falle, den ich eben erwähnte, nämlich dem der Prämienerhöhung, handelt es sich um den Ablauf und demnächstigen Neuabschluß von Verträgen. Trotzdem gestattete ich mir, aus den Klagen, die über das Vorgehen der Feuerversicherungsgesellschaften bei Neuabschluß von Verträgen erhoben werden, zu deduzieren, daß vielleicht auch bei einer Gefahrerhöhung gegenüber der Anzeige des Versicherungsnehmers innerhalb des laufenden Vertrages seitens der Feuerversicherungsgesellschaften Prämienerhöhungen stattfinden könnten, die übermäßig groß sind, sofern sie eben nicht auf einem festen Prämientarif beruhen. Hiergegen will der Gesetzgeber meiner Ansicht nach neue Maßnahmen treffen, indem er in § 35 sagt, daß die Prämie unverändert bleiben soll, wenn nicht ein fester Prämientarif vorliegt. So verstehe ich doch den Paragraph, und ich glaube, so ist er auch gemeint.

Regierungsrat Dr. **Leidig**-Berlin: Meine Herren, die kleine Differenz mit Herrn Direktor Harbers muß doch gelöst werden, und ich gestatte mir, darauf hinzuweisen, daß der Verfasser des Gesetzentwurfes jedenfalls meiner Ansicht gewesen ist, denn der Verfasser des Gesetzentwurfes nimmt an, nicht etwa, daß die Versicherungsgesellschaften bei der Seeassekuranz besser behandelt werden, sondern er nimmt an, daß sie schlechter behandelt werden als durch die Festsetzung des § 35.

Gestatten sie mir zum Beweise dafür den Passus der Motive zu verlesen. Es heißt da in den Motiven für die Abänderung der Vorschriften des Handelsgesetzbuchs über die Seeversicherung:

„Nach § 35 des Gesetzentwurfs über den Versicherungsvertrag ist dem Versicherer, falls ihm ungeachtet einer unvollständigen oder unrichtigen Angabe der Gefahrumstände ein Rücktrittsrecht nicht zusteht, unter bestimmten Voraussetzungen berechtigt, eine höhere als die vereinbarte Prämie zu verlangen oder das Versicherungsverhältnis zu kündigen. Für die Seeversicherung sind entsprechende Vorschriften nicht notwendig, vielmehr kann es, da hier die Vertragsfreiheit keiner Beschränkung unterliegt, dem Beteiligten überlassen bleiben, in den Versicherungsbedingungen das Erforderliche zu bestimmen."

Der Gesetzgeber geht also davon aus, daß er bei der Feuerversicherung den Versicherungsgesellschaften helfen muß, daß er ihnen durch Gesetz die Möglichkeit geben muß, erhöhte Prämien zu erheben, bei den Seeversicherungsgesellschaften sei es dagegen nicht nötig, ihnen diese Möglichkeit durch Gesetz zu geben, sondern hier könne dies der Vertragsfreiheit überlassen bleiben.

Vorsitzender: Meine Herren, die Diskussion ist geschlossen. Eine Abstimmung findet ja hier nicht statt. Es werden diese Unterhaltungen, die hier stattgefunden haben, vollständig protokolliert werden und dann den verschiedenen Vereinen und der später wieder zusammentretenden Kommission wieder vorgelegt werden.

Wir kommen zum vierten Titel „Versicherungsfall" — das ist hier der § 38.*)

Regierungsrat Dr. **Leidig**-Berlin: Meine Herren, in der gestrigen Beratung bestand darüber Einigkeit, daß die Versicherungsgesellschaften verpflichtet sind, diejenigen Geschäftsgeheimnisse geheim zu halten, die sie bei Gelegenheit der Auskünfte erfahren, die ihnen von den Versicherten zu erteilen sind. Es bestand darüber auch kein Zweifel, daß diese Verpflichtung bereits in den bestehenden Gesetzen, dem Bürgerlichen Gesetzbuch, Handelsgesetzbuch u. s. w. festgestellt ist, es wurde aber der Wunsch ausgesprochen, ausdrücklich auch noch in diesem Gesetzentwurf diese bereits anderweitig bestehende Verpflichtung zu wiederholen. Die Frage hat also weiter keine Bedeutung.

Direktor **Harbers**-Frankfurt a. M.: Wir haben nichts dagegen.

Vorsitzender: Meine Herren, eine Diskussion wird nicht beliebt, und wir können weiter gehen zu den Versicherungsagenten, §§ 41 bis 44.

Regierungsrat Dr. **Leidig**-Berlin: Ueber die Stellung der Agenten, insbesondere der Vermittlungsagenten gegenüber dem Publikum ist gestern eine Diskussion wohl begonnen, aber sie ist nicht zu Ende geführt worden, sondern man hat sich auf den Standpunkt gestellt, es sei wünschenswert, gerade bei diesem Punkte zunächst die Darlegungen der Herren Vertreter der Versicherungsgesellschaften anzuhören. Hier weichen ja die Anschauungen des großen Publikums vielfach sehr er-

---

*) Beschluß der Kommission:

„Es erscheint zweckmäßig, daß dem Versicherer ausdrücklich die Pflicht zur Wahrung des Geheimnisses über diejenigen Tatsachen auferlegt wird, die ihm bei Gelegenheit der Auskünfte des Versicherungsnehmers zur Kenntnis kommen."

heblich ab von den Anschauungen der Versicherungsgesellschaften, und gestern in der Diskussion stellte sich auch heraus, daß bei einzelnen die Auffassung bestand, daß die Bestimmungen des Gesetzentwurfes den Versicherten ungünstiger stellen, als es die jetzige Praxis tue, eine Anschauung, die ja nachher als nicht zutreffend nachgewiesen wurde. — Aus allen diesen Gründen hat man gestern davon abgesehen, die Diskussion zu Ende zu führen, und es für praktischer gehalten, daß heute zunächst über diese Frage gerade einmal erst der Industrie und den Herren Vertretern der Industrie die Anschauungen der Herren Vertreter der Feuerversicherungsgesellschaften dargelegt werden und daß, nachdem diese Anschauungen mitgeteilt und zur Kenntnis gebracht worden seien, erst in einem späteren Stadium der Verhandlungen von der Industrie zu diesem Passus Stellung genommen werde.

Vorsitzender: Darf ich vielleicht einen von den Herren (zu den Vertretern der Feuerversicherungsgesellschaften) bitten, sich gefälligst zu äußern.

Direktor **Harbers**-Frankfurt a. M.: Meine Herren, den Standpunkt der Feuerversicherungsgesellschaften zu den Bestimmungen über die Versicherungsagenten finden Sie ausgeführt in der Denkschrift, und ich bin nicht in der Lage, dem hier noch etwas Besonderes hinzuzufügen. Die Stellung des Versicherungsagenten war bisher diejenige des Handlungsagenten im Handelsgesetzbuch. Ich spreche hier nur von den Vermittlungsagenten, weil das nur interessieren kann, denn der Agent, der zum Abschlusse von Verträgen befugt ist, ist Hauptbevollmächtigter, und dessen Handlungen und dessen Tätigkeit verpflichten die Gesellschaft nach Maßgabe der Bestimmungen des Handelsgesetzbuches. Es kommt hier wesentlich darauf an, die Stellung des Vermittlungsagenten richtig zu bestimmen.

Bei der Schaffung des Handelsgesetzbuches hat wohl niemand daran gedacht, daß dem Heer von Agenten ein Vertretungsrecht gegeben werden kann. Davon ist im Handelsgesetzbuche abgesehen, und nun sollen hier für das Versicherungsgewerbe besondere Bestimmungen in der Richtung getroffen werden, daß die Vermittlungsagenten in gewissem Sinne als Vertreter der Versicherungsgesellschaften anzusehen sind.

Wie wir überhaupt in unserer ganzen Denkschrift von der Absicht ausgingen, uns soweit irgend angängig auf den Standpunkt des Gesetzentwurfes und der dort vorgesehenen Entwicklung des Versicherungsrechts zu stellen, so haben wir auch bezüglich der Versicherungsagenten uns, nicht leichten Herzens und in voller Erkenntnis der Tragweite, die das für das Versicherungsgewerbe hat, prinzipiell nicht dagegen geäußert, daß der Vermittlungsagent nach gewissen Richtungen hin als Vertreter der Versicherungsgesellschaft aufzufassen ist.

Wir sind aber der Ansicht, daß bezüglich zweier Bestimmungen im Gesetzentwurfe die tatsächlichen Verhältnisse, wie sie im Verkehr und im Geschäftsleben vorliegen, nicht ausreichend berücksichtigt worden sind. Es handelt sich einmal um die Anzeigen, die während des Laufes der Versicherung zu machen sind. Wir sind der Ansicht, daß wenn bezüglich des Versicherungsagenten vom Standpunkt des Handelsgesetzbuches abgewichen wird, wenn der Versicherungsagent die Anzeigen, welche während der Dauer der Versicherung zu machen sind, als Vertreter der Versicherungsgesellschaft zu empfangen hat, auch ein Kriterium dafür zu geben ist, an welchen Agenten diese Anzeigen von seiten des Versicherten zu machen sind. Wir sind der Ansicht, daß die 5 bis 6000 und mehr Agenten, die Gesellschaften in einem Versicherungszweige haben, unmöglich alle berechtigt sein können, bezüglich jeder Versicherung als Vertreter der Versicherungsgesellschaft zu gelten, soweit es sich darum handelt, die gedachten Anzeigen mit Vertretungsmacht entgegenzunehmen.

Meine Herren, sonst würden wir zu ganz unerträglichen Zuständen und zu einer gefährlichen Rechtsunsicherheit kommen, und wir vertreten diese Ansicht nicht allein vom Standpunkte der Interessen der Feuerversicherer, sondern auch im Interesse der Versicherten.

Es ist schon jetzt, wie die Herren mir zugeben werden, durchaus üblich, daß die Anzeigen, die ein Versicherter bezüglich seiner Versicherung dem Agenten zu machen hat, an denjenigen Agenten gemacht werden, welcher mit der betreffenden Versicherung überhaupt zu tun hat, der diese Versicherung in seiner Agentur hat. In Konsequenz der gesetzlichen Bestimmungen würde wegen einer Versicherung in Königsberg an den Agenten in München eine Anzeige gemacht werden können, obgleich nur der Agent ein Interesse an der Versicherung hat, zu dessen Agentur sie gehört. Man könnte geltend machen, daß, wenn der Versicherte aus Königsberg sich gerade in München befindet und ihm in München einfällt, daß er eine Anzeige zu machen hat, er nun zum Münchener Agenten der Gesellschaft gehen kann. Es liegt in solchem Falle doch ungeheuer viel einfacher für diesen Versicherten, daß er zur Post geht und einen Brief an seinen Agenten oder an die Versicherungsgesellschaft schreibt, als daß er in München herumläuft und sich erkundigt, wer ist der Agent der Gesellschaft, der ich eine Anzeige machen muß. Wir sind der Ansicht, daß, wenn es für erwünscht für die Versicherten gehalten wird, daß den Agenten in gewisser Richtung eine Vertretungsmacht beigelegt wird, daß die Versicherungsgesellschaften in dieser Richtung haften für dasjenige, was an den Agenten gekommen ist, daß dann aber auch im Interesse der Sicherheit des Geschäftsbetriebes es notwendig ist, für diejenigen Anzeigen, die im Laufe der Versicherung zu machen sind, den Agenten im Gesetz zu bestimmen, welcher als Vertreter anzusehen ist. Ebenso, meine Herren, verhält es sich ferner mit der Prämienannahme. Auch da halten wir es nicht für richtig, daß man die Prämie jedem beliebigen Agenten geben kann. Wo bleibt da eine Kontrolle der Versicherungsgesellschaften — um einmal von dieser Seite die Sache zu beleuchten, — wenn es möglich sein sollte, daß jeder Agent als Vertreter berechtigt ist, für die Versicherungsgesellschaft die Prämie von jedem Versicherten in Empfang zu nehmen? Ich möchte wirklich wissen, wo wir dann mit dem Geschäftsbetriebe hinkommen.

Auf der anderen Seite ist es ebenso wichtig für den Versicherten, daß die bisherige Praxis bestehen bleibt. Es ist doch auch für den Versicherten viel erwünschter, wenn er konstatieren kann, daß der Mann, der kommt und die Prämie abholt, legitimiert ist, diese Prämie in Empfang zu nehmen. Wir halten es für das richtigste, die Vertretereigenschaft des Agenten, welcher die Prämie in Empfang nehmen kann, davon abhängig zu machen, daß er dem Versicherten nach Analogie des ersten Versicherungsscheines — der Police — eine Bescheinigung aushändigt etwa des Inhalts, daß durch die Zahlung der Prämie die Versicherung für die in der Bescheinigung genannte Dauer zu Recht besteht.

In dem Besitz dieser Bescheinigung liegt dann die Legitimation, daß der betreffende Agent in der Empfangnahme der Prämie Vertreter der Gesellschaft ist.

Justizrat **Krafft**-Köln: Meine Herren, ich habe mich nur zum Wort gemeldet zu der kurzen Erklärung, daß nach meiner Ansicht die Bedenken der Versicherungsgesellschaften durchaus begründet sind und daß wir ganz rückhaltlos dem zustimmen können, sowohl was die Anzeigen an den Agenten betrifft, als auch was die Zahlung der Prämie betrifft. Da ist wohl nicht das geringste Bedenken, dem, was da vorgeschlagen ist, zuzustimmen und ich glaube, daß wir auch keine Veranlassung haben, uns weiter darüber zu unterhalten.

Generalsekretär **Schlüter**-Berlin: Meine Herren, wenn ich mich recht erinnere, war gestern ein wesentlicher Gegenstand der Beratung der, daß der Versicherte, wenn ihm ein Agent gegenübertritt, zunächst nicht weiß, mit welcher Qualität derselbe ausgerüstet ist; daß der Versicherte also sich unter Umständen dem Irrtum hingibt, die Erklärungen des Agenten seien für die Gesellschaft verbindlich, und nachher zu seinem Schaden erfahren muß, daß das nicht der Fall gewesen ist.

Es war, wenn ich mich recht erinnere, gestern der Wunsch der Versammlung, die Versicherungsgesellschaften zu bitten, einen Weg ausfindig zu machen, um den Versicherten jederzeit in Klarheit zu setzen, mit welcher Qualität der Agent ausgerüstet ist. Ich würde dringend bitten, daß Herr Direktor Harbers oder einer der Herren die Güte hätte, diesen Punkt noch einmal zu berühren.

Oberbürgermeister a. D., Generaldirektor **Brüning**-Gotha: Diese Frage ist auch in unserer Mitte erwogen worden, und wir sind schließlich zu der Ansicht gelangt, es könnte recht gut das Gesetz eine Bestimmung treffen, die ich mir in diesem Augenblick am besten dahin formulieren würde, daß der § 42 bezüglich der Agenten folgendermaßen gefaßt wird: „Ist ein Versicherungsagent zum Abschluß von Versicherungsverträgen bevollmächtigt (Generalagent), so ist er auch befugt, die Aenderung oder Verlängerung solcher Verträge zu vereinbaren sowie Kündigungs- und Rücktrittserklärungen abzugeben." Dann folgender Satz salva redactione: „Andere Agenten dürfen sich nicht Generalagenten nennen."

Wenn man solche Bestimmung in das Gesetz hineinbringen könnte, so würde dem Publikum gegenüber in aller und jeder Beziehung Gewißheit geschaffen, mit was für einem Agenten man es zu tun hat. Vielleicht könnte das von Ihrer Seite salva redactione einmal angeregt werden. Ich würde lieber ein deutsches Wort nehmen, aber Generalagent ist einmal üblich geworden.

Generaldirektor **Vatke**-Magdeburg: Meine Herren, ich kann mich dem im allgemeinen anschließen, was der Herr Oberbürgermeister vorgetragen hat. Ich möchte nur, daß man sich nicht auf das Wort „Generalagent" festnagelt, das vielleicht für die Feuerversicherungsgesellschaften, aber kaum für alle Branchen paßt. Es kommt ja auch gar nicht auf das Wort an. Es kommt ja wohl nur darauf an, daß wir mit den Herren einig sind darüber, daß es wünschenswert sein dürfte, im Gesetze die Bezeichnung des Agenten festzulegen, der zum Abschlusse berechtigt ist.

(Zustimmung.)

Oberbürgermeister a. D., Generaldirektor **Brüning**-Gotha: Man kann sich vielleicht anschließen an den § 115 des Gesetzes vom 12. Mai 1901 über die Privat-Versicherungsunternehmungen. Da ist die Bestimmung getroffen, daß jede Gesellschaft in jedem Bundesstaate, auf dessen Gebiet sich ihr Betrieb erstreckt, ohne daß der Sitz in diesem Gebiete gelegen wäre, auf Verlangen der Zentralbehörde dieses Staates unter bestimmten Voraussetzungen einen Hauptbevollmächtigten zu bestellen hat, welcher u. s. w. Da ist der Ausdruck „Hauptbevollmächtigter" bereits in die Reichsgesetzgebung hineingekommen. Aber ich muß dabei wieder bemerken, daß, bei uns wenigstens in der Feuerversicherung, der Ausdruck „Generalagent" gang und gäbe ist. Man kann aber auch der Gesetzgebung folgen, die den Ausdruck „Hauptbevollmächtigter" schon gebraucht hat.

Direktor Dr. **von Geyer**-Stuttgart: Meine Herren, ich glaube, in dem, was wir wollen, sind wir alle einig, aber darüber, wie die Sache praktisch ausgeführt werden kann, bestehen große Zweifel. Was bis jetzt vorgeschlagen worden ist, ist eine Art polizeilicher Bestimmung, eine Polizeiverordnung. Derartige Vorschriften enthält dieses Gesetz eigentlich gar nicht, sondern dasselbe will an sich nur materiell-rechtliche Bestimmungen und zwar zumeist privatrechtliche, treffen. Die Verfasser des Gesetzes werden wohl trotzdem einen Weg finden, wie das, was wir zum Ausdruck bringen wollen, in die Form einer privatrechtlichen Bestimmung gebracht werden kann, etwa indem sie sagen, wer sich Generalagent nennt, von dem wird angenommen, daß er zum Abschlusse von Versicherungs-Verträgen berechtigt ist und ferner, wer sich so und so nennt, von dem wird im Zweifelsfalle angenommen, daß er Vermittlungsagent ist, mit den diesem zukommenden Befugnissen und Obliegenheiten. Wir werden übrigens kaum nötig haben, uns hier den Kopf der Redaktoren der künftigen Regierungsvorlage zu zerbrechen. Ich glaube, wir können die Fassung ruhig den gesetzgebenden Faktoren überlassen und nur unsererseits den allgemeinen Wunsch aussprechen, daß durch eine bestimmte Bezeichnung der Unterschied zwischen den verschiedenartigen Agenten sowie auch zwischen solchen, die als Acquisiteure und ähnliches überhaupt nicht unter den technischen Begriff von Agenten fallen, deutlich zum Ausdruck kommt.

Regierungsrat Dr. **Leidig**-Berlin: Meine Herren, in der gestrigen Diskussion war das ganze Thema etwas weiter und ich möchte sagen, grundsätzlicher gefaßt worden. Es wurde aber, wie gesagt, schließlich abgebrochen, weil man die Verhandlung heute wieder aufnehmen wollte, und ich danke Herrn Schlüter, daß er meinem Referate etwas vorgegriffen und die Sache etwas schneller zur Erledigung geführt hat.

Ich darf bemerken, gestern wurde zweierlei ausgeführt. Es wurde einmal gesagt, allerdings existieren ja viele Gruppen von Versicherten, die sich nicht völlig im klaren sind über die Art und Weise des Unterschiedes zwischen Vermittlungsagent und Abschlußagent. Es sei wünschenswert, da eine äußerliche Kennzeichnung einzuführen. Dem wurde entgegengehalten, daß das tatsächlich nicht viel nützen würde, denn dieses äußerliche Kennzeichen sei schon da, auch heute schon heiße der Abschlußagent „Generalagent“, auf dem Gebiete der Feuerversicherung sei das wohl die Regel, und der Vermittelungsagent heiße einfach Agent, aber zahlreiche Gruppen des Publikums, namentlich die kleinen Leute glauben eben den Versicherungsagenten, die über ihre Befugnisse hinausgehen, und seien der Meinung, daß die von diesen gänzlich unverbindlich abgegebenen Erklärungen verbindliche Erklärungen seien, und diesem über die Befugnisse Hinausgehen der Agenten kann ja durch keine Vorschrift dieses Gesetzes irgendwie ein Riegel vorgeschoben werden. Es wurde aber auch gestern weiter geltend gemacht, daß diese Frage eigentlich für die Industrie von geringerer Bedeutung sei, es wurde dann aber darauf hingewiesen — und das muß in diesem Zusammenhange hervorgehoben werden — daß die Industrie an einem anderen ähnlichen Verhältnisse ein Interesse habe. Es komme — so wurde gestern gesagt — nicht selten vor, daß nicht Agenten, aber Beamte der Gesellschaft, Inspektoren der Gesellschaft, mit den einzelnen Versicherten Erklärungen wechseln, ihnen Mitteilungen machen, und hier sei es für den Versicherten doch nicht gleichgültig, ob das nur unverbindliche Meinungsäußerungen eines einzelnen seien oder Erklärungen, abgegeben im Namen der Gesellschaft. Sei also der betreffende Inspektor beispielsweise befugt, Erklärungen dahin abzugeben, daß diese betreffende Aenderung im Betriebe keine erhebliche Gefahrerhöhung darstellt oder sei diese Auffassung des Inspektors lediglich eine persönliche Meinungsäußerung? Das, meine Herren, gehört ja an sich nicht in diesen Titel hinein, aber es wurde bei der Diskussion erwähnt, daß darin ein viel größeres Interesse für die Industrie liegt, als in dem äußerlich erkennbaren Unterschiede zwischen Abschlußagenten und Vermittelungsagenten, der für die Industrie tatsächlich nur in seltenen Fällen von praktischer Bedeutung sei.

Im übrigen wurde gestern die Meinung vertreten, daß es keine Möglichkeit gibt, denjenigen, der mit den gesetzlichen Bestimmungen nicht vertraut sei, der sich nicht über die Bestimmungen und über die Begrenzung der Befugnisse unterrichte, davor zu bewahren, daß ihm in Unkenntnis dieser Bestimmungen von irgend einem Agenten Erklärungen abgegeben werden, die er seinerseits für verbindliche hält, die aber tatsächlich gänzlich unverbindlich sind.

Da ich einmal das Wort habe, möge mir verstattet sein, darauf hinzuweisen, daß die Bedenken, die Herr Direktor **Harbers** hinsichtlich der Agenten geäußert hat und die ja allerdings ganz ungemein kraß klingen, wenn man sich denkt, daß jemand in Königsberg versichert hat und nunmehr in München dann die Erklärung abgibt, daß er seinen Vertrag kündige — daß diese Bedenken doch tatsächlich in der Praxis sich ganz erheblich abschwächen werden, denn, meine Herren, für diese Abschwächung ist ja § 44 gegeben. Nach dem § 44 haben die Gesellschaften durchaus das Recht, in die allgemeinen Bedingungen, in die Antragsformulare, in die Verhandlungen vor Abschluß des Vertrages und schließlich in den Versicherungsschein alle diejenigen Beschränkungen räumlicher und sachlicher Art aufzunehmen, nach denen sich der betreffende Versicherte richten soll und richten muß, denn diese Bedingungen sind ihm bekannt, er muß sie kennen und er hat seinerseits dann nachzuweisen — alles dieses führt nämlich hier die Begründung aus — daß er sie nicht gekannt hat und daß er sie auch nicht fahrlässig nicht gekannt hat.

Vorsitzender: Meine Herren! Die Diskussion ist geschlossen. Ich nehme an, daß Sie im allgemeinen der Anregung von Herrn Oberbürgermeister Brüning Folge geben und bitte, das also im Protokoll zu notieren. Im übrigen sind die Ausführungen ja auch protokolliert resp. stenographiert worden und werden bei künftigen Beratungen Berücksichtigung finden.

Wir kommen zum zweiten Abschnitt: Inhalt des Vertrags, § 45.

Regierungsrat Dr. **Leidig**-Berlin: Meine Herren! Der Beschluß, der dazu gefaßt worden ist, liegt Ihnen ja vor.*) Gestern ist die Auffassung vertreten, daß, wie auf anderen Rechtsgebieten, so auch auf dem Gebiete des Versicherungswesens sofort mit Fälligkeit der Leistung eine Verzinsung eintreten muß, und daß die Fälligkeit der Leistung vorliegt an demjenigen Tage, an dem der Brandschaden eingetreten sei und damit auch die Versicherungspflicht der Gesellschaft existent geworden sei.

Direktor **Harbers**-Frankfurt a. M.: Ich akzeptiere die erste Erklärung des geehrten Herrn Vorredners, daß mit der Fälligkeit auch eine Verzinsung eintreten muß, aber die zweite, daß mit dem Brandschaden die Fälligkeit eintritt, ist nicht richtig. Ich verweise auf den § 38 des Gesetzentwurfes. Aus § 38 geht hervor, wann die Fälligkeit einer Brandentschädigung eintritt. Sie tritt nach dem Gesetzentwurf und nach dem bisherigen Versicherungsrechte keineswegs ein

*) Beschluß der **Kommission**:
§ 45 soll folgenden Zusatz erhalten:
„Die vom Versicherer zu leistende Entschädigung ist vom Tage des Versicherungsfalles ab mit 4 pCt. zu verzinsen. Höhere Zinsansprüche des Versicherungsnehmers werden hierdurch nicht berührt."

mit dem Moment, wo der Brandschaden eingetreten ist, sondern die Fälligkeit der Forderung tritt ein erst mit der Begründung der Entschädigung. Dieser Grundsatz ist in den Gesetzentwurf aufgenommen.

Also es ist selbstverständlich, daß mit der Fälligkeit der Forderung auch eine Verzinsung einzutreten hat, es handelt sich bloß um die Frage, wann tritt die Fälligkeit ein,' und der Zeitpunkt der Fälligkeit geht aus § 38 hervor. Zu diesem § 38 hat die Vereinigung der in Deutschland arbeitenden Feuerversicherungsgesellschaften auch ihre Ausführungen gemacht.

Vorsitzender: Meine Herren! Die Diskussion ist geschlossen.

Ein Widerspruch an und für sich ist gegen den Antrag ja nicht erhoben.

(Direktor Harbers: Ja!)

(Generaldirektor Vatke: O sehr!)

Ich meine, gegen die 4 Prozent.

Direktor **Harbers**-Frankfurt a. M.: Die Feuerversicherungen erklären, daß der Vorschlag zu § 45 insofern nicht richtig ist, als derselbe sich nicht auf den Moment der Fälligkeit bezieht, sondern der Moment der Fälligkeit ergibt sich aus § 38, und allerdings von diesem Moment an, der in § 38 bestimmt ist, hat eine Verzinsung zu erfolgen.

Direktor Dr. **von Geyer**-Stuttgart: Meine Herren, ich möchte auch dringend empfehlen, daß Sie einen so weitgehenden Beschluß nicht fassen. Es wäre das, soweit ich die Verhältnisse übersehe, eine ganz abnorme Bestimmung. An und für sich gilt nach den allgemeinen Grundsätzen des Bürgerlichen Gesetzbuches die Regel, daß eine Zinspflicht erst eintritt, wenn der Schuldner im Verzuge ist. Die Versicherungsgesellschaften sind nun gern bereit, hier weiter zu gehen und zu konzedieren, daß die Zinspflicht eintreten soll sofort mit der Fälligkeit des Entschädigungsanspruchs; aber dringende Gründe sprechen dafür, nicht noch weiter zu gehen und die Zinspflicht eintreten zu lassen vom Tage des Brandfalles an. In erster Linie ist hier ein praktischer Grund noch anzuführen. Es wird zwar den Gesellschaften vielfach der Vorwurf gemacht, daß sie daran schuld seien, wenn die endgültige Abwicklung eines Brandschadens sich länger hinauszieht. Ich glaube aber, die Versicherungsgesellschaften haben in noch viel mehr Fällen Grund, ihrerseits geltend zu machen, daß auch von seiten der Versicherten der raschen Abwicklung der Schadensfeststellung große Schwierigkeiten bereitet werden. Eine solche Bestimmung nun, wonach eine Verzinsung vom Tage des Brandfalles einzutreten habe, würde in der Beziehung ohne Zweifel einen gewissen Anreiz in sich tragen, daß von seiten solcher Versicherten, die einen Brandfall dazu benutzen wollen, um mehr zu erlangen, als sie zu verlangen berechtigt sind, versucht wird, die Verhandlungen hinauszuziehen.

Auf § 38 ist ja schon hingewiesen worden und wir haben in unserer Denkschrift verlangt, daß in § 38 für die Bestimmung des Zeitpunktes der Fälligkeit der Brandentschädigung noch bestimmtere Anhaltspunkte gegeben werden möchten. Das wird ja ohne Zweifel geschehen, indem der Gesetzgeber auf diese Anregungen eingehen wird. Es kommt aber hier noch ein weiterer Paragraph in Betracht, das ist der § 59, der gibt jetzt schon gewisse Anhaltspunkte für die Fälligkeit, indem er bestimmt, daß unter Umständen Abschlagszahlungen, Teilzahlungen geleistet werden müssen, wenn die Höhe des Schadens zwar noch nicht vollständig festgestellt ist, aber doch von einem gewissen Geldbetrag bestimmt gesagt werden kann, daß ihn der Versicherer nach Lage der Sache mindestens zu bezahlen habe. Es entspricht meines Erachtens durchaus dem Standpunkte, wie ihn die Gesellschaften nach den Erklärungen des Herrn Direktor Harbers einnehmen, daß auch hier anerkannt wird, daß bezüglich solcher Zahlungen, bezüglich solcher Teilbeträge des Schadens eine Zinspflicht schon von dem Moment eintritt, in welchem überhaupt nach Lage der Sache, wenigstens bezüglich eines bestimmten Teilbetrages sich sagen läßt, daß dieser feststeht und daß hier der Versicherte von seinem Recht, die Zahlung zu verlangen, Gebrauch gemacht hat.

Ich glaube, wenn Sie das alles in Betracht ziehen, so werden Sie selbst zu der Erkenntnis kommen, daß mit dem Verlangen einer unbedingten Zinspflicht vom Tage des Brandfalles an, man doch erheblich über das Ziel hinausgehen würde.

Generalsekretär **Ditges**-Berlin: Meine Herren, ich habe zu berichten, wie dieser Antrag entstanden ist, und dazu mitzuteilen, daß aus den Kreisen der Industrie, soweit ich sie vertrete, ausdrücklich der Wunsch geäußert worden ist, man möchte eine Bestimmung herbeizuführen suchen, wonach die Schadensumme vom Tage des Schadenfalles, des Versicherungsfalles zu 4 pCt. verzinslich ist. Dieselben Bemerkungen, die eben von meinem verehrten Herrn Vorredner gemacht worden sind, daß auf seiten der Versicherten unter Umständen Bemühungen vorkommen, um die Erledigung hinauszuschieben, sind — ich kann sie hier nur wiederholen, ich habe kein Amt, darüber zu entscheiden, ob sie richtig oder unrichtig sind — aber umgekehrt über die Versicherungsgesellschaften in der Industrie mehrfach gemacht worden. Man betrachtet es in der Industrie als eine gewisse Anregung für die Feuerversicherungsgesellschaften, möglichst schnell zu regulieren und die

Klagen, die bisher erhoben worden sind, zu vermeiden, wenn vom Tage des Versicherungsfalles an die zu zahlende Summe mit einem gewissen Prozentsatze verzinst werden muß.

Im übrigen kann ich in § 38 die Fälligkeitsbestimmung nicht finden. Es steht allerdings in § 38, daß der Versicherte verpflichtet ist, im Versicherungsfalle auch Auskünfte zu geben. Aber wann nun eigentlich die Entschädigungssumme fällig wird, wie weit die gegebenen Auskünfte die Versicherungsgesellschaft befriedigen müssen, oder in wie weit spätere Auskünfte noch verlangt werden können, darüber steht in § 38 nichts. Jedenfalls ist es ja auch ganz streitig, wann die Fälligkeit der Versicherungssumme eintritt, wenn zum Beispiel ein Prozeß dazwischen kommt. In allen solchen Fällen, die doch sehr leicht ohne die Schuld des Versicherungsnehmers herbeigeführt werden können, liegt es im Interesse des Versicherungsnehmers, daß ihm die Summe, die ihm unter Umständen doch auch ohne sein Verschulden vorenthalten wird, verzinst wird.

Direktor Dr. **von Geyer**-Stuttgart: Ich darf vielleicht darauf aufmerksam machen, daß die Klagen, welche gegen die Versicherungsgesellschaften erhoben worden sind, sich doch wohl hauptsächlich darauf gründen, daß nach den bisherigen allgemeinen Versicherungsbedingungen eine Zinspflicht überhaupt ausgeschlossen war bis zum vollständigen Austrag der Regulierungsverhandlungen, beziehungsweise bis zur Feststellung der Schadenssumme durch Anerkennung, Vergleich oder Urteil. Diese Gefahr soll ja für die Versicherten jetzt vollständig beseitigt werden durch den § 40 des Entwurfes, welcher ausdrücklich bestimmt, daß auf eine Vereinbarung, nach welcher die Leistung des Versicherers erst mit der Feststellung des Anspruchs durch Anerkenntnis, Vergleich oder rechtskräftiges Urteil fällig werden soll, der Versicherer sich nicht berufen kann. Also das ist in Wegfall gekommen.

Dann ist ganz richtig, daß der § 38 bis jetzt hinreichend bestimmte Anhaltspunkte dafür nicht gibt, wann im einzelnen Falle die Fälligkeit als eingetreten betrachtet werden muß. Der Gesetzgeber geht davon aus, daß das eben im einzelnen Falle nach allgemeinen Rechtsgrundsätzen bestimmt werden müsse. Die Versicherungsgesellschaften haben es aber von sich aus doch als ein Bedürfnis empfunden, daß hierüber bestimmtere Anhaltspunkte in das Gesetz aufgenommen werden und haben in dieser Hinsicht Anträge in ihrer Denkschrift gestellt. Wenn hiernach bezüglich der Bestimmungen über die Fälligkeit der Entschädigungsforderung abgeholfen wird, so entspricht es gewiß allen billigen Anforderungen, wenn die Zinspflicht von diesem Zeitpunkte ab festgestellt wird. Weiterzugehen würde ich — das muß ich wiederholen — für eine Unbilligkeit halten.

Direktor **Harbers**-Frankfurt a. M.: Ich möchte nur auf die Ausführungen des Herrn Ditges erwidern, daß, wenn der § 38 auch nicht ausdrücklich von der Fälligkeit spricht, er doch darauf hinweist, wann die Forderung fällig wird. Wenn Sie die Liebenswürdigkeit haben, die Motive zu lesen, und die Ausführung hierzu in der Denkschrift der Vereinigung der Feuerversicherungsgesellschaften, so werden Sie finden, daß der § 38 in Verbindung mit § 59 der Gesetzesvorlage auf den Moment der Fälligkeit hinweist.

Vorsitzender: Meine Herren, die Diskussion ist geschlossen. Es wird die Kommission diese Ausführungen der Herren Vertreter der Feuerversicherungsgesellschaften würdigen und demgemäß wohl so verfahren, wie die Herren wünschen.

Es kommt § 51 bis 52.

Regierungsrat Dr. **Leidig**-Berlin: Meine Herren, bei § 52 ist ja seitens der Kommission keine Aenderung des Gesetzes gewünscht worden, sondern es ist nur ein Wunsch an die Herren Vertreter der Feuerversicherungsgesellschaften zur Kenntnisnahme ausgesprochen, daß bei Gelegenheit der Neuordnung der Versicherungsbedingungen hier genauere Bestimmungen über die Vornahme der Abschätzung bei den taxierten Policen festgestellt werden möchten. Die Frage ist wohl damit als erledigt zu betrachten.

Generaldirektor **Werminghoff**-Berlin: Meine Herren, ich habe gestern bei Gelegenheit der Beratung dieses Paragraphen darüber gesprochen, daß, wenn ein Versicherungsnehmer die maschinellen Einrichtungen einer Fabrik versichert und dann nach einigen Jahren ein Brand eintritt, für die Abnutzung beziehungsweise für die Amortisation eine gewisse Quote in Abzug gebracht wird, die sich gewöhnlich nach der Dauer, in der die Maschinen schon im Betriebe sind, richtet.

Nun ist, wenn man in dieser Beziehung beiderseitig vorgehen will, eigentlich jedes Jahr eine neue Versicherungssumme festzustellen, denn wenn ich mehr versichere, als mir nachher gewährt wird, so muß ich jedes Jahr berücksichtigen, was ich in dem betreffenden Falle, daß ein Schadenfall eintritt, weniger bekomme. Diese Abzüge sind unter Umständen eine sehr große Belastung für den Betreffenden, denn sie richten sich nach der Dauer, während deren die Maschinen in Gebrauch sind, ohne Berücksichtigung dessen, daß für den Betrieb unter Umständen die alten Maschinen, dadurch daß sie doch beständig Reparaturen unterworfen sind und immer vollständig leistungsfähig gehalten werden, ebensoviel wert sind, ja sogar besser sein können, als neue, die er anschafft. Wenn er nun weniger bekommt, als er versichert hat, muß er tatsächlich aus seiner Tasche ganz bedeutend zulegen, um den Betrieb wieder in derselben Weise herzustellen, denn die Leistungsfähigkeit seiner Anlage ist ja nicht dadurch eine geringere geworden, daß die Maschinen schon länger im Gebrauch waren. Um aber die Leistungsfähigkeit wieder herzustellen, ist eben die volle Auszahlung der Versicherungssumme notwendig ohne Abzug für die sogenannte Abnutzung und Amortisation.

Ich wollte deswegen an die Herren Vertreter der Feuerversicherungsgesellschaften die Frage richten, ob es nicht für die Zukunft anginge, die ursprüngliche Versicherungssumme aufrecht zu erhalten, so daß ohne Rücksicht auf diese Amortisation der volle Versicherungswert zur Auszahlung gelangt.

Generaldirektor **Vatke**-Magdeburg: Meine verehrten Herren, ich habe den Herrn Referenten so verstanden, daß jetzt weiter nichts geschehen soll von unserer Seite, als daß wir uns bereit erklären, später einmal auf diesen Punkt zurückzukommen. Ich glaube, es würde zu weit führen, wenn wir uns auf Einzelheiten, wie sie eben vom Herrn Vorredner berührt sind, irgendwie einlassen wollten. Die Herren haben ja erklärt, daß sie gegen die Bestimmungen des Gesetzes ihrerseits nichts einwenden wollen, und wir geben ihnen ganz gern die Erklärung, daß wenn wir dann zur Beratung der künftigen Versicherungsbedingungen kommen, wir auch die Frage der verbindlichen Vortaxe mit Ihnen noch einmal genauer erörtern wollen. Ich glaube, es würde nicht praktisch sein, jetzt auf irgendwelche Einzelheiten einzugehen.

(Generaldirektor W e r m i n g h o f f: Die Erklärung genügt mir auch vollständig!)

Ich möchte mir nur noch gestatten, zu der eingeklammerten Bemerkung zu § 52 in Ihrer Vorlage der Vermutung Ausdruck zu geben, daß hier eine irrtümliche Auffassung vorhanden ist. Dort ist gesagt: „Vornahme durch von beiden Parteien aufzustellende Sachverständige, die bei Nichteinigung einen Obmann zu wählen haben.“ Meine Herren, wenn Sie das für die Aufnahme verbindlicher Vortaxen verlangen sollten, dann würden Sie sich ja die Kosten wieder ungeheuer erhöhen. Die Vortaxen sind bisher stets von e i n e m Sachverständigen aufgenommen worden, über den sich beide Parteien geeinigt haben. Die formelle Expertise durch zwei Sachverständige, die einen Obmann zu wählen haben, bezieht sich doch nur auf den Brandschaden. Der Brandschadenfall hat ja aber mit der Vortaxe bezüglich des Sachverständigenverfahrens nichts zu tun.

Ich wiederhole, meine Herren, daß es wohl das richtigste ist, jetzt auf Einzelheiten gar nicht weiter einzugehen. Sie werden sich ja mit unserer Bereitwilligkeitserklärung, später noch in spezielle Verhandlungen einzutreten, befriedigt erklären können.

Das eine möchte ich noch hervorheben, meine Herren, wenn hier im § 52 gesagt ist „Taxe", dann meint das Gesetz nicht etwa eine Taxe in dem Sinne der jetzt üblichen Feuerversicherungsvortaxen, sondern das Gesetz versteht darunter nur die Verabredung beider Parteien über einen festen Versicherungswert. Offenbar ist der Ausdruck „Taxe" in das Gesetz nur hineingekommen, weil man bei der Transportversicherung bei der Vereinbarung eines festen Versicherungswertes die Police eine taxierte Police nennt.

Das nur zur Aufklärung des Ausdruckes „Taxe". Sie finden in unserer Denkschrift zu § 86, soweit ich mich erinnere — (nachsehend) — ja, zu § 86 noch einige nähere Ausführungen darüber.

Vorsitzender: Meine Herren, die Diskussion ist geschlossen. Wir kommen zu § 53.

Regierungsrat Dr. **Leidig**-Berlin: Meine Herren, bei § 53 muß ich zunächst bekennen, daß ich mich bei der Redaktion dieses Beschlusses einer kleinen Fälschung schuldig gemacht habe. Ich nehme aber an, daß Sie mir auch die Milderungsgründe des Gesetzes, nämlich, daß diese Fälschung ohne Verschulden vorgenommen ist, zuerkennen.

(Heiterkeit.)

Gestern ist nämlich zu § 53 ein Beschluß gefaßt worden, daß der § 53 so gefaßt werden sollte: „Wird ein Versicherungsinteresse gleichzeitig oder später gegen dieselbe Gefahr versichert." Meine Herren, als ich nachher den Paragraphen durchlas, um den Beschluß zu formulieren, war es ohne weiteres klar, daß wir uns eines Versehens schuldig gemacht hatten, denn auch die ganze Diskussion hatte sich um ganz etwas anderes gedreht. Dieses Wort „gleichzeitig" kann nicht in den § 53 hineingefügt werden, der sich in seinen ganzen übrigen Bestimmungen auf mehrere Versicherungen bezieht, von denen die eine später ist, wie die andere. Die Diskussion drehte sich aber darum, daß man die Auffassung vertrat: es ist doch wünschenswert für die vielfachen Fälle, in denen ein Versicherungsrisiko gleichzeitig bei verschiedenen Versicherungsgesellschaften versichert wird, auch Bestimmungen in das Gesetz hineinzubringen.

Man könnte dem ja gegenüberhalten, daß an sich jede Versicherung selbständig nebeneinander läuft, daß deshalb solche Bestimmungen nicht getroffen zu werden brauchen. Aber ich glaube mich nicht zu täuschen in der Annahme, daß man gerade auch vom Standpunkt der Herren Vertreter der Feuerversicherungsgesellschaften immer die Auffassung vertreten wird und vielleicht auch hier gleich nachher vertreten wird, daß derartige mehrfache Versicherungen doch nicht selbständig nebeneinander gehen, sondern miteinander in Verbindung treten, namentlich bei der Schadenregulierung, und deshalb hielt man es gestern für notwendig, derartige Bestimmungen für mehrere Versicherungen, die, ohne daß Ueberversicherung vorliegt, für dasselbe Risiko getroffen werden, in das Gesetz aufzunehmen.

Vorsitzender: Ich eröffne die Diskussion — und schließe dieselbe. — Wir fahren fort.

Regierungsrat Dr. **Leidig**-Berlin: Meine Herren, es ist gestern die Ansicht ausgesprochen worden und auch zum Beschluß erhoben worden*), daß doch das Interesse des Versicherten es erfordere, im Laufe der Versicherung vielleicht noch eine andere Versicherung zu nehmen, und daß es nicht richtig sein würde, wenn von vornherein dem Versicherten auferlegt wird, eine derartige andere Versicherung nicht nehmen zu können. Im Laufe der Erörterung ist von einer Seite hervorgehoben worden, daß man wohl ein Interesse der Versicherungsgesellschaften anerkennen könne, daß mit einem bestimmten Teil des Risikos überhaupt nicht versichert werden solle, daß dieser Teil also unter Selbstversicherung stehen müsse, daß aber, insofern man anerkenne, daß das ganze Risiko versichert werden darf oder daß etwa Nachversicherung genommen werden darf bei Erhöhung des Risikos, ein Interesse der Versicherungsgesellschaften dahin nicht anzuerkennen sei, dann dem betreffenden Versicherer Vorschriften zu machen, daß er nun bloß bei diesen oder bei bestimmten anderen Gesellschaften versichern dürfe und aus diesem Gesichtspunkt heraus ist dieser Beschluß gefaßt worden.

Vorsitzender: Ich eröffne die Diskussion.

Generaldirektor **Batke**-Magdeburg: Meine Herren, ich möchte darauf aufmerksam machen, daß der Feuerversicherer, der pro rata auf dasselbe Objekt mit anderen Gesellschaften versichert, doch wohl ein lebhaftes Interesse daran hat, mit wem er zusammen auf dasselbe Objekt versichert.

---

*) **Beschluß der Kommission:**

§ 58. **Diese Vorschrift soll folgenden Zusatz erhalten:**

„**Eine Vereinbarung, wonach der Versicherer das Recht hat, vom Vertrage zurückzutreten, sobald ein Interesse anteilig bei einem anderen Versicherer versichert wird, ist, abgesehen von den Fällen einer betrügerischen Doppelversicherung (§ 54 Absatz 3) ungültig.**“

Ich will weniger betonen, daß vielleicht die Versicherungsgesellschaft, mit der man nicht zusammen pro rata zeichnen möchte, eine arge Konkurrenz sein könnte, die man nicht aufkommen lassen will. Ich will auch nicht betonen, daß die wirtschaftliche Lage der Versicherungsgesellschaft eine derartige sein könnte, daß man nicht gern mit ihr zusammen zeichnet. Meine Herren, eins muß ich aber betonen, und das ist: Die Versicherungsgesellschaften haben nicht alle gleiche Versicherungsbedingungen, sie werden sie auch künftig nicht haben, namentlich Gegenseitigkeitsanstalten werden auch künftig, wenn das neue Gesetz da ist, häufig Bedingungen haben, die bezüglich der Schadenfeststellung ganz abweichend sind von den Bedingungen, wie sie beispielsweise die Aktiengesellschaften haben werden. Das liegt in der Natur der Sache. Daher können die Verhältnisse sehr wohl einmal so liegen, daß es im Interesse der Versicherungsgesellschaften sowohl wie auch im Interesse des Versicherten selbst liegt, daß zwischen Gesellschaften eine Gemeinschafts-Versicherung nicht zu stande kommt.

Meine Herren, es kann auch dem Versicherten nicht wünschenswert sein, in Schadenfällen zwei Schadenfeststellungen nebeneinander laufen zu haben, die nach ganz verschiedenen Grundsätzen stattfinden. Es kann bei der pro rata-Versicherung nur das Interesse des Versicherten sein, daß sämtliche beteiligten Gesellschaften bei der Regulierung so verfahren, als ob eine Gesellschaft der Versicherer ist.

Meine Herren, wir müssen unsererseits daran festhalten, zu erkären, daß es uns freistehen muß, ob wir bei pro rata-Versicherung mit einer Gesellschaft zusammenzeichnen wollen oder nicht. Das gilt sowohl für den Fall, daß bei Neuabschluß gleichzeitig mehrere Gesellschaften beteiligt werden sollen, als auch für den Fall, daß bei bestehender Versicherung eine Gesellschaft mit einer pro rata-Beteiligung hinzutreten soll. Wir müssen uns das Ablehnungsrecht vorbehalten.

Eins will ich gern zugeben, meine Herren: der heutige Rechtszustand, wie er sich nach den Versicherungsbedingungen darstellt — die Mitbeteiligung der Gesellschaft X. wird abgelehnt und die Entschädigungspflicht ruht — läßt sich nicht aufrecht erhalten. Es muß die Möglichkeit gegeben werden, im Ablehnungsfalle den Vertrag aufzulösen, aber das Ablehnungsrecht muß dem Versicherer bleiben. Wir können uns keinem gesetzlichen Zwang unterwerfen, mit einer Gesellschaft, die uns nicht konveniert, vor einen Wagen gespannt zu werden.

Direktor Dr. **von Geyer**-Stuttgart: Ich möchte mir nur erlauben, zur Klärung der Sache noch eine Frage an den Herrn Referenten zu stellen. Es heißt hier: eine Vereinbarung, wonach der

Versicherer das Recht hat, „zurückzutreten" u. s. w., ist ungültig. Nun unterscheidet bekanntlich das Gesetz zwischen Rücktrittsrecht und Kündigungsrecht. Ich möchte nun fragen, ob hier nur ein Rücktrittsrecht, das heißt ein sofortiges Aufheben des Vertrages, ausgeschlossen werden soll, oder ob auch die Möglichkeit, etwa unter Beobachtung einer angemessenen Frist das Vertragsverhältnis zu kündigen, ausgeschlossen werden soll.

Regierungsrat Dr. **Leidig**-Berlin: Ja, ich vermag darüber allerdings keine Auskunft zu geben. Der Antrag ist so aufgenommen worden, wie er von dem betreffenden Antragsteller gestellt ist, und es hat hierauf die Diskussion sich nicht gerichtet.

(Vorsitzender: Der Antragsteller ist nicht mehr da.)

Herr Ditges hat den Antrag gestellt, soviel ich weiß. Ich nehme aber an, wenn ich mich in die Auffassung des Herrn Antragstellers hineindenke, daß der Herr Antragsteller allerdings wünscht, daß den Versicherungsgesellschaften überhaupt keine Möglichkeit gegeben werden soll, von dem Vertrage sich deshalb loszulösen, weil das Versicherungsobjekt bei einer anderen Versicherungsgesellschaft versichert wird. Ich möchte dies um so mehr annehmen, wenn ich mir die Entstehung des Antrages klarmache, nachdem sich ja die Verhältnisse wohl so entwickelt haben, wie ich sie dargestellt habe.

Generalsekretär **Ditges**-Berlin: Meine Herren, wenn mich etwas veranlaßt, den Antrag in jedem Falle aufrecht zu erhalten, so sind es die Ausführungen, die der Herr Vertreter der Feuerversicherungsgesellschaften eben gemacht hat.

Herr Generaldirektor Vatke hat sich hier zunächst auf den Standpunkt des Versicherten gestellt. Meine Herren, ich glaube, der Umstand, daß der Versicherte selbst sein Interesse verletzt, ist doch kein Grund, einen Vertrag mit ihm aufzulösen. Wenn der Versicherte sein Interesse selbst durch Hinzuziehung einer bisher nicht beteiligten Gesellschaft schädigt, so können ihm die Herren Vertreter der beteiligten Gesellschaften Vorhaltungen machen, sie können sagen: Du bringst Dich dadurch in Unannehmlichkeiten, diese Gesellschaft hat andere Regulierungsbedingungen, andere Schadenfeststellungsbedingungen wie wir, und wir möchten Dir deswegen den Vorschlag machen, von der Beteiligung dieser Gesellschaft abzusehen. Aber das ist doch kein Grund, zu erklären, daß dem Versicherten ein für alle Mal überhaupt das Recht genommen wird, eine neue Gesellschaft heranzuziehen, die vielleicht den bisher beteiligten Feuerversicherungsgesellschaften nicht genehm ist.

Meine Herren, es ist ja am besten, man spricht ganz offen aus, wodurch sich eine solche Bestimmung rechtfertigt. Es ist uns ein Fall mitgeteilt worden, wonach von den bisher beteiligten Gesellschaften, die dem Kartell der Feuerversicherungsgesellschaften angehören, die Beteiligung einer anderen Gesellschaft abgelehnt worden ist, die sich den Kartellbestimmungen nicht unterworfen hat. Herr Generaldirektor Batke hat ja in der Einleitung seiner Erwiderung bereits hervorgehoben, daß unter Umständen Gründe der Konkurrenz maßgebend sein können. Meine Herren, ich sage, sie können nicht nur maßgebend sein, sie sind schon maßgebend gewesen, und sie sind namentlich in dem Leipziger Falle, den ich im Auge habe, maßgebend gewesen, als eine Gesellschaft abgelehnt worden ist, die sich nicht an die Bedingungen des Syndikats der Feuerversicherungsgesellschaften halten wollte.

Meine Herren, wir haben keinen Grund — ich habe das immer betont von Anfang an, seitdem wir die Feuerversicherungsfrage behandelt haben — uns gegen das Syndikat zu wenden. Wir erkennen die Syndikatsbildung bei den Feuerversicherungsgesellschaften als ebenso berechtigt an, wie in jeder anderen Industrie. Aber wir haben auch vom Standpunkt der Versicherten aus erst recht keinen Grund, nun die Konkurrenz gegen das Syndikat nicht hochkommen zu lassen, und es wäre ein Selbstmord, möchte ich sagen, wenn man hierzu die Hand böte. Es handelt sich jetzt darum, die Gelegenheit, die uns das Gesetz bietet, auch zu benutzen, um einen Schritt, der bisher schon mit Erfolg von den Tarifgesellschaften gegen die Konkurrenz getan worden ist, auszuschließen.

Das ist der Grund für meinen Antrag gewesen, und, meine Herren, ich glaube, wenn Sie sich die Worte der Herren Redner überlegen, so geht auch aus ihnen hervor, daß es den Gesellschaften darauf ankommt, mißliebige Gesellschaften auszuschließen; das möchten wir verhindern.

Direktor **Harbers**-Frankfurt a. M.: Meine Herren, es ist hier gefragt worden von einer Seite, weshalb es nicht zulässig sein sollte, wenn Gegenstände bei der einen Gesellschaft versichert sind, daß der Versicherte andere Sachen bei einer anderen Gesellschaft versichert. Ich möchte vor allen Dingen darauf hinweisen, daß es sich dabei in der Regel nicht um andere Gegenstände, sondern um dieselben Gegenstände handelt, die schon bei der ersten Gesellschaft versichert worden sind. Sowie es sich um eine Gattung von Gegenständen handelt, bezieht sich immer die Versicherung auf die ganze Gattung und nicht auf die einzelnen Gegenstände. Ich will einmal sagen, ein Fabrikant hat Maschinen versichert; er schafft sich mehr Maschinen an und will nun diese Maschinen bei einer anderen Gesellschaft versichern. Das ist ohne weiteres möglich, wenn er die Maschinen genau bezeichnet, und wenn durch Merkmale gekennzeichnet ist: diese sind dort versichert bei der Gesellschaft, die anderen Maschinen bei der anderen Gesellschaft. Dieser Fall steht hier überhaupt nicht zur Erwägung. Aber so liegt der Fall durchweg nicht, und so geht der Fabrikant tatsächlich nicht vor. Die Maschinen werden vielmehr als Ganzes versichert mit einer Summe, und dann heißt es: an dieser Maschinenversicherung mit der und der Summe sind beteiligt die Gesellschaft, mit der ich zuerst den Vertrag abgeschlossen habe, und die Gesellschaft, mit der ich einen neuen Vertrag abschließe, und zwar mit der und der Quote. Es fragt sich also, ob die Versicherungsgesellschaften ein berechtigtes Interesse haben, über die Neuversicherung gehört zu werden, ob sie in der Lage sein müssen, wenn sie mit einer anderen Gesellschaft über dieselben Objekte einen Vertrag haben sollen, daß sie sich entscheiden, ob es ihnen recht ist, mit der Gesellschaft gemeinschaftlich eine pro rata-Versicherung zu haben.

Liegt ein solches Interesse vor? Meine Herren, ich glaube, das können Sie nicht leugnen. Es können Fälle vorliegen, wo eine Versicherungsgesellschaft sich sagen muß: Es ergeben sich Bedenken, im Schadenfalle das Geschäft zusammen mit der Gesellschaft zu haben, es werden sich solche Schwierigkeiten und Differenzen ergeben, daß man lieber ein solches Geschäft nicht macht. Wir können und wollen den Versicherten nicht hindern, etwa zur Konkurrenz zu gehen, aber wir brauchen doch die Konkurrenz nicht ohne weiteres in unseren Vertrag aufzunehmen. Nach der Bestimmung in den Allgemeinen Versicherungsbedingungen ruht die Entschädigungspflicht, wenn der Versicherte ohne Genehmigung des Versicherers auf dieselben Gegenstände – dieselbe Gattung — anderweit Versicherung nimmt, er muß sich also vorher mit dem Versicherer ins Einvernehmen setzen. Im Gesetzentwurf soll die Sache so geregelt werden, daß den Versicherten Rechtsfolgen wegen unterlassener Mitteilung der anderweiten Versicherung nicht treffen, wenn er ohne Verschulden ist.

Es ist hier nicht direkt ausgesprochen, aber nachdem was Herr Ditges gesagt hat, ist es klar, um was es sich handelt in dem Falle, den er genannt hat. Da handelt es sich um die Versicherung der Genossenschaft der Buchdrucker, und, meine Herren, daß wir mit der nicht gemeinschaftlich zeichnen, die mit der Tendenz begründet ist, uns das Geschäft in der Buchdruckerei wegzunehmen, die unter Angriffen gegen die Versicherungsgesellschaften gegründet ist, mit der wir im Falle einer Schadensregulierung schwerlich zu einer Einigung kommen würden — ich will nicht davon sprechen, ich will nicht untersuchen, inwieweit ein solches Unternehmen auf die Dauer leistungsfähig ist, das ist seine Sache und Sache der Versicherten, obgleich wir im Schadenfall und im Falle der Doppelversicherung genötigt sind, in sehr enge Beziehungen zu allen mitbeteiligten Gesellschaften zu treten —, aber daß wir mit der nicht zeichnen — da mögen Sie nun anderer Ansicht sein —, sollte unseres Erachtens nicht auffallend erscheinen. Das tun wir unter keinen Umständen. Also wir wollen dem Versicherten nicht das Recht nehmen, zu einer Konkurrenzgesellschaft zu gehen; aber wir sagen: wir müssen während des bei uns laufenden Vertrages das Recht haben, nicht mit jemand zusammen über dieselben Gegenstände ein Geschäft machen zu müssen, mit dem wir nach unserer Ueberzeugung richtiger nicht zusammengehen.

Generaldirektor **Batke**-Magdeburg: Auch meinerseits, meine Herren, möchte ich nochmals betonen, daß es sich nur darum handelt, unser Recht, die Gemeinschaftszeichnung mit einer x-beliebigen Gesellschaft auf dasselbe Objekt abzulehnen, aufrecht zu erhalten. Haben wir dagegen das eine Objekt, z. B. die Maschinen, versichert, und der Versicherte will ein anderes Objekt, z. B. die Gebäude, bei der Gesellschaft X. versichern, so steht ihm das vollkommen frei.

Nachdem davon gesprochen ist, daß wir unser Ablehnungsrecht nur behalten wollten, um Konkurrenzanstalten, die uns mißliebig seien, nicht aufkommen zu lassen, so möchte ich zur Klarstellung sagen: gewiß, es gibt Gründungen, die wir bekämpfen müssen, auch mit dem Ablehnungsrechte bekämpfen müssen, wenn der Fall darnach angetan ist. Es sind dies die Gründungen mit der ausgesprochenen Tendenz, das Versicherungspublikum von den gegenwärtig bestehenden Versicherungsgesellschaften zu emanzipieren. Man will die gesamte bestehende Privatassekuranz überflüssig machen, also vernichten. Da man das aber nicht mit einem Schlage machen kann, weil man erst selber langsam erstarken muß, so verlangt man von uns die Mitzeichnung. Wir sollen einem Gegner, der uns ausrotten will, dazu helfen, Beteiligungen an großen Risiken zu erlangen, die ihm verschlossen sind, wenn wir im Interesse unserer Selbsterhaltung die Gemeinschaftszeichnung ablehnen. Wir sollen gezwungen werden, meine Herren, ich betone immer und immer wieder: pro rata auf dasselbe Objekt mit einer Anstalt zu zeichnen, die von vornherein in ihrer ganzen Tendenz nur sich auftut, um uns niederzulegen. Meine Herren, das ist zu viel verlangt, und es kommt noch hinzu, daß es auch praktisch verkehrt ist. Selbst wenn wir eine solche Anstalt zulassen wollten, wenn wir über die eben von mir geäußerten Bedenken hinweggehen wollten, so müßten wir doch immer verlangen, daß die Anstalt mit uns genau zu denselben Versicherungsbedingungen, namentlich zu denselben Schadenregulierungsbedingungen zeichnet. Es wäre aber ganz zwecklos, ein solches Verlangen zu stellen, denn die Anstalt muß ja doch ihre Sondereinrichtungen und Bedingungen aufrecht erhalten, da diese ja angeblich viel günstiger sind als die unsrigen. Also es hat gar keinen Zweck, überhaupt darüber zu verhandeln, unter welchen Bedingungen etwa eine Gemeinschaftszeichnung stattfinden könne. Wir erklären daher von vornherein der Anstalt: Es tut uns sehr leid, vermöge der ganz andersartigen Bedingungen können wir pro rata mit Ihnen nicht zeichnen.

Ich kann nur erklären, daß es mir unfaßbar erscheint, daß der Gesetzgeber daran denken sollte, uns zu zwingen, in eine Gemeinschaftsversicherung, die wir bilden, jemand aufzunehmen, der es sich zur Aufgabe gestellt hat, die bestehende Privatassekuranz und damit auch uns zu vernichten.

Reichstagsabgeordneter Dr. **Beumer**-Düsseldorf: Meine Herren, ich glaube, wenn die Industrie den Feuerversicherungsgesellschaften einen derartigen Zwang zumutet — wenn ich nicht irre, ist das schon gestern ausgesprochen — dann tut sie etwas, was nur im sozialistischen Staate möglich ist.

(Sehr richtig!)

Wenden Sie diesen Grundsatz auf die sonstigen freien Geschäfte in der Industrie oder auf die in der Industrie bestehenden Syndikate an, muten Sie also beispielsweise dem Papiersyndikat oder dem Kohlensyndikat zu, ein gemeinsames Zwangsgeschäft mit einer ihr unsolide erscheinenden Firma zu machen, die sonst das Syndikat in der entschiedensten Weise bekämpft, oder muten Sie einer freien Firma zu, ein solches Zwangsgeschäft zu machen pro rata der Beteiligung, dann wird jeder Industrielle das für einen unerhörten Zwang ansehen. Den Erwerbsgesellschaften der Versicherungsbranche eine solche Zumutung zu stellen, halte ich deshalb, wie gesagt, so lange wir keinen sozialistischen Staat haben, für ganz und gar unmöglich, wenn man nicht die Freiheit unserer industriellen Entwickelung und die Freiheit unseres Erwerbslebens untergraben will.

Regierungsrat Dr. **Leidig**-Berlin: Meine Herren, die Erörterung ist ja gestern immer ausgegangen von den gegenwärtigen Verhältnissen und von dem Zustande, daß wir auf der einen Seite das Kartell der Feuerversicherungen haben, und daß es sich dann eventuell um Outsiders handelt. Ich halte mich für verpflichtet, darauf hinzuweisen, daß gestern bei den verschiedenen anderen Paragraphen des Gesetzentwurfes allerdings auch die Neigung bestand, auf die augenblicklichen Verhältnisse einzugehen, und daß eine Reihe von Anträgen gestellt wurde unter ausdrücklicher Bezugnahme auf die gegenwärtigen Verhältnisse, und daß es mir da, ich möchte sagen, gelungen ist, die Herren davon zu überzeugen, daß bei einem Gesetzentwurf doch nicht auf die augenblicklichen Verhältnisse, die ja vielleicht längere Zeit dauern, die sich aber auch wieder auflösen und ändern können, Bezug genommen werden kann, und das hat die gestrige Versammlung auch anerkannt. Deshalb, glaube ich, bin ich verpflichtet, hier darauf aufmerksam zu machen, daß es sich ja bei der Festsetzung dieser Bestimmungen nicht nur um die augenblicklichen Verhältnisse handelt, sondern daß auch in Betracht gezogen werden muß derjenige Zustand, in dem die verschiedenen Feuerversicherungsgesellschaften wieder in freier Konkurrenz mit einander arbeiten, wo sie also mit einander befreundet sind, aber doch gegenseitig Konkurrenten sind, und da würden sich ja vielleicht einzelne der Bedenken für diesen Fall — der ja, wie gesagt, augenblicklich nicht vorliegt — gegen den Beschluß, der gestern gefaßt ist, auch auf seiten der Feuerversicherungsgesellschaften vermindern.

Generalsekretär **Schlüter**-Berlin: Meine Herren, der Antrag des Herrn Generalsekretärs Ditges entspricht unzweifelhaft einem wesentlichen Bedürfnis, oder wenigstens einem lebhaften und wohl begründeten Wunsche der Industrie, und ich glaube deshalb, daß die Herren Vertreter der Feuerversicherungsgesellschaften nicht so ohne weiteres darüber hinweggehen können. Der Standpunkt, den die Herren bisher eingenommen haben, ist ja unzweifelhaft aus mancherlei ungünstigen Erfahrungen der Vergangenheit entstanden. Aus diesen Erfahrungen heraus kann man ihn durchaus verstehen und billigen.

Ich möchte mir aber nun, um die Sache vollständig zu klären, die Anfrage erlauben, ob bei der Stellungnahme seitens der Versicherungsgesellschaften gebührend berücksichtigt ist, daß wir doch jetzt ein Reichs-Privatversicherungsamt haben, und daß ein unlauterer Wettbewerb, wenn ich mich so ausdrücken darf, seitens gewisser Gesellschaften wohl von dem Versicherungsamt ohne weiteres unterbunden werden kann und wird.

Ich meine, wenn durch das Privatversicherungsamt die Aufsichtsbestimmungen derartig streng gehandhabt werden, daß ein unlauterer Wettbewerb nicht aufkommen kann in diesem Sinne, dann fällt auch der wesentlichste Grund weg, der augenblicklich gegen den Wunsch des Herrn Ditges geäußert wird.

Oberbürgermeister a. D., Generaldirektor **Brüning**-Gotha: Meine Herren, der einzige derartige Fall, der mir aus meiner Dienstzeit bekannt geworden ist — und mir ist auch kein gleicher Fall bekannt geworden aus der früheren Zeit vor meinem Eintritt in Gotha — ist der Fall mit der Buchdruckergenossenschaft, und ich kann Ihnen die Erklärung geben, daß alle Beschwerden der Buchdruckergenossenschaft bei der Königlichen Sächsischen Regierung und bei dem Kaiserlichen Aufsichtsamt für Privatversicherung zurückgewiesen worden sind,

(hört, hört!)

und zwar wesentlich deshalb, weil sie die Stellung, in die sie gekommen war, nur selbst verschuldet hat. Sie hat nur selbst verschuldet, daß die anderen Versicherungsgesellschaften erklärt haben: wir versichern mit der Buchdruckergenossenschaft nicht.

Nun frage ich Sie aber, meine Herren, wenn eine solche Bestimmung, wie Sie sie hier vorgeschlagen haben, Gesetz würde und bei einer Versicherung, wo drei Gesellschaften beteiligt sind, diese drei Gesellschaften gezwungen werden würden, die Buchdruckergenossenschaft in die Versicherung hineinzulassen — gezwungen würden auf Grund dieser Bestimmung —, glauben Sie denn, daß, wenn nun die Versicherung übers Jahr abgelaufen ist, eine von den Gesellschaften, die gegen ihren Willen mit der Buchdruckergenossenschaft zusammengekoppelt sind, oder eine befreundete Gesellschaft sich bereit finden würde, überhaupt noch den betreffenden Buchdrucker wieder zu versichern? Meiner Ueberzeugung nach nicht, und deshalb ist es nach meiner Ueberzeugung gerade für die Versicherten gefährlich, solche Bestimmungen zu treffen.

(Sehr richtig!)

Direktor **Harbers**-Frankfurt a. M.: Meine Herren, ich möchte noch das eine bemerken, veranlaßt durch die Ansicht der Herren, die sagten, wir könnten uns die Sache noch einmal überlegen. Ich glaube, Herr Schlüter sagte und der Herr Referent wies darauf hin, daß doch die Verhältnisse anders liegen könnten, wie jetzt, daß doch wieder freie Konkurrenz kommen könnte, daß dann die Sache für uns nicht die Bedeutung habe. Bezüglich dieser Ausführungen kann ich mich dem anschließen, was Herr Generalsekretär Beumer ausgeführt hat, und, meine Herren, ich frage Sie: würden Sie sich in einen solchen Zwang begeben als Industrielle, ist es überhaupt möglich, daß jemand von Staatswegen gezwungen wird mit einem anderen zusammen ein Geschäft zu machen. Meine Herren, grundsätzlich wird sich die Versicherungsgesellschaft dem niemals unterwerfen, daß sie gezwungen werden soll, mit jemand zusammen ein Geschäft zu machen, wenn sie der Ueberzeugung ist, daß sie ein solches Geschäft mit einem Kompagnon zusammen nicht machen soll; sich einen Kompagnon zu nehmen, der ihr nicht paßt, das wird von einer Versicherungsgesellschaft meines Erachtens nicht verlangt werden können.

Generalsekretär **Ditges**-Berlin: Meine Herren, ich bedauere das Wort vom sozialistischen Staate, das hier gefallen ist. Ich glaube, wenn man irgend jemandem keine sozialistischen Neigungen nachsagen kann, so bin ich es, und wenn ich, meine Herren, mit Bezug auf die Feuerversicherung auf einem etwas anderen Standpunkt stehe, und meiner Ansicht nach auf einem Standpunkt, der mehr dem Interesse der Industrie entspricht, als der des Herrn Dr. **Beumer**, so ist das noch kein Grund, mich mit einem solchen Schlagwort zu bedenken. Im übrigen, meine Herren, bedauere ich, daß der Name der betreffenden Gesellschaft hier genannt worden ist. Ich habe den Namen nicht ausgesprochen.

(Zuruf: „Leipzig" haben Sie gesagt!)

Ich habe Leipzig gesagt, daraus geht aber noch lange nichts hervor. Außerdem gebe ich gerne zu, daß vielleicht in diesem Falle ein Grund vorlag, nicht mit der außenstehenden Gesellschaft zusammen zu arbeiten. Das hätten die Herren von der Feuerversicherung aber auch vermeiden können, wenn eine Bestimmung vorlag, wie sie mein Antrag bezweckt. Wenn eine Gesellschaft, mit der ein Zusammenarbeiten Ihnen zugemutet wird, nicht auf soliden Grundsätzen steht, wenn sie so geartet ist, daß die Staatsregierung Ihnen mit Ihrer Weigerung des Zusammenarbeitens nachher vollständig recht gibt, so würde sie Ihnen auch recht gegeben haben, wenn eine Bestimmung, wie mein Antrag sie vorschlägt, existiert hätte. Denn mit einer Gesellschaft zusammen zu arbeiten, die unsolide ist —

(Direktor **Harbers**: Das haben wir gar nicht behauptet!)

das ist wohl behauptet worden, es ist über die Fundierung der Gesellschaft gesprochen worden — das wird Ihnen niemand zumuten, auch wenn Sie gesetzlich verhindert sind, die Beteiligung in anderen Fällen abzulehnen. Also ich glaube, daß an dem gegenwärtigen Standpunkte die Bestimmung, die hier vorgeschlagen ist und die der Centralverband gestern pure akzeptiert hat, in dieser Beziehung an dem gegenwärtigen Zustande nichts ändern würde.

Im übrigen, meine Herren, freue ich mich doch insofern, daß diese Sache hier zur Sprache gekommen ist, weil Sie ja selbst gesagt haben, daß Sie, im Falle Ihnen jemand die Zumutung stellt, mit einer Ihnen nicht passenden Gesellschaft zusammen zu arbeiten, die Entschädigungspflicht ruhen lassen. Ich sehe bis jetzt noch keine Bestimmung im Gesetzentwurf, wonach das in Zukunft ausgeschlossen wäre. Sie würden ohne unseren Antrag meiner Ansicht nach in Ihre Verträge ebensogut diese Bestimmung aufnehmen können, wie Sie sie bisher gehabt haben; denn es ist im Entwurf nirgends ausgeschlossen, daß Sie diese Vereinbarung, die Sie bisher gehabt haben, wieder treffen können. Also deshalb schon ist es sehr gut, daß diese Frage hier zur Besprechung gekommen ist, und Sie haben eben auch von anderer Seite gehört, daß man der Ansicht ist, daß eine solche Bestimmung notwendig ist, um nicht von vornherein jede Konkurrenz tot zu machen.

Den Ausführungen des Herrn Dr. Beumer gegenüber möchte ich nun folgendes ausführen: Vergessen Sie nicht, meine Herren, daß die Feuerversicherungsgesellschaften vom allgemeinen sozialen Standpunkt aus betrachtet doch noch anders dastehen, wie andere gewerbliche Unternehmungen. Die Feuerversicherung ist ein ganz eminent soziales Gewerbe und bei ihr ist in viel höherem Maße als bei irgend einer Industrie oder einem anderen Erwerbszweige — Herr Dr. Beumer hebt mit Vorliebe die Eigenschaft der Feuerversicherungsgesellschaften als Erwerbsgesellschaften hervor — die Allgemeinheit und das allgemeine Interesse beteiligt. Und dieses allgemeine Interesse an der Schaffung von Versicherungsmöglichkeiten ist auf anderen Gebieten so weit gegangen, daß der Staat selbst die Versicherung in die Hand genommen hat. Ich stehe nicht an, zu erklären, meine Herren, daß ich es für bedenklich halten würde, wenn das bei der Feuerversicherung der Fall wäre. Aber, meine Herren, wer große Rechte hat — ich brauche Ihnen das ja eigentlich nicht zu sagen, ich halte mich aber doch für verpflichtet, es zu meiner Rechtfertigung hier zu betonen — wer große Rechte hat, hat auch große Pflichten, und deshalb können wir darauf bestehen, daß die Feuerversicherungsgesellschaften den Versicherten gegenüber etwas anders auftreten, wie das irgend eine andere Erwerbsgesellschaft tut. Deshalb glauben wir auch berechtigt zu sein, eine Bestimmung zu beantragen, durch die der Erfolg erzielt wird, daß die Konkurrenz nicht unmöglich gemacht wird.

Dr. **Johannes**-Köln: Meine Herren, so unzweifelhaft es richtig ist, die ganze Frage der Feuerversicherung vom sozialen Gesichtspunkt aus zu betrachten, so sehr müssen wir uns doch meiner Meinung nach hüten, irgendwie aus sozialistischem Geist kommende Fesseln ihr anlegen zu wollen. Der Paragraph, den wir hier behandeln, würde nach meiner Ueberzeugung einen schweren Eingriff in die Vertragsfreiheit bedingen und hat darum, meine Herren — ob Sie das peinlich empfinden oder nicht — in der Tat einen sozialistischen Beigeschmack.

Weiter, meine Herren, möchte ich Ihnen zu bedenken geben, daß wir mit einem solchen Paragraphen die ganze Frage des Kartellwesens überhaupt in einer bösen Weise vorher anschneiden und festlegen würden. (Sehr wahr!)

Sie würden, wenn Sie diesen Paragraphen aufnehmen, allen Gegnern des Kartellwesens eine gefährliche Waffe in die Hand geben. Aus dem Grunde möchte ich Sie doch warnen, diesen Paragraphen aufzunehmen und diesem Gedanken auch vorläufig weiter nachzugehen, bevor Sie nicht erwogen haben, inwieweit Sie mit diesem Paragraphen den Ast absägen, auf dem alle Kartelle überhaupt sitzen.

Vorsitzender: Die Diskussion ist geschlossen.

Reichstagsabgeordneter Dr. **Beumer**-Düsseldorf (zur persönlichen Bemerkung): Meine Herren, ich habe nicht gesagt, daß Herr Generalsekretär Ditges auf den sozialistischen Staat zusteure, sondern ich habe gesagt, die Durchführung eines solchen Antrags sei nur in einem sozialistischen Staate möglich. Ich habe dabei auch die Person des Herrn Generalsekretärs Ditges in keiner Weise erwähnt.

Wenn letzterer ferner gesagt hat, ich betone in einseitiger Weise den Erwerbscharakter der Feuerversicherungsgesellschaften, so ist auch das nicht richtig. Denn ich bin sehr wohl von der sozialen Seite der Feuerversicherung überzeugt. Ich habe nur gesagt, daß die Feuerversicherungsgesellschaften auch Erwerbsgesellschaften sind, die man eben deshalb, soweit sie solid bleiben wollen, nicht zwingen kann, unter Umständen mit unrentablen und unsoliden Gesellschaften pro rata einen Beteiligungsvertrag abzuschließen. Im übrigen, weil die Feuerversicherungsgesellschaften auch Erwerbsgesellschaften sind, wünsche ich nicht, daß sie nach dem Grundsatz behandelt werden: Wasch' mir den Pelz, ohne ihn naß zu machen, aber andern Leuten kannst du den Pelz so naß machen wie möglich. Das wünsche ich für die Feuerversicherung nicht.

Direktor **Harbers**-Frankfurt a. M. (zur persönlichen Bemerkung): Ich darf wohl annehmen, daß Herr Ditges, als er vorhin die Bemerkung machte von der Unsolidität der Gesellschaft, mich gemeint hat, als wenn ich darüber etwas gesagt hätte. Ich bemerke dazu, daß ich ausdrücklich erklärt habe, ich will über die Leistungsfähigkeit der Versicherung der Buchdruckergenossenschaft gar nichts sagen.

Generalsekretär **Ditges**-Berlin (zur persönlichen Bemerkung): Wenn ich darauf in einer persönlichen Bemerkung antworten darf, so bitte ich nur, das Stenogramm zu vergleichen, auf das ich mich beziehe.

Vorsitzender: Meine Herren, wir kommen nun zu § 57a.

Regierungsrat Dr. **Leidig**-Berlin: Meine Herren, nach dem Beschluß, der gestern gefaßt worden ist, soll der Versicherungsnehmer im Versicherungsfall berechtigt sein, sich bei Verhandlungen mit den Versicherern durch Bevollmächtigte vertreten zu lassen. Das ist ja an sich bereits durch das Bürgerliche Gesetzbuch bestimmt, denn jeder hat das Recht, sich nach dem heutigen Rechtszustand durch einen andern vertreten zu lassen. Bedeutung hat also dieser Beschluß nur wegen des Schlußsatzes. In den allgemeinen Bedingungen, die jetzt vorliegen, schließen ja die Feuerversicherungsgesellschaften zum Teil die Möglichkeit aus, sich durch einen andern bei den Verhandlungen über den Versicherungsfall vertreten zu lassen; und infolgedessen ist hier die Bestimmung gestern beschlossen worden:

„Diese Befugnis des Versicherungsnehmers soll vertraglich nicht ausgeschlossen werden können."

Das wendet sich also gegen die betreffende Bestimmung der allgemeinen Bedingungen von 1886.

Oberbürgermeister a. D. Generaldirektor **Brüning**-Gotha: Tatsächlich ist, trotzdem diese Bestimmung in den allgemeinen Versicherungsbestimmungen steht — sie ist übrigens nicht glücklich gefaßt — niemals den Versicherten verweigert worden, sich durch einen rite Bevollmächtigten bei der Schadensregulierung vertreten zu lassen. Dagegen haben wir es möglichst zu verhindern gesucht, daß solche Leute, die ein Gewerbe daraus machen, in Schadenfällen für den Versicherten sich in die Regulierung hineinmischen. Alle Gesellschaften haben jeden rite Bevollmächtigten zugelassen. Das ist überall so gehandhabt worden, und es ist ja auch nach dem Bürgerlichen Gesetzbuch zulässig. Einer Bestimmung, wie sie hier vorgeschlagen ist, bedarf es meiner Meinung nach nicht.

Regierungsrat Dr. **Leidig**-Berlin: Diese Frage ist in der gestrigen Diskussion auch angeregt worden. Sie meinen, wenn festgestellt wird, daß jeder rite Bevollmächtigte befugt ist, einen Versicherten zu vertreten, so würde ja auch ein — nennen wir ihn Versicherungsanwalt, — also ein solcher geschäftlicher Vertreter bevollmächtigt werden können. Wenn die Auffassung dahin geht, daß auch dieser ohne weiteres vertreten kann, dann würden die Bedenken, die gestern geäußert wurden, zum großen Teil wegfallen. Es wurde aber gestern die Meinung vertreten, daß ein derartiger Bevollmächtigter — ein anderer als ein Bevollmächtigter kann sich doch überhaupt nicht hineinmischen — von den Versicherungsgesellschaften abgelehnt werden würde.

Oberbürgermeister a. D. Generaldirektor **Brüning**-Gotha: Wir verlangen nur Bevollmächtigung. Mag der Mann sein, wer er will — wenn der Versicherte ihm das Vertrauen schenkt und ihn rite bevollmächtigt, wird er zugelasseu.

Direktor **Harbers**-Frankfurt a. M.: In welcher Absicht die Bestimmung in den bisherigen allgemeinen Versicherungsbedingungen der Feuerversicherungsgesellschaften im § 8 letzter Absatz gemacht ist, wo es heißt: „Die Gesellschaft ist nicht verbunden, sich auf Unterhandlungen über den Schaden und die Entschädigung mit anderen Personen als den Versicherten einzulassen," kann ich nicht sagen, weil ich darüber nicht orientiert bin. Ich war damals noch nicht in der Feuerversicherung. Aber es ist meines Erachtens allerdings nicht angängig, einen Bevollmächtigten, der von einem Versicherten bevollmächtigt wird, die Schadenverhandlungen zu führen, seitens der Versicherungsgesellschaften abzulehnen. Ich glaube nicht, daß das vom Rechtsstandpunkt aus gebilligt werden könnte. Aber ich glaube, der letzte Absatz des § 8 sollte sich auf etwas ganz andres beziehen. Er sollte sich darauf beziehen, daß die Versicherungsgesellschaft die Angaben und Belege, die der Versicherte zur Begründung seines Schadens zu machen hat, von dem Versicherten selbst verlangen kann, denn damit ist den Gesellschaften nicht gedient, daß sie Angaben eines Bevollmächtigten oder eines dritten erhalten.

Diese Frage aber, glaube ich, brauchen wir hier nicht weiter zu behandeln. Ich bin der Ansicht, daß wir in unsere allgemeinen Versicherungsbedingungen nicht werden hineinschreiben können, daß wir Verhandlungen mit einem Bevollmächtigten ablehnen.

Kommerzienrat **Dierig**-Oberlangenbielau: Der Anlaß zur Diskussion gestern war wohl dadurch gegeben worden, daß ein derartiges Verbot in den allgemeinen Versicherungsbedingungen besteht. Der Schluß von § 8 sagt doch: „Die Gesellschaft ist nicht verbunden, sich bei Verhandlungen über den Schaden und die Entschädigung mit anderen Personen als den Versicherten einzulassen." Und wir haben eben auf Grund speziell dieser Vorschrift geglaubt, betonen zu müssen, daß doch der Versicherte der Schwächere ist und vielfach nicht in der Lage ist, denjenigen Herren, welche die Feuerversicherung vertreten, das Gleichgewicht halten zu können, und nur aus dieser Sorge ist der Wunsch hervorgegangen, es möchte eine Bestimmung getroffen werden, daß ein derartiges Verbieten einer Vertretung für die Folge ausgeschlossen sein möchte.

Vorsitzender: Die Diskussion ist damit geschlossen.

Wir kommen zu § 58.

Regierungsrat Dr. **Leidig**-Berlin: Meine Herren, zu diesem § 58 ist wohl nichts weiter von mir hinzuzufügen. Die Versammlung hat sich gestern einstimmig dahin ausgesprochen, daß die Bestimmungen des § 58, die ja nach einigen Richtungen hin von den Vertretern der Feuerversicherungsgesellschaften beanstandet waren, im Interesse der Industrie und der Versicherten liegen.

Direktor **Harbers**-Frankfurt a. M.: Es ist hier gesagt worden von dem Herrn Referenten, daß diese Bestimmungen in unserer Denkschrift beanstandet seien. Ich habe in der Denkschrift das nicht finden können.

Regierungsrat Dr. **Leidig**-Berlin: Es mag sein, daß das bei persönlichen Besprechungen geschehen ist.

Vorsitzender: Wir kommen zu § 59.

Regierungsrat Dr. **Leidig**-Berlin: In § 59 ist beantragt worden, die Frist von zwei Monaten auf einen Monat herabzusetzen, und zwar aus dem Grunde, weil die Ansicht vertreten ist, daß in vielen Fällen eine Teilregulierung des Schadens auch in einem Monat werde geschehen können, und daß deshalb kein Grund zu erkennen ist, weshalb nicht eine Teildeckung nach einem Monat reguliert werden kann und dann auch die Entschädigungssummen ausgezahlt werden.

Vorsitzender: Ich eröffne die Diskussion — und schließe dieselbe. Wir kommen zu § 63.

Regierungsrat Dr. **Leidig**-Berlin: Ich habe zu § 63 nur zu bemerken, daß in den gestrigen Beratungen besonderer Wert darauf gelegt worden ist, daß die Frist des § 63, d. h. die Frist von einem Monat, verlängert wird. Es wurde die Ansicht vertreten, daß gerade hier ein wichtiges Interesse des Versicherten vorliege, eine längere Frist einzuführen.

Direktor **Harbers**-Frankfurt a. M.: Es handelt sich hier im Gesetzentwurf um eine Normalfrist, die von den Versicherungsgesellschaften in ihren allgemeinen Vertragsbedingungen eingehalten werden muß. Die Gesellschaften müssen in ihren allgemeinen Versicherungsbedingungen mindestens die Frist von einem Monat gewähren. Es scheint mir, daß diese Frist für die meisten Verhältnisse ausreichend sein wird. Die Frage könnte sein, ob etwa für manche industrielle Kategorien eine längere Frist zu gewähren ist, und ich glaube nicht zu irren, wenn ich sage, daß in unsern Tarifen schon für gewisse Kategorien von Industrien eine längere Frist bestimmt worden ist. Ich möchte mich dahin aussprechen, daß wir als Normalfrist einen Monat richtiger stehen lassen; aber wir werden mit den Herren von der Industrie bei Abfassung der Versicherungsbedingungen in Verhandlungen darüber zu treten haben, ob für industrielle Risiken diese Frist zu verlängern ist. Dem steht nichts entgegen. Es handelt sich hier in dieser Richtung nicht um zwingendes Recht.

Vorsitzender: Die Diskussion ist geschlossen. Wir kommen zu § 65.

Regierungsrat Dr. **Leidig**-Berlin: Meine Herren, der Gegenstand dieses § 65 ist eigentlich schon im Anfang unserer heutigen Verhandlungen erörtert worden.*) Es haben die Herren Vertreter der Feuerversicherungsgesellschaften bei einer Gelegenheit darauf hingewiesen, daß es das Hauptinteresse des Versicherten sei, zu wissen, wann hört deine Versicherung auf, wann hast du die Prämie zu zahlen, und auf diese Termine aufmerksam gemacht zu werden; diesen Gesichtspunkt durchzuführen, ist der Beschluß zu § 65 bestimmt. Er ist ja etwas anders formuliert als es gestern geschehen war, weil es nicht möglich war, bei Versicherungsverhältnissen, die auf kürzere Zeit als ein Jahr, die vielleicht auf eine Woche geschlossen werden, den Versicherungsgesellschaften die Pflicht aufzuerlegen, einen Monat vorher an das Zuendegehen der Versicherung zu erinnern. Das praktische Bedürfnis verlangt wohl auch nur die Rücksicht auf die Fälle, die in dem Beschlusse formuliert sind. Gestern war der Paragraph allgemein formuliert.

Generaldirektor **Batke**-Magdeburg: Wenn ich den Herrn Regierungsrat recht verstanden habe, so wird mit diesem Zusatze nur der Wunsch zum Ausdruck gebracht, daß der Versicherte, auch wenn keine Kündigung verabredet ist, stets darauf aufmerksam gemacht werden muß, daß der Vertrag abläuft. Meine Herren, die Kündigungsbestimmungen hatte man in älterer Zeit nicht. Die Verträge liefen einfach ab; allerdings wurde der Regel nach der Versicherte auf den Ablauf aufmerksam gemacht dadurch, daß der Agent anfragte, ob er die Versicherung nicht erneuern wolle. Nun ist es durchaus menschlich, daß eine Erneuerungsanfrage einmal vergessen werden kann.

Um diesem Uebelstande abzuhelfen, hat man seinerzeit die Kündigungsklausel eingeführt. Man fragte den Antragenden: willst Du Deine Versicherung mit beiderseitiger Kündigungsverpflichtung schließen? Daß man keine einseitige Kündigungsverpflichtung übernahm, sondern daß sie beiderseitig sein mußte, war selbstverständlich. Durch diese beiderseitige Kündigungsverpflichtung nun — die Kündigungsfrist beträgt der Regel nach einen Monat — war dem Versicherten die Sicherheit gegeben, daß seine Versicherungserneuerung nicht vergessen werden konnte, denn die Erneuerung kam ja mangels Kündigung von selbst.

---

*) **Beschluß der Kommission:**

§ 65. **Folgender Zusatz soll eingefügt werden:**

„Der Versicherer ist verpflichtet, bei Versicherungsverhältnissen, die für die Dauer von einem Jahr oder länger abgeschlossen sind, den Versicherungsnehmer drei Monate vor Ablauf des Versicherungsverhältnisses auf das Zuendegehen dieses Verhältnisses hinzuweisen."

Nun stellte sich aber auch hierbei ein von den Versicherten empfundener Nachteil heraus. Es werden ja vielfach die Versicherungsverträge auf längere Dauer geschlossen, auf fünf Jahre, auch auf zehn Jahre. Da sagte sich der Versicherte nicht mit Unrecht: wenn meine Versicherung von zehn zu zehn Jahren läuft, so kann bei unterlassener Kündigung mein Versicherungsverhältnis leicht ein ganz unrichtiges werden, denn mir fehlt der äußere Anlaß, an die Prüfung meiner Versicherungsdeklaration zu denken. Außerdem kann ich eines Prämienvorteils bei Konkurrenzangebot verlustig gehen, wenn ich die rechtzeitige Kündigung versäume. Es ist daher wünschenswert, daß ich nicht auf so lange gebunden sei. Aus diesem Wunsche, der seinerzeit aus dem Kreise der Landwirtschaft hervortrat, kam dann die vielfach angewendete Bestimmung, daß bei versäumter Kündigung der Versicherte nur immer auf ein Jahr verpflichtet sein solle, nicht wieder auf zehn Jahre oder auf fünf Jahre.

Meine Herren, dasjenige, was Sie mit Ihrem Zusatze erreichen wollen, ist durch die Kündigungsklausel an sich bereits erledigt. Wer seine Versicherung nur mit beiderseitiger Kündigungsverpflichtung abschließt, dem kann es nie passieren, daß er die Erneuerung vergißt. Denn wenn die Gesellschaft nicht kündigt, dann geht die Versicherung weiter. Es könnte sich also nur darum handeln, daß Sie bei Ihrerseits versäumter Kündigung, wenn Sie versäumt haben, rechtzeitig zu kündigen, nicht auf lange Zeit gebunden sein wollen. In dieser Beziehung mache ich auf unsere Denkschrift aufmerksam. Wir haben darin vorgeschlagen, daß der Gesetzgeber die stillschweigende Verlängerung nur mit der Beschränkung zulassen soll, daß der Versicherte, wenn die stillschweigende Verlängerung auf länger als ein Jahr lautet, berechtigt bleibt, bei versäumter rechtzeitiger Kündigung innerhalb des ersten Jahres seinerseits doch noch zu kündigen. Dann hat er ein ganzes Jahr Zeit, wenn er ein Interesse hat, loszukommen von dem Vertrage, doch noch zu kündigen. Schweigt er das ganze Jahr hindurch, dann darf man wohl annehmen, daß er auch mit der Erneuerung auf längere Zeit einverstanden ist.

Wir unsererseits sind der Meinung, daß ein Bedürfnis zur Aufnahme einer solchen Bestimmung hier überhaupt nicht vorliegt; nämlich der Bestimmung, daß den Versicherungsgesellschaften auferlegt wird, jeden Versicherten, der nicht mit Kündigungsklausel abgeschlossen hat, vor Ablauf des Vertrages auf den Ablauf aufmerksam zu machen. Das geht wohl zu weit, meine Herren, und welche Folge wollen Sie daran knüpfen? Wenn Sie die Folge daran knüpfen wollen, daß im Versäumnisfalle die Gesellschaft für jeden Schaden aufkommen soll, der dem Versicherten daraus entsteht, daß er seine Versicherung nicht rechtzeitig erneuert hat, so würde das denn doch wohl eine zu große Belastung für uns sein. Selbst wenn Sie eine solche Folge nicht beanspruchen würden, so würde diese Belastung für uns doch entstehen aus dem Bürgerlichen Gesetzbuch heraus. Wenn wir die gesetzliche Verpflichtung haben, den Versicherten, der ohne Kündigungsklausel mit uns abgeschlossen hat, auf den Ablauf des Vertrages aufmerksam zu machen und wir versäumen es, das zu tun, beispielsweise weil in unserem Register die Sache unrichtig eingetragen ist, so kann der Versicherte auf Grund des Bürgerlichen Gesetzbuches Schadenersatz von uns verlangen, und der Schadenersatz wird natürlich sein, wenn der Versicherte abgebrannt ist, daß wir ihm das durch den Schaden Vernichtete dann ersetzen müssen. Wir aber sind in einer ganz üblen Lage, denn die Sache ist dem Versicherten gegenüber so zu betrachten, als wäre die Versicherung einfach weiter gelaufen. Tatsächlich aber besteht keine Police mehr; wir haben keine Rückversicherung genommen und müßten unter Umständen für das Vielfache desjenigen aufkommen, was wir bei Bestehen der Police an Schadenersatz zu tragen gehabt hätten. Eine solche Verpflichtung, meine Herren, können wir nicht übernehmen. Wir müssen dazu noch weiter erklären, daß auch nicht einmal ein Bedürfnis vorliegt, denn jeder Versicherte kann sich helfen dadurch, daß er sagt: ich wünsche meine Versicherung mit Kündigung abzuschließen.

(Generalsekretär Bueck: Aber auch in dem Falle soll er nach diesem Antrage drei Monate vorher benachrichtigt werden!)

Regierungsrat Dr. **Leidig**-Berlin: Es ist ja völlig zutreffend, daß die Versicherungsgesellschaften derartige Verpflichtungen nicht übernehmen können. Aber die Auffassung in der gestrigen Versammlung über den Sinn dieser Bestimmung ist auch vielleicht eine etwas andere gewesen, und das ergibt sich daraus, daß diese Bestimmung dem § 65 hinzugefügt worden ist. Gestern hat man nur die Meinung vertreten, daß man gesagt hat, bei Versicherungsverhältnissen, die abgeschlossen sind für ein Jahr oder länger, mit der Klausel, daß sie ohne weiteres fortlaufen, muß doch dem Versicherungsnehmer die Möglichkeit gegeben werden, sich zu überlegen: willst du diese stillschweigende Prolongation vornehmen oder willst du sie nicht vornehmen. Ich gebe ja vollständig zu, daß es an sich dem allgemeinen Rechtsverhältnis nicht entspricht, das stillschweigende Fortlaufen eines Vertragsverhältnisses in der Weise einzuführen, daß man sagt, von der anderen Seite muß ich auf das Fortlaufen des Vertragsverhältnisses über einen gewissen Termin hinaus aufmerksam gemacht werden. Das ist mindestens eine leise sprechende und nicht eine stillschweigende Verlängerung. Aber jedenfalls lediglich so ist die Auffassung gestern gewesen, daß man bei derartigen an sich ohne weiteres sich verlängernden Versicherungsverhältnissen darauf aufmerksam gemacht werden soll: das Versicherungsverhältnis verlängert sich, hast du die Absicht, es zu kündigen oder es aufzulösen oder zu erklären, du willst dieses Versicherungsverhältnis nicht weiter fortsetzen, dann kannst du mir das erklären; gibst du keine Erklärung ab, dann tritt die stillschweigende Verlängerung ein. Das haben die Herren gestern mit dem Antrage gemeint, der ja allerdings nicht ganz richtig formuliert ist; er geht wohl weiter in seinem Wortlaut, als tatsächlich damit gemeint ist.

Nun ist vollkommen richtig, daß auch in diesem Falle ein etwaiges Unterlassen der Anzeige die Versicherungsgesellschaften zum Schadenersatz verpflichten würde. Aber diese Folgen treten eigentlich tatsächlich und praktisch nicht ein, weil ja der Betreffende, wenn die Anzeige nicht erstattet ist und er nunmehr daraufhin auch nicht aufgelöst hat, sondern die Versicherung weiter fortsetzt, tatsächlich im Brandschadenfalle keinen Schaden erleidet, denn er steht ja unter Versicherungsschutz, und somit, glaube ich, fällt denn doch das Bedenken des Herrn Generaldirektor **Vatke** gegen den gestern gefaßten Antrag hinweg.

Direktor **Harbers**-Frankfurt a. M.: Meine Herren, wir müssen uns den § 65 etwas näher ansehen. Im § 65 des Gesetzentwurfes heißt es:

> „Eine Vereinbarung, nach welcher ein für eine bestimmte Zeit eingegangenes Versicherungsverhältnis mit dem Ablaufe dieser Zeit als stillschweigend verlängert gelten soll, wenn es nicht vorher gekündigt wird, ist insoweit nichtig, als die Verlängerung für mehr als ein Jahr bedungen ist."

Nach dieser Vorschrift würde folgendes eintreten. Es würde verboten sein, eine Vereinbarung zwischen einer Versicherungsgesellschaft und einem Versicherten dahin zu schließen, daß ein etwa auf fünf Jahre abgeschlossenes Versicherungsverhältnis sich wieder auf fünf Jahre verlängert, wenn keine Kündigung erfolgt, sondern es könnte nur vereinbart werden, daß dieses Versicherungsverhältnis sich ohne vorherige Kündigung auf ein Jahr verlängert. Der Gesetzgeber, soweit er bis jetzt in Tätigkeit getreten ist, hat also die Absicht, es zu verbieten, daß man sich vorbehält, die Versicherung auf die längere Dauer zu prolongieren, wenn sie nicht gekündigt worden ist. Sie werden, meine Herren, glaube ich, mit mir übereinstimmen, daß der

Gesetzgeber hier nicht auf dem richtigen Wege das gemacht hat, was er eigentlich will. Weshalb will man denn nun den Versicherten und den Versicherungsgesellschaften es untersagen, eine Vereinbarung zu treffen, daß ein Versicherungsvertrag auf dieselbe Dauer sich wieder verlängert, wenn er nicht gekündigt ist, weshalb soll bestimmt werden, daß, sobald die erste Periode von fünf Jahren abgelaufen ist, immer nur noch einjährige Verträge bestehen sollen, es sei denn, daß inzwischen wieder die Versicherungsgesellschaft und der Versicherte sich auf eine längere Dauer einigen? Ich glaube, das hat gar keinen wirtschaftlichen Zweck. Diese Kündigungsklausel ist doch in erster Linie mit gekommen durch das Interesse des Versicherten, welcher sich sagt: ich habe ein großes Interesse daran, wenn ich auf mehrere Jahre einen Vertrag abschließe, daß ich dann nicht daran zu denken brauche: an dem und dem Tage läuft meine Versicherung ab. Ebenso, wie er beim ersten Abschluß ein Interesse daran hat und gewisse Vorzüge genießt, wenn er auf längere Jahre versichert, so hat er auch ein Interesse daran, daß für die Zukunft die Versicherung auf längere Zeit weiterläuft und er nicht jedes Jahr daran zu denken braucht, die Versicherung zu prolongieren. Deshalb glaube ich, daß der Gesetzentwurf nicht in zweckmäßiger Weise dasjenige bestimmt hat, was gewollt ist.

Wir bestreiten nicht, was auch mein Kollege Herr Generaldirektor Batke schon gesagt hat, daß, wenn ein Vertrag auf fünf Jahre mit der Kündigungsklausel geschlossen wird — es handelt sich eigentlich gar nicht um stillschweigende Verlängerung, sondern um ausdrückliche Vereinbarung — sich ein Versicherter, darüber beschwert fühlen kann, wenn er wieder auf dieselbe Zeit gebunden ist, weil er die Kündigung vergessen hat. Darauf haben wir in dem Vorschlage in unserer Denkschrift Rücksicht genommen. Wir sagen nur, auf der andern Seite soll man doch auch die Interessen berücksichtigen, die alle diejenigen Versicherten haben, die wünschen, daß das Verhältnis wieder auf dieselbe Zeit verlängert gilt. Deshalb sind wir dafür, daß an sich eine solche Vereinbarung zulässig ist, sie soll nicht nichtig sein, aber es soll dem Versicherten gestattet sein, zum Ablauf des ersten Jahres der neuen Versicherungsdauer zu kündigen, so daß es in der Hand des Versicherten liegt, ob er die Versicherung auf fünf Jahre oder nur auf ein Jahr laufen lassen will.

Ich glaube, das ist ein praktischer Weg. Auch wegen der Kostenfrage ist dieser Weg zu empfehlen. Er erspart die erheblichen Kosten, welche damit verbunden sein würden, wenn die Versicherungsgesellschaften Jahr für Jahr den ganzen Apparat in Bewegung setzen müßten, um Verlängerungsanträge einzuholen. Wenn Sie sich die Menge von Versicherungsverträgen denken, für welche Jahr für Jahr nach den Vorarbeiten auf dem Bureau durch die auswärtigen Organe der Gesellschaft Verlängerungsantrage zu beschaffen sein würden, so wird nicht verkannt werden können, daß die Versicherung dadurch mit erheblichen Kosten beschwert wird.

Ich glaube, daß deshalb im Interesse beider Teile die Regelung am praktischsten so erfolgt, wie wir in unserer Denkschrift vorgeschlagen haben. Damit wird erreicht, was der Gesetzentwurf will. Hat der Versicherte nicht gekündigt, so bekommt er den neuen Versicherungsschein, in welchem steht, daß die Versicherung für fünf Jahre weiterläuft. Dann kann der Versicherte sich überlegen, ob ihm dieses paßt, oder ob er den Vertrag mit dem Ablauf des ersten Jahres der Verlängerungsdauer aufheben will. Das dürfte ein durchaus praktischer Vorschlag sein.

Der Vorschlag, den die Herren hier machen, geht weiter dahin, daß die Versicherungsgesellschaften drei Monate vorher den Versicherten erinnern sollen, daß die erste Versicherungsdauer abläuft. Ist denn das noch erforderlich? Wenn die Versicherten den Vertrag so abgeschlossen haben, daß die Versicherung sich verlängern soll auf fünf Jahre, und wir geben ihnen das Mittel in die Hand, den Vertrag mit dem Ablauf des ersten Jahres aufzuheben, sollen wir dann noch — was, wie der Herr Referent ganz richtig sagt, ganz außerhalb der gewöhnlichen Rechtssphäre liegt — außerdem verpflichtet sein, drei Monate vor Ablauf der ersten Versicherungsdauer dem Versicherten zu sagen: du hast zwar mit uns den Vertrag so abgeschlossen, daß derselbe verlängert gilt, wenn du nicht kündigst, aber trotzdem machen wir dich drei Monate vorher darauf aufmerksam, daß du die Geschäftsverbindung mit uns aufheben kannst? Meine Herren, ich glaube, daß man das nicht verlangen kann. Das ist schließlich dasselbe wie eine Prolongationsanfrage von Jahr zu Jahr; ob ich es nun nenne: Hinweis auf die Kündigung oder Verlängerungsanfrage von Jahr zu Jahr. Wenn die Herren die Ausführungen der Denkschrift über dieses Thema sich ansehen, so werden sie mit mir übereinstimmen, daß dort alles vorgesehen ist, was im Interesse der Versicherten liegen kann.

Direktor Dr. **von Geyer**-Stuttgart: Meine Herren, ich möchte nur auf einen Gesichtspunkt aufmerksam machen. Ich glaube, Sie müssen sich auch überlegen, welche enorme Last Sie mit einer solchen gesetzlichen Bestimmung den Versicherungsgesellschaften aufladen. Ich vertrete eine verhältnismäßig kleine Gesellschaft, aber wir haben doch etwa 170 000 Polizen. Wir schließen fast alle unsere

Versicherungen so ab, daß sie in einem Jahre ablaufen und immer wieder erneuert werden. Dann müßten wir also jedem Versicherten drei Monate vor Ablauf schreiben lassen und dann wieder mit der Prolongationsnote an ihn herantreten. Es würde aber ein einfacher Brief gar nicht genügen. Wir müßten uns immer doch auch den Beweis sichern, daß wir drei Monate vorher geschrieben haben. Es müßten also alle diese Schreiben wohl oder übel eingeschrieben abgeschickt werden. Diese Kosten müßten doch notgedrungen den Versicherten auferlegt werden. Ich glaube also, daß Sie den Versicherten mit derartigen Bestimmungen gar keinen Gefallen erweisen.

Generaldirektor **Vatke**-Magdeburg: Meine Herren, ich glaube, daß doch mit dem, was in unserer Denkschrift steht, nicht ganz das gedeckt ist, was die Herren hier wollen. Allerdings hat der Herr Referent hier den Zusatz jetzt beschränkt auf die Versicherungsverhältnisse, die mit einer stillschweigenden Verlängerung behaftet sind — so hatte ich den Herrn Referenten verstanden — und hat ausgeführt, daß die Gefahr der Versicherungsgesellschaft ja dadurch nur auf ein Minimum oder auf ein Nichts reduziert sei, da ja der Betreffende doch nicht mit Schadenersatzansprüchen kommen könne, denn er erhalte ja seinen Schaden aus der bestehenden Versicherung bezahlt. Meine Herren, ich habe doch Bedenken, auch mit der vom Herrn Referenten bezeichneten Einschränkung die gedachte Verpflichtung zu übernehmen, und ich bin der Meinung, daß wir auch dann wegen Versäumnis für Schadenersatz in Anspruch genommen werden könnten. Auch wenn die Versicherung durch die stillschweigende Verlängerung fortläuft, kann der betreffende Versicherte sagen: jetzt bin ich nun, wie sich bei der Schadenregulierung herausgestellt hat, durch Selbstversicherung, durch ungenügende Versicherung in Not geraten. Hättest du mich rechtzeitig auf den Ablauf der Versicherung aufmerksam gemacht, so würde ich natürlich meine Versicherungsdeklaration revidiert und richtiggestellt haben. Gerade, damit ich das tun konnte, ist dir die gesetzliche Verpflichtung, mich auf den Ablauf aufmerksam zu machen, auferlegt. Du hast das unterlassen, infolgedessen hast du für alles, was ich nun durch deine Schuld unterlassen habe, einzustehen; jetzt muß mir der Schaden so bezahlt werden, wie er da war, es darf nicht etwa die Selbstversicherung in Betracht gezogen werden. Ich habe ja zwar nur 200 000 Mk. versichert, aber 300 000 Mk. Schaden sind nachgewiesen; jetzt mußt du mir 300 000 Mk. bezahlen. So würde es ganz gewiß kommen.

Meine Herren, derartige Verpflichtungen kann man beim besten Willen nicht übernehmen, und das Bedürfnis, das hier geltend gemacht worden ist, ist wirklich von keiner Bedeutung. Meine Herren, es mag doch jeder auf den Ablauf seiner Versicherung selber ein wenig aufpassen. Er wird ja, wenn es sich um die sogenannte stillschweigende Verlängerung handelt, in der Feuerversicherung doch dadurch aufmerksam gemacht, daß er keine Prämienquittung, also keine einfache Quittung über die Prämie, die alljährlich zu zahlen ist, erhält, sondern daß er ein neues Versicherungsdokument, einen Prolongationsschein bekommt. Schon dadurch wird er genügend auf den Ablauf hingewiesen; und wenn das Gesetz wird, was wir in der Denkschrift vorgeschlagen haben, nämlich daß der Betreffende dann noch ein Jahr lang die Kündigungsberechtigung haben soll, so kann er nach Empfang des Prolongationsscheines die Versicherung kündigen. Will er aber eine Neuordnung der Versicherungsdeklaration sofort haben, so wird keine Gesellschaft eine solche Neuordnung ablehnen.

Ich kann nur wiederholen, meine Herren, ich halte es für ganz ausgeschlossen, daß die Feuerversicherungsgesellschaften eine derartige Verpflichtung übernehmen.

Der Herr Kollege **Harbers** ersucht mich soeben, noch zur Erwähnung zu bringen, daß nach dem Gesetzentwurf wir sogar verpflichtet sind, uns auf jede Neuordnung, die beantragt wird, einzulassen.

Dr. **Johannes**-Köln: Meine Herren, wir haben in die Normativbestimmungen des Haftpflichtschutzverbandes — den Zwang möchte ich ja nicht sagen —, die Verabredung eingeführt, daß vor Ablauf des Vertrages der betreffende Versicherte daran erinnert werden soll; und auch Herr Justizrat **Krafft** teilt mir mit, daß daraus irgendwelche Schwierigkeiten eigentlich nicht entstanden sind.

Dann, meine Herren, möchte ich doch im allgemeinen Sie bitten, an unserem gestern gefaßten Beschluß, zunächst § 65 festzusetzen und § 65a hinzuzufügen, festzuhalten. Ich würde in diesem Sinne, wenn ich mich so ausdrücken darf, mich für die einjährige Dienstzeit erklären; denn bei langlaufenden Verträgen liegt unzweifelhaft zuweilen eine Gefahr für den Versicherten vor. Die Frage der Abnützung wird mitunter bei der Schadenfeststellung so behandelt und gelöst, daß der Versicherte sich bezüglich dessen, was er bekommen wird, in großem Irrtum bewegt. Darum empfiehlt es sich, daß der Versicherte nach einer etwa zehnjährigen Dauer seiner Feuerversicherung den Wert der versicherten Sachen neu untersuchen und feststellen läßt. Ich glaube, daß das im Sinne der Feuerversicherungsnehmer wohl liegt, und weniger für die Industrie als für die Landwirte glaube ich, daß es nötig sein wird, hier sowohl an dem § 65, als auch an dem, was wir beantragt haben, festzuhalten.

Generalsekretär **Schlüter**=Berlin: Ich wollte mir von den Herren Vertretern der Versicherungsgesellschaften eine Auskunft erbitten. Es wurde vorhin gesagt: die Verlängerung und Erneuerung der Versicherungsverträge vollziehe sich in der Weise, daß dem Versicherungsnehmer ein neuer Versicherungsschein, also ein vollständig neues Vertragsinstrument erteilt werde. Da wollte ich mir die Frage erlauben, ob dieses Verfahren auf irgend einer gesetzlichen Verpflichtung beruht oder auf einer freiwilligen Handhabung seitens der Gesellschaften. Wenn jenes Verfahren auf gesetzlichen Verpflichtungen beruht, dann würde das unsern Wünschen wesentlich entgegenkommen. Das ist aber fraglich, weil, wenn sich der Versicherungsvertrag ohne weiteres verlängert, an und für sich die Neuerteilung eines Versicherungsscheines kaum nötig wäre.

Direktor **Harbers**=Frankfurt a. M.: Ich möchte zu dem, was Herr Johannes gesagt hat, darauf aufmerksam machen, daß es jedem Versicherten freisteht, eine Versicherung nur auf ein Jahr abzuschließen. Da steht nichts im Wege. Wir zwingen niemanden, auf längere Perioden Versicherungen abzuschließen, und wenn jemand glaubt, daß es im Interesse seiner Wirtschaft liegt, nur auf ein Jahr sich zu versichern, so steht das in seinem Belieben. Wir haben auch — ich glaube, Herr Johannes hat mich in der Beziehung nicht vollständig verstanden — in unserem Vorschlage durchaus vorgesehen, daß der Versicherte in der Lage sein soll, wenn er sich vorher länger gebunden hat, bei Erneuerung der Versicherung sich mit dem Ablauf eines Jahres frei zu machen. Wenn sich die wirtschaftlichen Verhältnisse ändern, meine Herren, dann kommt noch eine andere Bestimmung des Gesetzentwurfes in Betracht, welche etwas ganz Eigenes für das Versicherungsrecht einführt. Es heißt im Gesetzentwurf: Wenn das Interesse sich ändert oder wegfällt, so wird der Vertrag ganz und zum Teil aufgehoben. Ich glaube, die Einwendungen des Herrn Johannes können nicht Veranlassung geben, zur Aufrechterhaltung des Beschlusses, den die Herren gestern gefaßt haben. Es handelt sich um die Frage, ob man über die von uns zugestandene Berechtigung des Versicherten, nur ein Jahr den Vertrag fortlaufen zu lassen, hinaus die Versicherungsgesellschaften verpflichten will, drei Monate vor Ablauf des Vertrages an die Kündigung zu erinnern. Die hiergegen sprechenden Gründe, namentlich was die Kosten anlangt, die schließlich die Versicherten treffen würden, sind meines Erachtens klar dargelegt worden.

Was die Anfrage des Herrn Schlüter anbetrifft, ob wir verpflichtet sind, eine Bescheinigung über die Verlängerungsdauer auszustellen, so sind wird ja zur Ausstellung einer Police verpflichtet nach dem Gesetzentwurf. Wir beurkunden den Vertrag. Wenn der Vertrag weiter läuft, beurkunden wir die Prolongation. Ob wir dazu gesetzlich verpflichtet sind, ist eine andere Frage.

(Generalsekretär Schlüter: Das möchte ich gern wissen!)

Wir wollen bei den Agenten die Bestimmung einfügen, daß der Agent nur die Prämie zu erheben hat gegen Abgabe einer Bescheinigung über das Versicherungsverhältnis. Aber es kann dem Versicherten einerlei sein, ob wir genötigt sind, nach Ablauf der ersten Versicherungsperiode einen Versicherungsschein einzuhändigen. Es kommt doch immer der Agent und fordert für fünf Jahre die Prämie. Damit sieht der Versicherte, daß die Versicherung weiter läuft für die ganze Zeit, allerdings nur für den Fall, daß die Prämie für die ganze Versicherungsdauer im voraus zu zahlen ist. Wird die Prämie jährlich bezahlt, dann muß der Versicherte sie für das Jahr bezahlen. Kommt der Agent aber nun mit der zweiten Prämie

(Regierungsrat Dr. Leidig: Dann muß er sie auch bezahlen!)

— dann muß er sie auch bezahlen, das ist richtig. Es wird dann also in der Bescheinigung nicht noch besonders hingewiesen auf die Dauer der neuen Versicherungsperiode. Wenn die Herren darauf Gewicht legen, so würde von seiten der Versicherungsgesellschaften nichts entgegenstehen, wenn gesetzlich bestimmt wird, daß bei Verlängerung einer Versicherung über die Dauer der Verlängerung die Versicherungsgesellschaft dem Versicherten eine Bescheinigung auszustellen hat.

Oberbürgermeister a. D., Generaldirektor **Brüning**-Gotha: Ich wollte nur mitteilen, daß die Ausstellung der Prolongationsscheine teilweise mit der Stempelgesetzgebung in einzelnen deutschen Staaten in Verbindung steht. Also die preußische Stempelgesetzgebung sagt ausdrücklich: Prolongationen sind stempelpflichtig und infolgedessen sind auch in solchen Fällen, wo die Kündigungsklausel eingeschaltet war, Prolongationsscheine erteilt und gestempelt worden.

Nun ist aber in allerneuester Zeit durch die Schleswig-Holsteinische Sozietät beim Reichsgericht ein Erkenntnis erstritten worden, das natürlich jetzt auch bei den Privatgesellschaften in nähere Erwägung gezogen werden muß. Das Erkenntnis geht dahin: wenn die betreffende Versicherungsanstalt bei der Klausel, um die es sich hier handelt, Kündigungsklausel, wie wir gewöhnlich sagen, verabredet hat: die Versicherung läuft weiter, wenn sie nicht rechtzeitig gekündigt worden ist, und dann kein neues Dokument ausstellt, so ist die Brandversicherungsanstalt nicht gezwungen, zu ihren Akten Stempel zu verwenden, weil sie keine Urkunde ausgestellt hat. Das ist das allerneueste Reichsgerichtserkenntnis in dieser Frage. Auf diese Weise kann man die Versicherten mit dieser Kündigungsklausel bei weiterem Fortlaufe der Versicherung vor dem preußischen Stempel bewahren. Der Gesetzgeber wird aber freilich bald das Gesetz abändern.

(Heiterkeit.)

Generaldirektor **Batke**-Magdeburg: Meine Herren, ich möchte auf die Anfrage des Herrn Schlüter meinerseits erwidern, daß wir gezwungen waren, bis zu dem Augenblick, wo die Präventivkontrolle beseitigt wurde, stets bei der Erneuerung Prolongationsscheine auszustellen, auch dann Prolongationsscheine auszustellen, wenn es sich um eine sogenannte stillschweigende Verlängerung handelte. Die Polizei verlangte von uns in allen Fällen vor Erteilung ihrer Genehmigung die Einreichung eines Prolongationsantrages. Dadurch sind wir, abgesehen davon, daß es auch des Stempels wegen geschehen mußte, gezwungen gewesen, auch da, wo eine stillschweigende Verlängerung eintrat, einen Erneuerungsschein zu geben. Wenn diese beiden Dinge nicht gewesen wären: Präventivkontrolle und Stempelpflicht, dann würde allerdings dem gar nichts im Wege gestanden haben, bei der stillschweigenden Erneuerung Prämienquittungen, also nur Bescheinigungen über die empfangene Prämie zu geben. Wenn künftighin etwa das Hindernis der Stempelpflicht beseitigt werden sollte — Herr Kollege Oberbürgermeister Brüning scheint ja die Hoffnung zu haben, daß künftighin kein Stempel bezahlt werden muß; ich habe die Hoffnung nicht —, dann allerdings würden wir in die Möglichkeit versetzt werden, keine Erneuerungsscheine mehr zu geben für die Fälle der stillschweigenden Verlängerung, denn nach meiner Meinung sieht auch der Gesetzentwurf nicht vor, daß wir Erneuerungsscheine geben müssen. Wenn nun die Herren darin eine besondere Sicherung erblicken, daß wir die Verpflichtung haben sollen, auch bei stillschweigender Verlängerung einen Erneuerungsschein zu geben, so können wir nur anheimgeben, ihrerseits zu beantragen, daß eine solche Vorschrift in das Gesetz aufgenommen wird. Wir sind ja gern bereit, solche Verpflichtung zu übernehmen.

Generalsekretär **Schlüter**-Berlin: Meine Herren, die Sache liegt doch so. Herr Direktor Harbers versprach vorhin, wenn ich richtig verstanden habe: Wir geben den Erneuerungsschein und schreiben in diesen Erneuerungsschein hinein: Du bist auf fünf Jahre verpflichtet, hast aber das Recht, zum Schluß des ersten dieser fünf Jahre zu kündigen. Das ist sachlich nahezu dasselbe, was durch den Zusatzantrag, der gestern beschlossen worden ist, auch erreicht werden soll, nämlich die Benachrichtigung des Versicherungsnehmers dahin, daß es in seiner Hand liegt, die Versicherung aufzulösen.

Wenn der Erneuerungsschein mit dem Inhalt, den Herr Direktor **Harbers** vorher schilderte, stets erteilt wird, dann ist damit annähernd das erreicht, was hier gewünscht wird. Wenn aber die Versicherungsanstalten sich zur Erteilung dieses Erneuerungsscheines nicht für verpflichtet halten, sondern zur Ersparung des Schreibwerks und des Stempels davon Abstand nehmen, dann sind wir nicht gebessert; dann bekommen wir keine Nachricht vor Ablauf des Versicherungsvertrags, und deshalb bin ich der Meinung, es sollte festgestellt werden, es sei Pflicht der Versicherungsgesellschaften, einen solchen Erneuerungsschein kund zu geben, daß der Versicherte das Recht habe, binnen Jahresfrist das Verhältnis zu lösen. Die Vorlegung der fälligen Prämienquittung allein würde einen solchen Erneuerungsschein nicht ersetzen können.

Direktor Dr. **von Geyer**-Stuttgart: Ich möchte mich gerade gegen die letzte Anregung wenden, daß eine derartige Verpflichtung den Versicherern durch Gesetz auferlegt wird. Wenn es richtig ist, daß man bei der Erneuerung einen Stempel nicht bezahlen muß, so zwingen Sie hier die Gesellschaften, einen stempelpflichtigen Akt vorzunehmen; das aber ist weniger zum Nachteil der Gesellschaften, als vielmehr zum Nachteil der Versicherten; denn diesen Stempel würden die Versicherten zu bezahlen haben.

(Zuruf: Bisher ja auch!)

Ja, bisher haben sie ihn ja bezahlt, aber künftig brauchen sie ihn möglicherweise nicht mehr zu bezahlen, und da erhebt sich doch die Frage, ob der Vorteil, der durch eine solche Erleichterung erreicht wird, nicht überwogen wird durch den Nachteil, und ob nicht mancher Versicherte sagt: ich würde gern darauf verzichten, daß mir ein solcher stempelpflichtiger Schein zugestellt wird, wenn ich dann den Stempel nicht zu bezahlen brauchte.

Vorsitzender: Meine Herren, es hat sich niemand mehr zum Wort gemeldet. Ich schließe die Debatte und gebe das Schlußwort dem Herrn Referenten.

Regierungsrat Dr. **Leidig**-Berlin: Meine Herren, ich bin der Meinung, daß zunächst die Anschauungen durchaus nicht so weit auseinandergehen, wie es hier den Anschein gewonnen hat. Ich möchte vorweg bemerken, daß in der gestrigen Debatte die Vorschläge der Feuerversicherungsgesellschaften in ihrer Denkschrift nicht zur Erörterung gekommen sind, und ich kann deshalb auch nicht angeben, ob nicht ein etwas anderer Beschluß gefaßt worden wäre, wenn auch diese Vorschläge der Feuerversicherungsgesellschaften in der Debatte zur Erörterung gekommen wären. Es ist das ja vielleicht ein Vorwurf, den ich mir selbst machen muß, daß ich nicht darauf hingewiesen habe.

Aber ich möchte zu meiner Entschuldigung bemerken, daß in dieser Beziehung beschlossen worden war, sich nicht an die Vorschläge der Feuerversicherungsgesellschaften anzuschließen, sondern selbständig nach dem Gesetz vorzugehen.

Dann aber weiter, meine Herren, habe ich wenigstens die Empfindung, daß gestern allgemein dieser Beschluß, den wir gefaßt haben, gewissermaßen als eine Ordnungsvorschrift aufgefaßt worden ist, und daß den Versicherungsgesellschaften nicht weitergehende Schadenersatzansprüche auferlegt werden sollten, wenn sie diese Verpflichtung nicht erfüllen. Ich bin auch der Meinung, daß es sehr wohl möglich ist, eine gesetzgeberische Fassung zu finden, in der dieser Gedanke zum Ausdruck kommt, daß es sich hier eben nur um eine Ordnungsvorschrift handelt, auf deren Innehaltung das Aufsichtsamt für Privatversicherung natürlich zu achten hat, die aber privatrechtliche Verpflichtungen für die Feuerversicherungsgesellschaften, die ja allerdings ganz außer Verhältnis zur Festsetzung der Pflicht stehen können, nicht herbeiführen soll.

Ich möchte endlich bemerken, daß ja vielleicht die technische Möglichkeit gegeben sein würde, ohne erhebliche Belästigung der Feuerversicherungsgesellschaften auf der letzten Prämienquittung dieses ersten fünfjährigen oder dreijährigen Zeitraums nunmehr zu bemerken: Ihre Versicherung läuft ab, und zwar bei der nächsten Prämie.

(Direktor **Harbers**: Das wollen wir aber nicht!)

Das will aber gerade die Industrie. Hier besteht allerdings eine Differenz der Anschauungen. Aber ich meine, auf diese Weise würde sich die Sache ja erledigen lassen.

(Generaldirektor **Wergin**: Dann existiert ja keine Kündigungsklausel!)

Vorsitzender: Wir kommen zu § 66, Abs. 2. Dieser lautet:

„Die Veräußerung ist dem Versicherer innerhalb eines Monates nach der geschehenen Veräußerung anzuzeigen."

Regierungsrat Dr. **Leidig**-Berlin: Meine Herren, einer weiteren Erläuterung bedarf dieser Absatz wohl nicht. Es ist gestern die Anschauung ausgesprochen worden, daß es unter Umständen zu Härten führen würde, wenn unverzüglich Anzeige erstattet werden müßte, und daß es wünschenswert sei, eine feste Frist einzuführen. Man hat geglaubt, daß die Feuerversicherungsgesellschaften im großen ganzen innerhalb der Industrie — immer von der Industrie gesprochen — kein erhebliches Interesse daran haben, ob der eine oder der andere der Inhaber des Risikos sei. Man hat allerdings gestern anerkannt, daß in anderen Fällen ein recht erhebliches Interesse der

Feuerversicherungsgesellschaften auch an der Person des Trägers vorliegen könnte.

Direktor **Harbers**-Frankfurt a. M.: Meine Herren, der Vorschlag, der hier gemacht worden ist, macht, wenn ich es sagen darf, auf mich den Eindruck, als wenn die Herren die Ausführungen der Denkschrift der Vereinigung nicht gelesen haben. Wir haben da eine ganz andere Stellung zu der Veräußerung genommen. Wir haben uns auf eine kurze Erklärung der hierfür in Betracht kommenden Fragen beschränkt, so daß ich es für zweckmäßig erachten muß, sie hier zu verlesen, was nur wenige Minuten in Anspruch nehmen wird. Also wir haben bezüglich der Veräußerung gesagt:

„Der im Gesetzentwurf aufgestellte Grundsatz, daß bei Veräußerung der versicherten Sache an Stelle des Veräußerers der Erwerber in die sich während der Dauer seines Eigentums aus dem Versicherungsverhältnis ergebenden Rechte und Pflichten des Versicherten eintritt, ist von volkswirtschaftlicher Bedeutung für die Versicherung von Immobilien. Er findet sich schon im Preußischen Allgemeinen Landrecht. Hier ist der Grundsatz durchbrochen für den Fall, daß mit der Veräußerung zugleich eine Veränderung des Ortes, der Aufsicht, der Art der Aufbewahrung oder der Nachbarschaft verbunden ist.

Diese Veränderungen betreffen vornehmlich bewegliche Sachen.

Der im § 66 Absatz 1 aufgestellte Grundsatz ist in seinen Folgerungen bei beweglichen Sachen im Verkehrsleben nicht durchführbar. Man denke sich den fortwährenden Eigentumswechsel, dem bewegliche Sachen im Verkehrsleben unterworfen sind, daß bei Erwerbung von in Geschäften gekauften Sachen nach dem Grundsatz des § 66 der Erwerber an sich immer in die Versicherung des Veräußerers mit eintritt, und bei einer weiteren Veräußerung wieder der neue Erwerber. Nach § 84 Abs. 1 des Entwurfes fallen dann aber die zu einem Inbegriff von Sachen gehörenden erworbenen Sachen zugleich auch in die bestehende Versicherung des Erwerbers. Der Veräußerer erwirbt seinerseits Sachen, die wieder nach § 84 in seine Versicherung fallen. Er ist stets im Ungewissen, ob dann seine Versicherungssumme noch ausreicht, da alle inzwischen von ihm veräußerten Sachen noch mit unter die genommene Versicherung fallen können, weil der Erwerber und alle weiteren Erwerber die Versicherung der veräußerten Sachen durch Anzeige an den Versicherer aufrecht erhalten haben können. Geschäftsleute, die häufiger im Jahre ihren Warenbestand umsetzen, wissen aus Erfahrung, welche Versicherungssumme für sie jeweilig ausreichend ist. Wie sollen sie sich mit einer angemessenen Versicherungssumme decken, wenn sie gewärtigen müssen, daß alle verkauften Waren in ihrer Versicherung verbleiben, zumal durch die Veräußerung der Versicherungswert bei dem Erwerber ein anderer werden kann?

Warenhäuser, in denen täglich 1000 Käufer Gegenstände erstehen, würden im Laufe eines Monats in ihrer Versicherung 30000 Kompagnons erhalten, denn nach § 69 soll während eines Monats die Versicherung der veräußerten Gegenstände immer bestehen bleiben. Und das soll nach § 72 grundsätzlich zwingendes Recht werden! Bald würde die Uebersicht, was noch unter eine Versicherung fällt, in eine Verwirrung geraten, daß man sich im Versicherungsfall nicht zurechtfinden kann, schließlich weiß man überhaupt nicht mehr, zu welcher Versicherung die dem fortwährenden Eigentumswechsel im Verkehrsleben unterworfenen beweglichen Sachen gehören, und es müßte schon bei jeder Veräußerung eine Vereinbarung über das Vertragsverhältnis und eine Regelung desselben eintreten, was undenkbar und undurchführbar ist.

Diese kurze Ausführung zeigt evident, daß der in § 66 des Entwurfes aufgestellte Grundsatz sich im Hinblick auf den Gegenstand der Versicherung und die tatsächlichen Verhältnisse des Verkehrslebens in seinen Folgerungen nur für Immobilien, nicht aber für bewegliche Sachen aufrecht erhalten läßt, bezüglich der letzteren vielmehr in einem unhaltbaren Widerspruch zu dem wirklichen Bedürfnis im Verkehrsleben steht."

Ich glaube, daß es undenkbar ist, meine Herren, für bewegliche Sachen eine Zwangsbestimmung zu treffen, daß die Sachen, die veräußert sind, in der Versicherung des Veräußerers verbleiben.

Regierungsrat Dr. **Leidig**-Berlin: Ich stimme dem Herrn Direktor Harbers vollkommen bei, daß es ganz undenkbar wäre, derartige Verhältnisse in das Leben einzuführen. Ich habe aber persönlich auch die Ueberzeugung, daß in dem Gesetzentwurf diese Dinge nicht drin stehen. Ich gestatte mir, darauf aufmerksam zu machen, daß der Gesetzentwurf hier in § 66 meines Erachtens lediglich von individuell bestimmten Sachen spricht, und daß insbesondere alle diejenigen schlimmen Folgen, die Herr Direktor Harbers uns eben geschildert hat, und die allerdings bei einem Inbegriff von Sachen eintreten könnten, meines Erachtens niemals eintreten werden, weil der § 84 des Gesetzes ja sagt, daß unter die Versicherung nur die jeweils — jeweils, meine Herren — zu dem Inbegriff von Sachen gehörigen Gegenstände gehören. Diejenigen Gegenstände, die in den Inbegriff hineintreten, treten auch in die Versicherung hinein, und diejenigen Gegenstände, die aus dem Inbegriff heraustreten, treten auch ohne weiteres aus der Versicherung heraus. Das ist mir gar nicht zweifelhaft, meine Herren, und es müßten sich doch kennzeichnendere Ausdrücke in dem Gesetz finden, als sie sich tatsächlich finden, um dem Verfasser des Entwurfes eine derartige volkswirtschaftliche — wir wollen einmal sagen Unstimmigkeit, um einen Ausdruck zu brauchen, der jetzt ja häufig angewandt wird, — zuzumuten, wie sie entstehen müßte, wenn die Anschauung des Herrn Direktor **Harbers** richtig wäre.

Generaldirektor **Batke**-Magdeburg: Meine Herren, es ist soeben behauptet worden, daß sich die Vorschriften des Gesetzes ganz entschieden nicht beziehen würden auf einen versicherten Inbegriff von Sachen; sie sollen sich also nach der Behauptung hinsichtlich der beweglichen Gegenstände nur beziehen auf individuell versicherte Sachen. Da möchte ich aber die Herren doch einmal fragen: wieviel individuell versicherte bewegliche Sachen gibt es denn? Heutzutage wird ja fast nichts individuell versichert, sondern die Versicherungsdeklaration lautet fast durchweg immer auf einen Inbegriff von Sachen. Wer von Ihnen hat versichert einen individuell gekennzeichneten Tisch, ein individuell gekennzeichnetes Sofa? Sie werden alle versichert haben: Möbel, nicht anders.

Wenn das, was der Herr Referent geäußert hat, richtig wäre, dann würde das Gesetz sich nur auf einen ganz verschwindend kleinen Teil der beweglichen Sachen beziehen.

Nun, meine Herren, das wäre doch seltsam, wenn der Gesetzgeber bloß einen verschwindend kleinen Teil der versicherten Sache gemeint hätte, wenn er allgemein von der versicherten Sache spricht. Es wäre doch anzunehmen, daß er sich bei solcher Meinung ganz anders ausgedrückt haben würde. Wir unsererseits können das Gesetz gar nicht anders verstehen, als daß der Gesetzgeber gemeint hat die versicherte Sache überhaupt, auch wenn sie unter der Bezeichnung eines Inbegriffes versichert ist.

Oberbürgermeister a. D. Generaldirektor **Brüning**-Gotha: Man kann an einem kleinen Fall sich ganz deutlich machen, wie das Gesetz wirken wird. Ich nehme an, ich habe aus meiner Mobiliarversicherung, in der ich unter der Nummer für Musikinstrumente ein Pianino versichert habe, das Pianino an jemanden verkauft, veräußert. Die Sache geht auf ihn über, er hat überhaupt keine Versicherung. Ich schaffe mir ein neues Pianino an und nun brennt derjenige, der das Pianino von mir gekauft hat, an den ich es veräußert habe, ab und weiß zufällig oder erfährt zufällig, daß sein Pianino auf Grund meiner Police noch bei der betreffenden Gesellschaft versichert ist. Dann wird von ihm der Anspruch erhoben gegen die Versicherungsgesellschaft, daß sie ihm das Pianino entschädigt. Die Versicherungsgesellschaft wird dann wahrscheinlich aber auch bei mir nachsehen, ob ich mir inzwischen ein anderes Pianino angeschafft habe, und wird dann sich auf den Standpunkt stellen: ja, an die Stelle des Pianino, das du bei mir versichert hast, ist ein anderes getreten, und die Versicherung gilt jetzt für dich, mit dem anderen Mann will ich nichts zu tun haben — der Prozeß ist wieder da, wie aus so vielen Bestimmungen Prozesse hervorgehen werden.

Aber das ist mir ja klar, daß diese Bestimmungen hier über die Veräußerung einer versicherten Sache so auszulegen sind, wie wir in der Denkschrift gesagt haben. Sie treffen nur richtig zu auf Immobilien. Dafür sollten sie allein gegeben werden; auf Mobilien sind sie in der vorgeschlagenen Weise vollständig unbrauchbar.

Kommerzienrat **Groß**-Augsburg: Wir haben doch immer nur Immobilien gemeint. Wir haben doch gestern an die Sachen gar nicht gedacht.

Vorsitzender: Die Diskussion ist geschlossen. Wir kommen nun zu § 68.

Regierungsrat Dr. **Leidig**-Berlin: Meine Herren, da ist ja weiter nichts zu erwähnen. Es ist genau dasselbe anzuführen, was bei § 63 angeführt ist. Ich kann nur hinzufügen, daß gestern als bedeutsam hervorgehoben wurde, daß bei diesen beiden Paragraphen die Frist verlängert wird.*)

Direktor **Harbers**-Frankfurt a. M: Wir sind der Ansicht, daß die Fristen, wie sie hier im Gesetz bestimmt sind, für die Bedürfnisse der Versicherten nicht zu kurz bemessen sind.

Regierungsrat Dr. **Leidig**-Berlin: Ich darf noch eins bemerken. Es ist hier ja gesagt: mit Rücksicht auf § 66. Das soll heißen: mit Rücksicht auf den Beschluß, der zu § 66 gefaßt ist. Zu § 66 ist ja der Beschluß gefaßt worden: „Die Veräußerung ist dem Versicherer innerhalb eines Monates nach der geschehenen Veräußerung anzuzeigen.“ Nun soll gesagt werden, daß sich daraus diese Konsequenz ergibt.

Vorsitzender: Das Wort wird nicht mehr gewünscht. Wir kommen zu § 69.

---

*) Beschluß der Kommission des Centralverbandes:

§ 68. Die Fristen sind zu kurz. Mit Rücksicht auf § 66 ist jedenfalls eine Verlängerung notwendig.

Regierungsrat Dr. **Leidig**-Berlin: § 69 Absatz 1 soll lauten:

„Wird die im § 66, Absatz 2 vorgesehene Anzeige weder von dem Erwerber noch von dem Veräußerer rechtzeitig gemacht, so ist der Versicherer, wenn der Versicherungsfall später als nach Ablauf der laufenden Versicherungsperiode eintritt, von der Verpflichtung zur Leistung frei, sofern seit dem Zeitpunkt, in welchem die Anzeige zu erfolgen hatte, mindestens ein Monat verflossen ist.“

Gestern fand über diesen Paragraphen eine ziemlich langdauernde Diskussion statt, und der Beschluß, der hier gefaßt ist, ist eigentlich ein Kompromiß zwischen den verschiedenen Ansichten, die gestern bestanden. Von den verschiedensten Seiten wurde die Auffassung vertreten, daß ein Monat, wie das hier im § 69 festgesetzt ist, doch zu kurz sei, namentlich, da beide, der Erwerber und der Veräußerer, nach der Veräußerung leicht die Frist übersehen können. Nachdem von anderen Seiten drei und mehr Monate vorgeschlagen waren, wurde schließlich der Vermittelungsvorschlag gemacht, es möchte das Ende der Versicherungsperiode genommen werden, denn dann werde der Erwerber doch jedenfalls darauf aufmerksam gemacht, daß er die Prämie zahlen müsse, und wenn er dann nicht seine Pflicht erfülle, müsse er sich jedenfalls an den Vertrag binden. Nun wurde andererseits geltend gemacht, der Schluß der Versicherungsperiode könne zufällig zwei bis drei Tage nach der Veräußerung eintreten, und dann könne der Erwerber schlechter stehen, als er jetzt nach dem Gesetze gestellt sei, und deshalb ist angefügt worden, daß die Frist mindestens einen Monat betragen soll.

Direktor **Harbers**-Frankfurt a. M.: Ich möchte nochmals darauf hinweisen, daß wir von seiten der Feuerversicherer der Ansicht sind, daß die Bestimmungen über veräußerte Sachen nur anwendbar sind auf Immobilien und nicht auf Mobilien, und ich sehe auch, daß ich hier von verschiedenen Herren aus der Industrie Zustimmung erfahre. Die Frist betreffend ist gesagt, daß der Erwerber bei der Veräußerung vielleicht nicht an die Versicherung denkt. Wer ein Haus erwirbt, muß daran doch denken, ob das Haus versichert ist. Ich glaube, bei der grundsätzlichen Anschauung, daß die Bestimmungen über Veräußerung der Sache nur auf Immobilien passen, fällt eine ganze Menge Bedenken und Abänderungsvorschläge weg, die die Herren bis jetzt in Aussicht genommen hatten.

Regierungsrat Dr. **Leidig**-Berlin: Meine Herren, das ist doch nicht ganz die Auffassung gewesen, die gestern vertreten worden ist. Man hat gestern namentlich auch an Fälle gedacht, daß ein ganzes Fabriketablissement mit Vorräten, mit Waren, mit allem, was da ist, veräußert wird, und daß es sich da nicht bloß um Immobilien handelt, sondern auch um die Warenvorräte und dergleichen, die vorhanden sind, daß da dem Betreffenden die Möglichkeit gegeben sein muß, die Anzeige zu erstatten.

(Direktor Harbers: Dann muß er auch daran denken!)

Gewiß, ich habe ja auch lediglich die Auffassung mitgeteilt, die gestern vertreten ist.

(Oberbürgermeister Brüning: Wir sollen immer an alles denken!)

Vorsitzender: Wir kommen zu § 71.

Regierungsrat Dr. **Leidig**-Berlin: Während jetzt im § 71 steht: Der Versicherte zahlt die Prämien bis zu Ende der Periode der Versicherung, wird gewünscht, daß mit Ablauf der Kündigungsfrist auch die Verpflichtung, die Prämie zu zahlen, aufhört, also die darüber hinausschießende Prämie wieder zurückgezahlt werden muß.

Direktor **Harbers**-Frankfurt a. M: Ich glaube, das läßt sich rechtlich doch wohl kaum begründen. Wenn Sie einmal den Fall setzen wollen, daß ein anderes Rechtsgeschäft vorliegt; es ist ein anderes Rechtsgeschäft auf mehrere Jahre gemacht, z. B. die Vermietung eines Hauses. Nun soll das ganze Vertragsverhältnis plötzlich aufhören, weil eine Veräußerung des Objektes eingetreten ist, keinerlei Obligation soll mit dem Moment bestehen bleiben? Das ist doch unmöglich. Angenommen: Bei der Veräußerung läuft ein Versicherungsvertrag noch auf mehrere Jahre. Will der Versicherte das versicherte Gebäude veräußern, so soll er zwar das Recht haben, die Versicherung zur Auflösung zu bringen, aber es ist doch nicht billig, daß er sich durch die einseitige Veräußerungshandlung von seiner ganzen noch für mehrere Jahre eingegangenen Vertragsverpflichtung aus der Versicherung befreit. Die Prämie des laufenden Jahres muß doch nach Recht und Billigkeit dem Versicherer als Aequivalent für die einseitig vom Versicherten erfolgte Auflösung des Vertrages verbleiben.

Vorsitzender: Die Diskussion ist geschlossen. Nun kommen wir zum Abschnitt: Feuerversicherung.

Regierungsrat Dr. **Leidig**-Berlin: Der gestrige Beschluß zu § 83 enthält keine sachliche Aenderung, nur eine Verdeutlichung. Es war gestern gewünscht worden, und es wurde diesem Wunsche Rechnung getragen, daß es heißen sollte: Durch Explosionen jeder Art. Das bedeutet ganz dasselbe, was auch jetzt drin steht.

Direktor **Harbers**=Frankfurt a. M.: Meine Herren, bevor Stellung genommen wird zu den §§ 82, 83 über Feuerversicherung, halte ich es doch für sehr erwünscht, wenn die Herren sich mit dem beschäftigen, was die Vereinigung der Feuerversicherungsgesellschaften hierüber in der Denkschrift ausgeführt hat. Die Vereinigung hat sehr eingehende Vorschläge über eine ihres Erachtens praktischere Regelung dieser Frage gemacht, und wir müssen uns auf den Standpunkt stellen, daß wir das aufrecht erhalten, was wir in unserer Denkschrift über diese Paragraphen bezüglich Feuerversicherung gesagt haben.

Die Herren sind vielleicht nicht in der Lage, sich hierüber schon zu erklären, weil sie sich damit wohl noch nicht beschäftigen konnten.

Regierungsrat Dr. **Leidig**-Berlin: Meine Herren, dem ist nicht ganz so. Erörterungen hierüber — es handelt sich ja namentlich um die Frage des mittelbaren Schadens — sind gestern geführt worden. Man ist aber zu der Anschauung gekommen, daß es jedenfalls im Interesse der Industrie liege, die Möglichkeit der Verpflichtung des Versicherers möglichst weit auszudehnen, zumal ja diese Paragraphen keine zwingenden Bestimmungen enthalten, sondern die Möglichkeit gegeben ist, sie in jedem einzelnen Falle abzuändern.

Von einer Seite ist gestern allerdings die Ansicht vertreten worden, daß es wünschenswert sei, in weitem Umfange nicht bloß diesen Paragraphen, sondern überhaupt die Bestimmungen über Feuerversicherung zu Zwangsbestimmungen zu machen. Diese Auffassung ist eben vertreten worden. Es ist aber über sie irgend ein Beschluß nicht gefaßt worden, sondern man ist zu der Auffassung gekommen, es dabei zu lassen, wie es jetzt im Entwurf vorgesehen ist, namentlich auch aus der Auffassung heraus, daß sonst ja sehr erhebliche Prämienerhöhungen würden eintreten müssen.

Vorsitzender: Die Diskussion ist geschlossen.

Meine Herren, § 91 ist erledigt, ebenso § 181 und die Schlußbemerkung. Da haben wir ja schon die Zusicherung bekommen, daß bei Neuaufstellung der allgemeinen Versicherungsbedingungen die Versicherungsgesellschaften mit uns Hand in Hand gehen wollen.

Damit ist unsere Tagesordnung erledigt, und ich darf vor allen Dingen den Herren von den Versicherungsgesellschaften danken für die ausführlichen Erklärungen, welche sie gegeben haben. Ich bin überzeugt, daß eine ganze Reihe von denselben auf guten Boden fallen werden.

Reichstagsabgeordneter Dr. **Beumer**-Düsseldorf: Meine Herren, ich möchte mir zunächst eine Anfrage an die Herren von der Geschäftsführung erlauben: ob wir über die heutige Verhandlung auch ein kurzes Protokoll erwarten dürfen im Anschluß an die Vorlage der Beschlüsse, die wir gestern gefaßt haben?

Generalsekretär **Bueck**-Berlin: Meine Herren, die Bestimmung über den Zeitpunkt der Herausgabe des stenographischen Berichts liegt eigentlich nicht in unserer Hand, denn die Fertigstellung hängt davon ab, wie die Herren, denen wir die Stenogramme zur Korrektur schicken, sie wieder an uns zurückgehen lassen. Es kann vorkommen, daß die Rücksendung außerordentlich verzögert wird, und dann können wir auch den Druck dieser Verhandlungen nicht beschleunigen. Wir werden die Bitte an alle Herren auch schriftlich richten, die Korrektur uns sobald als möglich zugehen zu lassen. Da aber die Möglichkeit vorhanden ist, daß der Druck des stenographischen Berichtes sich nicht so schnell durchführen lassen wird, wie es wünschenswert ist, so werde ich, wenn die Form der heutigen Verhandlungen es überhaupt möglich machen sollte, dafür sorgen, daß ein kurzes Protokoll über den tatsächlichen Teil der Verhandlungen so bald als möglich ausgefertigt und Ihnen zugestellt wird.

Reichstagsabgeordneter Dr. **Beumer**-Düsseldorf: Meine Herren, ich glaube, bevor wir auseinandergehen, haben wir wohl alle das Bedürfnis, unserem Herrn Vorsitzenden, dem Abgeordneten Vopelius, für die außerordentlich objektive und unparteiische Leitung dieser schwierigen Verhandlungen unseren herzlichen Dank abzustatten. Ich bitte Sie, zum Zeichen dessen, daß Sie damit einverstanden sind, sich von Ihren Plätzen zu erheben. (Geschieht.)

Vorsitzender: Meine Herren, ich bin Ihnen sehr dankbar.

Oberbürgermeister a. D. Generaldirektor **Brüning**-Gotha: Meine Herren, ich darf im Namen der Vertreter der Feuerversicherungsgesellschaften den geehrten Herren den Dank aussprechen für die freundliche Art und Weise, mit der sie hier die Verhandlungen geführt haben. Wenn auch vielleicht einmal an einer Stelle ein scharfes Wort gefallen ist, so werden wir ja alle das sehr bald zu vergessen wissen.

Vorsitzender: Meine Herren, dann auf Wiedersehen beim Essen.

Schluß gegen 5¾ Uhr.

III.

Entwurf eines Gesetzes über den Versicherungsvertrag.*)

Erster Abschnitt.

Vorschriften für sämtliche Versicherungszweige.

Erster Titel.

Allgemeine Vorschriften.

§ 1.

Bei der Schadensversicherung ist der Versicherer verpflichtet, nach dem Eintritte des Versicherungsfalls dem Versicherten den dadurch verursachten Vermögensschaden zu ersetzen. Bei der Lebensversicherung und der Unfallversicherung sowie bei anderen Arten der Personenversicherung ist der Versicherer verpflichtet, nach dem Eintritte des Versicherungsfalls den vereinbarten Betrag an Kapital oder Rente zu zahlen oder, soweit eine nicht in Geld bestehende Leistung vereinbart ist, diese zu bewirken.

Der Versicherte hat die vereinbarte Prämie zu entrichten. Als Prämie im Sinne dieses Gesetzes gelten auch die bei Versicherungsunternehmungen auf Gegenseitigkeit zu entrichtenden Beiträge.

§ 2.

Die Versicherung kann in der Weise genommen werden, daß sie in einem vor der Schließung des Vertrags liegenden Zeitpunkte beginnt.

Im Falle des Abs. 1 ist der Vertrag nichtig, wenn der Versicherer bei der Schließung weiß, daß die Möglichkeit des Eintritts des

*) Dieser Gesetzentwurf mit Begründung ist in Berlin bei J. Guttentag, Verlagsbuchhandlung, G. m. b. H., erschienen und durch jeden Buchhändler, sowie auch von der Geschäftsstelle des Centralverbandes Deutscher Industrieller gegen Einsendung von M. 4,35 zu beziehen.

Versicherungsfalls schon ausgeschlossen ist. Das gleiche gilt, wenn der Versicherte bei der Schließung weiß, daß der Versicherungsfall schon eingetreten ist.

Wird der Vertrag durch einen Bevollmächtigten oder einen Vertreter ohne Vertretungsmacht geschlossen, so kommt in den Fällen des Abs. 2 nicht nur die Kenntnis des Vertragschließenden, sondern auch die des Vertretenen in Betracht. Auf die Kenntnis des Vertretenen kommt es jedoch nicht an, wenn der Vertrag ohne sein Wissen geschlossen worden ist, oder eine rechtzeitige Benachrichtigung des Vertreters nicht tunlich war.

§ 3.

Ist die Dauer der Versicherung nach Tagen, Wochen, Monaten oder nach einem mehrere Monate umfassenden Zeitraume bestimmt, so beginnt die Versicherung mit der Mittagsstunde des Tages, an welchem der Vertrag geschlossen wird. Sie endigt am Mittage des letzten Tages der Frist.

§ 4.

Der Versicherer ist verpflichtet, eine von ihm unterzeichnete Urkunde über den Versicherungsvertrag (Versicherungsschein) dem Versicherten auszuhändigen.

Ist ein Versicherungsschein abhanden gekommen oder vernichtet, so kann der Versicherte von dem Versicherer die Ausstellung einer Ersatzurkunde verlangen. Läßt das Gesetz die Kraftloserklärung des Versicherungsscheins zu, so ist der Versicherer erst nach der Kraftloserklärung zur Ausstellung verpflichtet.

Der Versicherte kann jederzeit Abschriften der Erklärungen fordern, die er mit Bezug auf den Vertrag abgegeben hat.

Die Kosten der Ersatzurkunde sowie der Abschriften hat der Versicherte zu tragen und auf Verlangen vorzuschießen.

§ 5.

Der Versicherungsschein kann nicht auf den Inhaber ausgestellt werden.

Ist bestimmt, daß der Versicherer nur gegen Rückgabe des Versicherungsscheins zu leisten hat, so genügt, wenn der Versicherte behauptet, zur Rückgabe außer stande zu sein, das öffentlich beglaubigte Anerkenntnis, daß die Schuld erloschen sei. Diese Vorschrift findet keine Anwendung, wenn das Gesetz die Kraftloserklärung des Versicherungsscheins zuläßt.

§ 6.

Auf eine Vereinbarung, nach welcher die Annahme des Versicherungsscheins die Wirkung haben soll, daß der Inhalt des Scheines als von dem Versicherten genehmigt gilt, kann sich der Versicherer nur berufen, wenn durch die Vereinbarung dem Versicherten eine Frist von mindestens einem Monate für die Erhebung eines Widerspruchs gewährt ist und der Versicherte innerhalb dieser Frist Widerspruch nicht erhoben hat. Das Recht des Versicherten, die Genehmigung wegen Irrtums anzufechten, kann durch eine solche Vereinbarung nicht ausgeschlossen werden.

§ 7.

Ist im Vertrage für eine von dem Versicherten vor dem Eintritte des Versicherungsfalls vorzunehmende Handlung eine Frist mit der Maßgabe bestimmt, daß die Versäumung der Frist das Erlöschen der Ansprüche oder einen sonstigen Rechtsnachteil für den Versicherten zur Folge haben soll, so tritt der Rechtsnachteil nicht ein, wenn die Versäumung den Umständen nach als eine unverschuldete anzusehen ist und die versäumte Handlung unverzüglich nachgeholt wird.

§ 8.

Ist im Vertrage bestimmt, daß die Verletzung einer Obliegenheit die nach dem Eintritte des Versicherungsfalls dem Versicherer gegenüber zu erfüllen ist, das Erlöschen der Ansprüche oder einen sonstigen Rechtsnachteil für den Versicherten zur Folge haben soll, so tritt der Rechtsnachteil nur ein, wenn die Obliegenheit arglistig verletzt worden ist.

§ 9.

Auf eine Vereinbarung, durch welche von den Vorschriften der §§ 7, 8 zum Nachteile des Versicherten abgewichen wird, kann sich der Versicherer nicht berufen. Es kann jedoch vereinbart werden, daß dem Versicherer auch wegen einer nicht arglistigen Verletzung einer Obliegenheit, die ihm gegenüber nach dem Eintritte des Versicherungsfalls zu erfüllen ist, ein Geldbetrag als Strafe entrichtet werden soll; die Strafe darf fünf vom Hundert des Betrags, welchen der Versicherer zu zahlen hat, nicht übersteigen.

§ 10.

Die Ansprüche aus dem Versicherungsvertrage verjähren in zwei Jahren, bei der Lebensversicherung in fünf Jahren. Die Verjährung beginnt mit dem Schlusse des Jahres, in welchem die Leistung verlangt werden kann.

Eine Vereinbarung, durch welche die Verjährung der Ansprüche gegen den Versicherer erleichtert wird, ist nichtig. Das gleiche gilt von einer Vereinbarung, nach welcher der Versicherer von der Verpflichtung zur Leistung frei sein soll, wenn der Anspruch auf die Leistung nicht innerhalb einer bestimmten Frist gerichtlich geltend gemacht wird.

§ 11.

Wird über das Vermögen des Versicherers der Konkurs eröffnet, so endigt das Versicherungsverhältnis.

§ 12.

Auf eine Vereinbarung, nach welcher im Falle der Eröffnung des Konkurses über das Vermögen des Versicherten das Versicherungsverhältnis erlöschen oder der Versicherer befugt sein soll, das Versicherungsverhältnis ohne Einhaltung einer Kündigungsfrist oder unter Einhaltung einer Kündigungsfrist von weniger als einem Monate zu kündigen, kann sich der Versicherer nicht berufen.

§ 13.

Als Versicherungsperiode im Sinne dieses Gesetzes gilt, falls nicht die Prämie nach kürzeren Zeitabschnitten bemessen ist, der Zeitraum eines Jahres.

Zweiter Titel.

Anzeige der Gefahrumstände. Gefahrerhöhung.

§ 14.

Wer einen Versicherungsvertrag schließt, hat alle ihm bei der Schließung bekannten Umstände, die für die Uebernahme der Gefahr erheblich sind, dem Versicherer anzuzeigen.

Wird der Vertrag durch einen Bevollmächtigten oder durch einen Vertreter ohne Vertretungsmacht geschlossen, so sind auch die dem Vertretenen bekannten Umstände anzuzeigen. Auf die dem Vertretenen bekannten Umstände kommt es jedoch nicht an, wenn der Vertrag ohne sein Wissen geschlossen worden ist oder eine rechtzeitige Benachrichtigung des Vertreters nicht tunlich war.

§ 15.

Der Versicherer kann von dem Vertrage zurücktreten, wenn den Vorschriften des § 14 zuwider die Anzeige eines erheblichen Umstandes unterblieben ist. Das gleiche gilt, wenn die Anzeige eines erheblichen Umstandes deshalb unterblieben ist, weil sich der Versicherte oder der Vertreter der Kenntnis des Umstandes arglistig entzogen hat.

Der Rücktritt ist ausgeschlossen, wenn der Versicherer den nicht angezeigten Umstand kannte oder wenn die Anzeige ohne Verschulden des Versicherten unterblieben ist.

§ 16.

Der Versicherer kann von dem Vertrage zurücktreten, wenn über einen erheblichen Umstand eine unrichtige Anzeige gemacht worden ist.

Der Rücktritt ist ausgeschlossen, wenn die Unrichtigkeit dem Versicherer bekannt war oder die Anzeige ohne Verschulden unrichtig gemacht worden ist.

§ 17.

Ein Umstand, nach welchem der Versicherer ausdrücklich und schriftlich gefragt hat, gilt im Zweifel als erheblich.

Hatte der Versicherte die Gefahrumstände an der Hand schriftlicher von dem Versicherer gestellter Fragen anzuzeigen, so kann der Versicherer wegen unterbliebener Anzeige eines Umstandes, nach welchem nicht ausdrücklich gefragt worden ist, nur im Falle arglistiger Verschweigung zurücktreten.

§ 18.

Der Rücktritt kann nur innerhalb eines Monats erfolgen. Die Frist beginnt mit dem Zeitpunkt, in welchem der Versicherer von der Verletzung der Anzeigepflicht Kenntnis erlangt.

Der Rücktritt erfolgt durch Erklärung gegenüber dem Versicherten. Im Falle des Rücktritts sind, soweit dieses Gesetz nicht in Ansehung der Prämie ein anderes bestimmt, beide Teile verpflichtet, einander die empfangenen Leistungen zurückzugewähren; eine Geldsumme ist von der Zeit des Empfanges an zu verzinsen.

§ 19.

Nach dem Abschlusse des Vertrags darf der Versicherte nicht ohne Einwilligung des Versicherers eine Erhöhung der Gefahr vornehmen oder deren Vornahme durch einen Dritten gestatten.

§ 20.

Im Falle einer Verletzung der Vorschrift des § 19 kann der Versicherer das Versicherungsverhältnis ohne Einhaltung einer Kündigungsfrist kündigen. Beruht die Verletzung nicht auf einem Verschulden des Versicherten, so hat der Versicherte die Kündigung erst mit dem Ablauf eines Monats gegen sich gelten zu lassen.

Das Kündigungsrecht erlischt, wenn es nicht innerhalb eines Monats von dem Zeitpunkt an ausgeübt wird, in welchem der Versicherer von der Erhöhung der Gefahr Kenntnis erlangt oder wenn der Zustand wiederhergestellt ist, der vor der Erhöhung bestanden hat.

§ 21.

Der Versicherer ist im Falle einer Verletzung der Vorschrift des § 19 von der Verpflichtung zur Leistung frei, wenn der Versicherungsfall nach der Erhöhung der Gefahr eintritt.

Die Verpflichtung des Versicherers bleibt bestehen, wenn die Verletzung nicht auf einem Verschulden des Versicherten beruht. Das Gleiche gilt, wenn zur Zeit des Eintritts des Versicherungsfalls die Frist für die Ausübung des dem Versicherer zustehenden Kündigungsrechts abgelaufen und eine Kündigung nicht erfolgt ist oder wenn die Erhöhung der Gefahr keinen Einfluß auf den Eintritt des Versicherungsfalls und auf den Umfang der dem Versicherer obliegenden Leistung gehabt hat.

§ 22.

Die Vorschriften der §§ 19 bis 21 finden keine Anwendung, wenn der Versicherte zu der Erhöhung der Gefahr durch das Interesse des Versicherers oder durch ein Ereignis, für welches der Versicherer haftet, oder durch ein Gebot der Menschlichkeit veranlaßt wird.

§ 23.

Tritt nach dem Abschlusse des Vertrags eine Erhöhung der Gefahr unabhängig von dem Willen des Versicherten ein, so ist der Versicherer berechtigt, das Versicherungsverhältnis unter Einhaltung einer Kündigungsfrist von einem Monate zu kündigen. Die Vorschriften des § 20 Abs. 2 finden entsprechende Anwendung.

Der Versicherte hat, sobald er von der Erhöhung der Gefahr Kenntnis erlangt, dem Versicherer unverzüglich Anzeige zu machen.

§ 24.

Wird die im § 23 Abs. 2 vorgesehene Anzeige nicht rechtzeitig gemacht, so ist der Versicherer, wenn der Versicherungsfall später als einen Monat nach dem Zeitpunkt eintritt, in welchem die Anzeige zu erfolgen hatte, von der Verpflichtung zur Leistung frei.

Die Verpflichtung des Versicherers bleibt bestehen, wenn in dem Zeitpunkt, in welchem die Anzeige zu erfolgen hatte, die Erhöhung der Gefahr ihm bekannt war. Das gleiche gilt, wenn zur Zeit des Eintritts des Versicherungsfalls die Frist für die Ausübung des dem Versicherer zustehenden Kündigungsrechts abgelaufen und eine Kündigung nicht erfolgt ist oder wenn die Erhöhung der Gefahr keinen Einfluß auf den Eintritt des Versicherungsfalls und auf den Umfang der dem Versicherer obliegenden Leistung gehabt hat.

§ 25.

Eine Erhöhung der Gefahr im Sinne dieses Gesetzes liegt nur vor, wenn die Erhöhung auf der Aenderung eines Umstandes beruht, dessen unveränderte Fortdauer der Versicherer bei der Schließung des Vertrags voraussetzen durfte. Eine Aenderung, durch welche die Gefahr in unerheblicher Weise erhöht wird, kommt nicht in Betracht.

Ist die unveränderte Fortdauer eines Umstandes mittelst schriftlicher Erklärung des Versicherten ausdrücklich bedungen worden, so ist, wenn eine Aenderung des Umstandes erfolgt, im Zweifel anzunehmen, daß die Aenderung eine erhebliche Erhöhung der Gefahr zur Folge gehabt hat.

§ 26.

Liegen die Voraussetzungen, unter denen der Versicherer nach den Vorschriften dieses Titels zum Rücktritt oder zur Kündigung berechtigt ist, in Ansehung eines Teiles der Gegenstände oder Personen vor, auf welche sich die Versicherung bezieht, so steht dem Versicherer das Recht des Rücktritts oder der Kündigung für den übrigen Teil nur zu, wenn für diesen allein der Versicherer den Vertrag unter den gleichen Bestimmungen nicht geschlossen haben würde.

Macht der Versicherer von dem Rechte des Rücktritts oder der Kündigung in Ansehung eines Teiles der Gegenstände oder Personen Gebrauch, so kann der Versicherte das Versicherungsverhältnis in Ansehung des übrigen Teiles ohne Einhaltung einer Kündigungsfrist kündigen. Das Kündigungsrecht des Versicherten erlischt, wenn es nicht bis zum Schlusse der laufenden Versicherungsperiode geltend gemacht wird.

In den Fällen, in denen nach den §§ 21, 24 der Versicherer von der Verpflichtung zur Leistung frei ist, findet die Vorschrift des Abs. 1 entsprechende Anwendung.

§ 27.

Auf eine Vereinbarung, durch welche von den Vorschriften der §§ 14—25 zum Nachteile des Versicherten abgewichen wird, kann sich der Versicherer nicht berufen.

Für die Anzeige, welche der Versicherte bei der Schließung des Vertrags oder nach einer Erhöhung der Gefahr zu machen hat, kann die schriftliche Form vereinbart werden.

Dritter Titel.

Prämie.

§ 28.

Der Versicherte hat die Prämie und, wenn laufende Prämien bedungen sind, die erste Prämie sofort nach dem Abschlusse des Vertrags zu zahlen. Er ist zur Zahlung nur gegen Aushändigung des Versicherungsscheins verpflichtet, es sei denn, daß die Ausstellung eines Versicherungsscheins ausgeschlossen ist.

§ 29.

Leistungsort für die Entrichtung der Prämie ist der Wohnsitz des Versicherten; der Versicherte hat jedoch auf seine Gefahr und seine Kosten die Prämie dem Versicherer zu übermitteln.

Hat der Versicherte die Versicherung in seinem Gewerbebetriebe genommen, so tritt, wenn er seine gewerbliche Niederlassung an einem anderen Orte hat, der Ort der Niederlassung an die Stelle des Wohnsitzes.

§ 30.

Ist die Prämie regelmäßig bei dem Versicherten eingezogen worden, so ist dieser zur Uebermittelung der Prämie erst verpflichtet, wenn ihm der Versicherer schriftlich anzeigt, daß er die Uebermittelung verlange.

§ 31.

Wird eine Prämienzahlung, die vor oder bei dem Beginne der Versicherung zu erfolgen hat, nicht rechtzeitig bewirkt, so ist der Versicherer von der Verpflichtung zur Leistung frei, wenn der Versicherungsfall vor der Zahlung eintritt.

Der Versicherer ist, wenn die Zahlung nicht rechtzeitig bewirkt wird, berechtigt, das Versicherungsverhältnis unter Einhaltung einer

Kündigungsfrist von einem Monate zu kündigen. Die Wirkungen der Kündigung treten nicht ein, wenn die Zahlung bis zum Ablaufe der Kündigungsfrist erfolgt.

§ 32.

War zur Zeit des Eintritts des Versicherungsfalles der Versicherungsschein dem Versicherten ausgehändigt, so ist der Versicherer zur Leistung verpflichtet, auch wenn die Prämie noch nicht gezahlt worden ist. Eine Bestimmung, nach welcher der Vertrag ungeachtet der Aushändigung des Versicherungsscheines erst mit der Zahlung der Prämie wirksam wird, gilt als nicht getroffen.

§ 33.

Wird eine Prämienzahlung, die nach dem Beginne der Versicherung zu erfolgen hat, nicht rechtzeitig bewirkt, so kann der Versicherer dem Versicherten auf dessen Kosten eine Zahlungsfrist bestimmen. Tritt der Versicherungsfall nach dem Ablaufe der Frist ein und ist zur Zeit des Eintritts der Versicherte mit der Zahlung der Prämie oder der geschuldeten Zinsen oder Kosten im Verzuge, so ist der Versicherer von der Verpflichtung zur Leistung frei. Der Versicherer ist nach dem Ablaufe der Frist, wenn der Versicherte mit der Zahlung im Verzug ist, berechtigt, das Versicherungsverhältnis ohne Einhaltung einer Kündigungsfrist zu kündigen.

Die Bestimmung der Zahlungsfrist hat schriftlich zu geschehen und eine genaue Angabe der Rechtsfolgen zu enthalten, welche nach Abs. 1 mit dem Ablaufe der Frist verbunden sind. Die Frist darf nicht weniger als zwei Wochen betragen. Eine Fristbestimmung, die ohne Beobachtung dieser Vorschriften erfolgt, ist unwirksam.

Soweit die im Abs. 1 bezeichneten Rechtsfolgen davon abhängen, daß Zinsen oder Kosten nicht gezahlt worden sind, treten die Rechtsfolgen nur ein, wenn die Fristbestimmung die Höhe der Zinsen oder den Betrag der Kosten angibt.

§ 34.

Wird das Versicherungsverhältnis auf Grund der Vorschriften dieses oder des vorhergehenden Titels durch Rücktritt oder Kündigung aufgehoben, so gebührt dem Versicherer gleichwohl die Prämie, jedoch nicht über die laufende Versicherungsperiode hinaus. Kündigt der Versicherer gemäß § 31 Abs. 2, so kann er nur eine angemessene Geschäftsgebühr, jedoch nicht mehr als den halben Betrag einer Jahresprämie, verlangen.

Ist ein Versicherungsvertrag auf Grund der Vorschriften des § 2 nichtig, weil der Versicherte oder sein Vertreter wußte, daß der Versicherungsfall schon eingetreten war, so gebührt dem Versicherer, wenn er nicht bei der Schließung des Vertrags von der Nichtigkeit Kenntnis hatte, die Prämie bis zum Schlusse der Versicherungsperiode, in welcher er von der Nichtigkeit Kenntnis erlangt.

Endigt das Versicherungsverhältnis infolge der Eröffnung des Konkurses über das Vermögen des Versicherers, so kann der Versicherte den auf die Zeit nach der Beendigung des Versicherungsverhältnisses entfallenden Teil der Prämie unter Abzug des Betrags der für diese Zeit aufgewendeten Kosten zurückfordern.

§ 35.

Ist die dem Versicherten bei der Schließung des Vertrags obliegende Anzeigepflicht verletzt worden, das Rücktrittsrecht des Versicherers aber ausgeschlossen, weil dem anderen Teile ein Verschulden nicht zur Last fällt, so kann der Versicherer, falls er höhere Gefahr nach dem von ihm bei der Schließung des Vertrags zu Grunde gelegten Tarife nur gegen Zahlung einer höheren Prämie übernimmt, von dem Beginne der laufenden Versicherungsperiode an die höhere Prämie verlangen. Das Gleiche gilt, wenn bei der Schließung des Vertrags ein für die Uebernahme der Gefahr erheblicher Umstand dem Versicherer nicht angezeigt worden ist, weil er dem anderen Teile nicht bekannt war. Wird die höhere Gefahr nach den für den Geschäftsbetrieb des Versicherers geltenden Bestimmungen auch gegen die Zahlung einer höheren Prämie nicht übernommen, so kann der Versicherer das Versicherungsverhältnis unter Einhaltung einer Kündigungsfrist von einem Monate kündigen.

Der Anspruch auf die höhere Prämie erlischt, wenn er nicht innerhalb eines Monats von dem Zeitpunkt an geltend gemacht wird, in welchem der Versicherer von der Verletzung der Anzeigepflicht oder von dem nicht angezeigten Umstande Kenntnis erlangt. Das Gleiche gilt von dem Kündigungsrechte, wenn es nicht innerhalb des bezeichneten Zeitraums ausgeübt wird.

§ 36.

Auf eine Vereinbarung, durch welche von den Vorschriften der §§ 30 bis 35 zum Nachteile des Versicherten abgewichen wird, kann sich der Versicherer nicht berufen. Es kann jedoch vereinbart werden, daß dem Versicherer die ganze Prämie gebührt, wenn er auf Grund der §§ 15, 16 von dem Vertrage zurücktritt und eine arglistige Verletzung der Anzeigepflicht vorliegt oder wenn der Versicherungsvertrag auf Grund der Vorschriften des § 2 nichtig ist, weil der Versicherte oder sein Vertreter wußte, daß der Versicherungsfall schon eingetreten war.

Vierter Titel.

Versicherungsfall.

§ 37.

Der Versicherte ist, sobald er von dem Eintritte des Versicherungsfalls Kenntnis erlangt, verpflichtet, dem Versicherer unverzüglich Anzeige zu machen. Steht das Recht auf die Leistung einem anderen als dem Versicherten zu, so liegt die Pflicht zur Anzeige dem anderen ob.

§ 38.

Der Versicherer kann nach dem Eintritte des Versicherungsfalls verlangen, daß der Versicherte jede Auskunft erteilt, die zur Feststellung des Versicherungsfalls oder des Umfanges der Leistungspflicht des Versicherers erforderlich ist. Steht das Recht auf die Leistung einem anderen als dem Versicherten zu, so liegt die Pflicht zur Auskunft dem anderen ob.

Belege kann der Versicherer nur insoweit fordern, als die Beschaffung billiger Weise dem Versicherten zugemutet werden kann. Auf eine Vereinbarung, durch welche von dieser Vorschrift zum Nachteile des Versicherten abgewichen wird, kann sich der Versicherer nicht berufen.

§ 39.

Zur Sicherung des Beweises kann jeder Teil eine gerichtliche Beweisaufnahme über den Eintritt des Versicherungsfalles oder über den Umfang der hierdurch begründeten Leistungspflicht des Versicherers beantragen, auch wenn die Voraussetzungen des § 485 der Civilprozeßordnung nicht vorliegen.

§ 40.

Auf eine Vereinbarung, nach welcher die Leistung des Versicherers erst mit der Feststellung des Anspruchs durch Anerkenntnis, Vergleich oder rechtskräftiges Urteil fällig werden soll, kann sich der Versicherer nicht berufen.

Fünfter Titel.

Versicherungsagenten.

§ 41.

Ein Versicherungsagent gilt, auch wenn er nur mit der Vermittelung von Versicherungsgeschäften betraut ist, als bevollmächtigt, in dem Versicherungszweige, für den er bestellt ist:

1. Anträge auf Schließung eines Versicherungsvertrages sowie den Widerruf solcher Anträge entgegenzunehmen;
2. die Anzeigen, welche während der Versicherung zu machen sind, sowie Kündigungs- und Rücktrittserklärungen oder sonstige das Versicherungsverhältnis betreffende Erklärungen von dem Versicherten entgegenzunehmen;
3. die von dem Versicherer ausgefertigten Versicherungsscheine oder Verlängerungsscheine auszuhändigen;
4. fällige Prämien anzunehmen.

§ 42.

Ist ein Versicherungsagent zum Abschlusse von Versicherungsverträgen bevollmächtigt, so ist er auch befugt, die Aenderung oder Verlängerung solcher Verträge zu vereinbaren, sowie Kündigungs- und Rücktrittserklärungen abzugeben.

§ 43.

Soweit nach den Vorschriften dieses Gesetzes die Kenntnis des Versicherers von Erheblichkeit ist, steht die Kenntnis eines nur mit der Vermittelung von Versicherungsgeschäften betrauten Agenten der Kenntnis des Versicherers nicht gleich.

§ 44.

Eine Beschränkung der dem Versicherungsagenten nach den Vorschriften dieses Titels zustehenden Vertretungsmacht braucht ein Dritter nur dann gegen sich gelten zu lassen, wenn er die Beschränkung bei der Vornahme des Geschäfts oder der Rechtshandlung kannte oder kennen mußte.

Auf eine Vereinbarung, durch welche von der Vorschrift des Abs. 1 abgewichen wird, kann sich der Versicherer nicht berufen. Die Vorschrift des § 27 Abs. 2 bleibt unberührt.

Zweiter Abschnitt.

Schadensversicherung.

Erster Titel.

Vorschriften für die gesamte Schadensversicherung.

I. Inhalt des Vertrags.

§ 45.

Der Versicherer hat den Schadensersatz in Geld zu leisten.

§ 46.

Der Versicherer haftet nur bis zur Höhe der Versicherungssumme.

§ 47.

Ergibt sich, daß die Versicherungssumme erheblich höher ist als der Wert des versicherten Interesses (Versicherungswert), so kann sowohl der Versicherer als der Versicherte verlangen, daß die Versicherungssumme, unter entsprechender Ermäßigung der Prämie für die künftigen Versicherungsperioden, herabgesetzt wird.

Hat der Versicherte eine Versicherung, bei welcher die Versicherungssumme den Versicherungswert übersteigt, in der Absicht abgeschlossen, sich einen rechtswidrigen Vermögensvorteil zu verschaffen, so ist der Vertrag nichtig. Dem Versicherer gebührt gleichwohl die ganze Prämie, es sei denn, daß ihm die Absicht des Versicherten bekannt war.

§ 48.

Bezieht sich die Versicherung auf eine Sache, so gilt, soweit sich nicht aus den Umständen ein anderes ergibt, der Wert der Sache als Versicherungswert.

§ 49.

Die Versicherung umfaßt den durch den Eintritt des Versicherungsfalls entgehenden Gewinn nur, soweit dies besonders vereinbart ist.

§ 50.

Der Versicherer ist, auch wenn die Versicherungssumme höher ist als der Versicherungswert zur Zeit des Eintritts des Versicherungsfalls, nicht verpflichtet, dem Versicherten mehr als den Betrag des Schadens zu ersetzen.

§ 51.

Ist die Versicherungssumme niedriger als der Versicherungswert zur Zeit des Eintritts des Versicherungsfalls (Unterversicherung), so haftet der Versicherer für den Schaden nur nach dem Verhältnisse der Versicherungssumme zu diesem Werte.

§ 52.

Der Versicherungswert kann durch Vereinbarung auf einen bestimmten Betrag (Taxe) festgesetzt werden. Die Taxe gilt auch als der Wert, den das versicherte Interesse zur Zeit des Eintritts des Versicherungsfalls hat, es sei denn, daß sie den wirklichen Versicherungswert in diesem Zeitpunkt erheblich übersteigt. Ist die Versicherungssumme niedriger als die Taxe, so haftet der Versicherer, auch wenn die Taxe erheblich übersetzt ist, für den Schaden nur nach dem Verhältnisse der Versicherungssumme zur Taxe.

§ 53.

Wird ein versichertes Interesse später gegen dieselbe Gefahr bei einem anderen Versicherer versichert, so ist diesem bei der Schließung des Vertrags von der früheren Versicherung, dem ersten Versicherer unverzüglich nach der Schließung von der neuen Versicherung Mitteilung zu machen.

In der Mitteilung ist der Versicherer, bei welchem die andere Versicherung genommen worden ist, zu bezeichnen und die Versicherungssumme anzugeben.

Auf eine Vereinbarung, nach welcher die Verletzung der Verpflichtung zur Mitteilung der anderen Versicherung das Erlöschen der Ansprüche oder einen sonstigen Rechtsnachteil für den Versicherten zur Folge haben soll, kann sich der Versicherer nicht berufen, wenn dem Versicherten ein Verschulden nicht zur Last fällt.

§ 54.

Ist ein Interesse gegen dieselbe Gefahr bei mehreren Versicherern versichert und übersteigen die Versicherungssummen zusammen den Wert, den das versicherte Interesse zur Zeit des Eintritts des Versicherungsfalls hat (Doppelversicherung), so sind die Versicherer in der Weise als Gesamtschuldner verpflichtet, daß dem Versicherten jeder Versicherer für den Betrag haftet, dessen Zahlung ihm nach seinem Vertrag obliegt, der Versicherte aber im ganzen nicht mehr als den Betrag des Schadens verlangen kann.

Die Versicherer sind im Verhältnisse zu einander zu Anteilen nach Maßgabe der Beträge verpflichtet, deren Zahlung ihnen dem Versicherten gegenüber vertragsmäßig obliegt.

Hat der Versicherte Verträge in der Absicht geschlossen, sich durch Doppelversicherung einen rechtswidrigen Vermögensvorteil zu verschaffen, so sind die sämtlichen in dieser Absicht geschlossenen Verträge nichtig. Ein ohne solche Absicht eingegangenes Versicherungsverhältnis endigt, wenn später ein anderes Versicherungsverhältnis in solcher Absicht eingegangen wird. Jeder Versicherer kann die ganze Prämie verlangen.

§ 55.

Der Versicherer ist auch dann zur Leistung verpflichtet, wenn der Versicherungsfall durch das Verhalten des Versicherten herbeigeführt worden ist, es sei denn, daß das Verhalten auf Vorsatz oder grober Fahrlässigkeit beruht.

§ 56.

Der Versicherte ist verpflichtet, nach dem Eintritte des Versicherungsfalls, soweit tunlich, für die Abwendung und die Minderung des Schadens zu sorgen und dabei die Weisungen des Versicherers zu befolgen; er hat, wenn die Umstände es gestatten, solche Weisungen einzuholen. Sind mehrere Versicherer beteiligt und sind von ihnen entgegenstehende Weisungen gegeben, so hat der Versicherte nach eigenem pflichtmäßigen Ermessen zu handeln.

§ 57.

Soll nach dem Vertrage die Höhe des Schadens im Wege eines Abschätzungsverfahrens durch Sachverständige bestimmt werden, so ist die getroffene Bestimmung nicht verbindlich, wenn das Ergebnis offenbar von der wirklichen Sachlage erheblich abweicht. Die Bestimmung erfolgt in diesem Falle durch Urteil. Das gleiche gilt, wenn die Sachverständigen die Bestimmung nicht treffen können oder wollen oder sie verzögern.

Sind nach dem Vertrage die Sachverständigen durch das Gericht zu ernennen, so ist für die Ernennung das Amtsgericht zuständig, in dessen Bezirke der Schaden entstanden ist. Durch eine ausdrückliche Vereinbarung der Beteiligten kann die Zuständigkeit eines anderen

Amtsgerichts begründet werden. Eine Anfechtung der Verfügung, durch welche dem Antrag auf Ernennung der Sachverständigen stattgegeben wird, ist ausgeschlossen.

Eine Vereinbarung, durch welche von der Vorschrift des Abs. 1 Satz 1 abgewichen wird, ist nichtig.

§ 58.

Aufwendungen, die der Versicherte zur Abwendung oder Minderung des Schadens macht, fallen, auch wenn sie erfolglos bleiben, dem Versicherer zur Last, soweit der Versicherte sie den Umständen nach für geboten halten durfte. Der Versicherer hat Aufwendungen, die in Gemäßheit der von ihm gegebenen Weisungen gemacht worden sind, auch insoweit zu ersetzen, als sie zusammen mit der übrigen Entschädigung die Versicherungssumme übersteigen. Er hat den für die Aufwendungen erforderlichen Betrag auf Verlangen des Versicherten vorzuschießen.

Bei einer Unterversicherung sind die Aufwendungen nur nach dem in den §§ 51, 52 bezeichneten Verhältnisse zu erstatten.

§ 59.

Ist der Schaden bis zum Ablaufe von zwei Monaten seit der Anzeige des Versicherungsfalls ohne Verschulden des Versicherten noch nicht vollständig festgestellt, so kann der Versicherte in Anrechnung auf die Gesamtforderung die Zahlung des Betrags verlangen, den der Versicherer nach Lage der Sache mindestens zu zahlen hat.

§ 60.

Der Versicherer hat dem Versicherten die Kosten, welche durch die Ermittelung und Feststellung des dem Versicherer zur Last fallenden Schadens entstehen, insoweit zu erstatten, als ihre Aufwendung den Umständen nach geboten ist.

Die Kosten, welche dem Versicherten durch die Zuziehung eines Sachverständigen oder eines Beistandes entstehen, hat der Versicherer nicht zu erstatten, es sei denn, daß der Versicherte nach dem Vertrage zu der Zuziehung verpflichtet war.

Bei einer Unterversicherung sind die nach den Abs. 1, 2 dem Versicherer zur Last fallenden Kosten nur nach dem in den §§ 51, 52 bezeichneten Verhältnisse zu erstatten.

Im Falle des § 57 kann der Versicherte den Ersatz der ihm durch das Abschätzungsverfahren entstandenen Kosten nach dem Verhältnisse verlangen, in welchem der ihm zugesprochene Teil des streitigen Betrags zu dem gesamten streitigen Betrage steht.

§ 61.

Steht dem Versicherten ein Anspruch auf Ersatz des Schadens gegen einen Dritten zu, so geht der Anspruch auf den Versicherer über, soweit dieser dem Versicherten den Schaden ersetzt. Der Uebergang kann nicht zum Nachteile des Versicherten geltend gemacht werden. Gibt der Versicherte seinen Anspruch gegen den Dritten oder ein zur Sicherung des Anspruchs dienendes Recht auf, so wird der Versicherer von seiner Ersatzpflicht insoweit frei, als er aus dem Anspruch oder dem Rechte hätte Ersatz erlangen können.

Richtet sich der Ersatzanspruch des Versicherten gegen einen mit ihm in häuslicher Gemeinschaft lebenden Familienangehörigen, so ist der Uebergang ausgeschlossen; der Anspruch geht jedoch über, wenn der Angehörige den Schaden vorsätzlich oder durch grobe Fahrlässigkeit verursacht hat.

§ 62.

Der Versicherer haftet nach dem Eintritt eines Versicherungsfalls für den durch einen späteren Versicherungsfall verursachten Schaden nur bis zur Höhe des Restbetrags der Versicherungssumme. Für die künftigen Versicherungsperioden gebührt ihm nur ein verhältnismäßiger Teil der Prämie.

§ 63.

Soweit gemäß § 62 nach dem Eintritt eines Versicherungsfalls das Versicherungsverhältnis fortbesteht, ist jeder Teil berechtigt, es zu kündigen, der Versicherer unter Einhaltung einer Frist von einem Monate, der Versicherte ohne Einhaltung einer Kündigungsfrist.

Das Kündigungsrecht erlischt, wenn es nicht unverzüglich nach der Zahlung der Entschädigung oder, falls der Versicherer den Ersatz verweigert, innerhalb eines Monats nach der Verweigerung ausgeübt wird.

Wird das Versicherungsverhältnis gekündigt, so gebührt dem Versicherer die Prämie für die laufende Versicherungsperiode. Kündigt der Versicherer, so gebührt ihm von der auf den Restbetrag der Versicherungssumme entfallenden Prämie nur der Teil, welcher der schon abgelaufenen Versicherungszeit entspricht.

§ 64.

Besteht das Interesse, für welches die Versicherung genommen ist, bei dem Beginne der Versicherung ganz oder teilweise nicht oder gelangt, falls die Versicherung für ein künftiges Unternehmen oder sonst für ein künftiges Interesse genommen ist, das Interesse ganz oder teilweise nicht zur Entstehung, so ist der Versicherte ganz oder zu einem verhältnismäßigen Teile von der Verpflichtung zur Zahlung der Prämie frei; der Versicherer kann, soweit ihm die Prämie hiernach nicht gebührt, eine angemessene Geschäftsgebühr, jedoch nicht mehr als den halben Betrag einer Jahresprämie, verlangen.

Fällt das Interesse, für welches die Versicherung genommen ist, nach dem Beginne der Versicherung vollständig weg, so gebührt dem Versicherer die Prämie für die laufende Versicherungsperiode; fällt das Interesse nur teilweise weg, so behält er außerdem den Anspruch auf eine verhältnismäßig geminderte Prämie für die künftigen Versicherungsperioden.

§ 65.

Eine Vereinbarung, nach welcher ein für eine bestimmte Zeit eingegangenes Versicherungsverhältnis mit dem Ablaufe dieser Zeit als stillschweigend verlängert gelten soll, wenn es nicht vorher gekündigt wird, ist insoweit nichtig, als die Verlängerung für mehr als ein Jahr bedungen ist.

II. Veräußerung der versicherten Sache.

§ 66.

Wird die versicherte Sache von dem Versicherten veräußert, so tritt an Stelle des Veräußerers der Erwerber in die sich während der Dauer seines Eigentums aus dem Versicherungsverhältnis ergebenden Rechte und Pflichten des Versicherten ein.

Die Veräußerung ist dem Versicherer unverzüglich anzuzeigen.

§ 67.

Für die Prämie, welche auf die zur Zeit des Eintritts laufende Versicherungsperiode entfällt, haften der Veräußerer und der Erwerber als Gesamtschuldner.

Der Versicherer hat in Ansehung der durch das Versicherungsverhältnis gegen ihn begründeten Forderungen die Veräußerung erst dann gegen sich gelten zu lassen, wenn er von ihr Kenntnis erlangt; die Vorschriften der §§ 406 bis 408 des Bürgerlichen Gesetzbuches finden entsprechende Anwendung.

§ 68.

Der Versicherer ist berechtigt, dem Erwerber das Versicherungsverhältnis unter Einhaltung einer Frist von mindestens einem Monate zu kündigen. Das Kündigungsrecht erlischt, wenn der Versicherer es nicht innerhalb eines Monats von dem Zeitpunkt an ausübt, in welchem er von der Veräußerung Kenntnis erlangt.

§ 69.

Wird die im § 66 Abs. 2 vorgesehene Anzeige weder von dem Erwerber noch von dem Veräußerer rechtzeitig gemacht, so ist der Versicherer, wenn der Versicherungsfall später als einen Monat nach dem Zeitpunkt eintritt, in welchem die Anzeige zu erfolgen hatte, von der Verpflichtung zur Leistung frei.

Die Verpflichtung des Versicherers zur Leistung bleibt bestehen, wenn in dem Zeitpunkt, in welchem die Anzeige zu erfolgen hatte, die Veräußerung ihm bekannt war. Das Gleiche gilt, wenn zur Zeit des Eintritts des Versicherungsfalls die Frist zur Ausübung des dem Versicherer zustehenden Kündigungsrechts abgelaufen und eine Kündigung nicht erfolgt ist.

§ 70.

Der Eintritt des Erwerbers in die Rechte und Pflichten des Versicherten kann durch eine Vereinbarung zwischen diesem und dem Erwerber ausgeschlossen werden.

Hat der Erwerber von der Versicherung keine Kenntnis gehabt, so kann er das Versicherungsverhältnis ohne Einhaltung einer Kündigungsfrist kündigen. Das Kündigungsrecht erlischt, wenn der Erwerber es nicht innerhalb eines Monats von dem Zeitpunkt an ausübt, in welchem er von der Versicherung Kenntnis erlangt.

§ 71.

Wird das Versicherungsverhältnis auf Grund des § 68 oder des § 70 Abs. 2 gekündigt, so hat der Veräußerer dem Versicherer die Prämie zu zahlen, jedoch nicht über die zur Zeit der Beendigung des Versicherungsverhältnisses laufende Versicherungsperiode hinaus; eine Haftung des Erwerbers für die Prämie findet in diesen Fällen nicht statt.

§ 72.

Auf eine Bestimmung des Versicherungsvertrags, durch welche von den Vorschriften der §§ 66 bis 71 zum Nachteile des Erwerbers abgewichen wird, kann sich der Versicherer nicht berufen.

§ 73.

Bei einer Zwangsversteigerung der versicherten Sache finden die Vorschriften der §§ 66 bis 72 mit der Maßgabe entsprechende Anwendung, daß der Ersteher auch dann kündigen kann, wenn er von der Versicherung Kenntnis gehabt hat. Im Falle einer solchen Kenntnis erlischt das Kündigungsrecht des Erwerbers, wenn es nicht innerhalb eines Monats nach dem Zuschlag ausgeübt wird.

III. Versicherung für fremde Rechnung.

§ 74.

Die Versicherung kann von demjenigen, welcher den Vertrag mit dem Versicherer schließt, im eigenen Namen für einen anderen, mit oder ohne Benennung der Person des Versicherten, genommen werden (Versicherung für fremde Rechnung).

Ergibt sich aus den Umständen nicht, daß die Versicherung für fremde Rechnung genommen werden soll, so gilt sie als für eigene Rechnung genommen.

§ 75.

Bei der Versicherung für fremde Rechnung stehen die Rechte aus dem Versicherungsvertrage dem Versicherten zu. Die Aushändigung eines Versicherungsscheins kann jedoch nur der Versicherungsnehmer verlangen.

Der Versicherte kann über seine Rechte ohne Zustimmung des Versicherungsnehmers nur verfügen, wenn er im Besitz eines Versicherungsscheins ist.

§ 76.

Der Versicherungsnehmer kann über die Rechte aus dem Versicherungsvertrage im eigenen Namen verfügen. Zur Geltendmachung der Entschädigungsforderung ist er jedoch ohne Zustimmung des Versicherten nicht befugt, wenn dieser im Besitz eines Versicherungsscheins ist.

Der Versicherer ist zur Zahlung der Entschädigung nur verpflichtet, wenn der Versicherungsnehmer ihm gegenüber nachweist, daß der Versicherte seine Zustimmung zu der Versicherung erteilt hat.

§ 77.

Der Versicherer kann gegen die Entschädigungsforderung eine Forderung, die ihm gegen den Versicherungsnehmer zusteht, insoweit aufrechnen, als sie auf dem Versicherungsverhältnisse beruht.

§ 78.

Die Vorschriften dieses Gesetzes, nach welchen im Falle der Schließung des Vertrags durch einen Vertreter nicht nur die Kenntnis oder Arglist des Vertreters, sondern auch die des Vertretenen in Betracht kommt, finden bei der Versicherung für fremde Rechnung auf die Kenntnis sowie die Arglist des Versicherungsnehmers und des Versicherten entsprechende Anwendung.

§ 79.

Ist die Versicherung für Rechnung „wen es angeht" genommen oder ist in anderer Weise unbestimmt gelassen, ob eigenes oder fremdes Interesse versichert ist, so kommen die Vorschriften der §§ 75 bis 78 zur Anwendung, wenn sich ergibt, daß fremdes Interesse versichert ist.

Zweiter Titel.

Feuerversicherung.

§ 80.

Bei der Feuerversicherung erlischt ein dem Versicherer gemachter Antrag auf Schließung, Verlängerung oder Aenderung des Vertrags, wenn er nicht binnen einer Frist von zwei Wochen angenommen wird. Die Vorschriften des § 149 des Bürgerlichen Gesetzbuchs bleiben unberührt.

Wird der Antrag einem Abwesenden gemacht, so beginnt die Frist mit dem Tage der Absendung des Antrags.

Eine Bestimmung, durch welche von den Vorschriften der Abs. 1, 2 abgewichen wird, ist nichtig. Es kann jedoch an Stelle der im Abs. 1 Satz 1 bezeichneten Frist eine andere festbestimmte Frist gesetzt werden.

§ 81.

Der Versicherer haftet für den durch Brand entstandenen Schaden ohne Rücksicht auf die Ursache des Brandes. Er haftet jedoch nicht, wenn der Brand durch Maßregeln verursacht wird, die im Kriege oder nach der Erklärung des Kriegszustandes von einem militärischen Befehlshaber angeordnet worden sind, oder wenn der Brand bei einem Aufruhr oder einem Landfriedensbruch entsteht.

§ 82.

Der Versicherer hat den Schaden zu ersetzen, welcher die versicherten Sachen durch die unmittelbare Einwirkung des Feuers oder als unvermeidliche Folge des Brandereignisses trifft (Brandschaden).

Als Brandschaden ist auch ein Schaden anzusehen, der bei dem Brande durch Löschen, Niederreißen oder Ausräumen entsteht. Das Gleiche gilt von einem Schaden, der dadurch entsteht, daß versicherte Sachen bei dem Brande abhanden kommen.

§ 83.

Als Brandschaden gilt auch ein Schaden, der durch Blitzschlag oder durch Explosion verursacht ist.

§ 84.

Ist die Versicherung für einen Inbegriff von Sachen genommen, so umfaßt sie die jeweils zu dem Inbegriffe gehörenden Sachen.

Die Versicherung erstreckt sich auf die Sachen der zur Familie des Versicherten gehörenden sowie der in einem Dienstverhältnisse zu ihm stehenden Personen, sofern diese Personen in häuslicher Gemeinschaft mit dem Versicherten leben. Die Versicherung gilt insoweit als für fremde Rechnung genommen.

§ 85.

Als Versicherungswert gilt bei Haushalts- und sonstigen Gebrauchsgegenständen, bei Arbeitsgerätschaften und Maschinen derjenige Betrag, welcher erforderlich ist, um Sachen gleicher Art anzuschaffen, unter Abzug eines dem Unterschiede zwischen alt und neu entsprechenden Betrags.

§ 86.

Ist bei der Versicherung beweglicher Sachen eine Taxe vereinbart, so gilt diese nur als der Wert, den das versicherte Interesse zur Zeit der Schließung des Vertrags hat.

§ 87.

Als Versicherungswert gilt bei Gebäuden der ortsübliche Bauwert unter Abzug eines dem Zustande des Gebäudes, insbesondere dem Alter und der Abnutzung, entsprechenden Betrags.

§ 88.

Bei der Versicherung des durch den Eintritt des Versicherungsfalls entgehenden Gewinns kann eine Taxe nicht vereinbart werden.

§ 89.

Wird in Ansehung einer Sache, welche in der Weise versichert ist, daß die Versicherung den durch den Eintritt des Versicherungsfalls entgehenden Gewinn nicht umfaßt, bei einem anderen Versicherer der entgehende Gewinn versichert, so finden die Vorschriften des § 53 entsprechende Anwendung. Das Gleiche gilt, wenn eine Sache, in Ansehung deren nur der entgehende Gewinn versichert ist, bei einem anderen Versicherer gegen den übrigen durch den Versicherungsfall entstehenden Schaden versichert wird.

§ 90.

Bei der Gebäudeversicherung muß die im Falle einer nicht rechtzeitigen Zahlung der Prämie nach § 33 zu bestimmende Zahlungsfrist mindestens einen Monat betragen.

§ 91.

Der im § 37 vorgesehenen Pflicht zur Anzeige des Versicherungsfalls wird genügt, wenn die Anzeige innerhalb einer Frist von zwei Tagen erfolgt. Auf eine Vereinbarung, durch welche von dieser Vorschrift zum Nachteile des Versicherten abgewichen wird, kann sich der Versicherer nicht berufen.

Es kann vereinbart werden, daß auch eine nicht arglistige Verletzung der Pflicht zur Anzeige des Versicherungsfalls das Erlöschen der Ansprüche oder einen sonstigen Rechtsnachteil für den Versicherten zur Folge haben soll. Der Versicherer kann sich jedoch auf eine solche Vereinbarung nicht berufen, wenn er in anderer Weise von dem Versicherungsfalle rechtzeitig Kenntnis erlangt hat oder wenn die Pflicht zur Anzeige ohne Verschulden verletzt worden ist; die Vorschrift des § 9 Satz 2 über die Zulässigkeit einer Vertragsstrafe bleibt unberührt.

§ 92.

Bis zur Feststellung des an einem Gebäude entstandenen Schadens darf der Versicherte ohne Einwilligung des Versicherers nur solche Aenderungen vornehmen, welche zur Erfüllung der ihm nach § 56 obliegenden Pflicht oder im öffentlichen Interesse geboten sind.

§ 93.

Ist der Versicherer nach den Versicherungsbestimmungen nur verpflichtet, die Entschädigungssumme zur Wiederherstellung des versicherten Gebäudes zu zahlen, so kann der Versicherte die Zahlung erst verlangen, wenn die bestimmungsmäßige Verwendung des Geldes gesichert ist.

§ 94.

Im Falle des § 93 ist eine Zahlung, welche ohne die Sicherung der bestimmungsmäßigen Verwendung des Geldes geleistet wird, dem Hypothekengläubiger gegenüber nur wirksam, wenn ihm der Versicherer oder der Versicherte angezeigt hat, daß ohne Sicherung geleistet werden soll, und seit dem Empfange der Anzeige ein Monat verstrichen ist.

Soweit im Falle des § 93 die Entschädigungssumme nicht zu einer den Versicherungsbestimmungen entsprechenden Wiederherstellung verwendet werden soll, kann der Versicherer mit Wirkung gegen den

Hypothekengläubiger erst zahlen, wenn er oder der Versicherte die Absicht, von der bestimmungsmäßigen Verwendung abzuweichen, dem Hypothekengläubiger angezeigt hat und seit dem Empfange der Anzeige ein Monat verstrichen ist.

Die Vorschriften des § 1128 Abs. 1 Satz 2, 3 des Bürgerlichen Gesetzbuchs finden entsprechende Anwendung.

§ 95.

Hat im Falle der Gebäudeversicherung ein Hypothekengläubiger seine Hypothek dem Versicherer angemeldet, so wirkt eine Kündigung, ein Rücktritt oder eine sonstige Tatsache, welche die Beendigung des Versicherungsverhältnisses zur Folge hat, gegenüber dem Hypothekengläubiger erst mit dem Ablauf eines Monats, nachdem die Beendigung und, sofern diese noch nicht eingetreten war, auch der Zeitpunkt der Beendigung ihm durch den Versicherer mitgeteilt worden oder in anderer Weise zu seiner Kenntnis gelangt ist.

Eine sich aus dem § 47 Abs. 2 oder dem § 54 Abs. 3 Satz 1 ergebende Nichtigkeit des Versicherungsvertrags kann gegenüber einem Hypothekengläubiger, der seine Hypothek dem Versicherer angemeldet hat, nicht geltend gemacht werden. Das Versicherungsverhältnis endigt jedoch ihm gegenüber mit dem Ablauf eines Monats, nachdem die Nichtigkeit ihm durch den Versicherer mitgeteilt worden oder in anderer Weise zu seiner Kenntnis gelangt ist.

Die Vorschrift des Abs. 1 findet keine Anwendung, wenn das Versicherungsverhältnis wegen nicht rechtzeitiger Prämienzahlung gekündigt oder durch den Konkurs des Versicherers beendigt wird.

§ 96.

Ist bei der Gebäudeversicherung der Versicherer wegen des Verhaltens des Versicherten von der Verpflichtung zur Leistung frei, so bleibt gleichwohl seine Verpflichtung gegenüber einem Hypothekenläubiger bestehen, der seine Hypothek dem Versicherer angemeldet hat.

Diese Vorschrift findet keine Anwendung, wenn der Versicherer wegen nicht rechtzeitiger Prämienzahlung von der Verpflichtung zur Leistung frei ist.

§ 97.

Soweit der Versicherer auf Grund der Vorschriften der §§ 95, 96 den Hypothekengläubiger befriedigt, geht die Hypothek auf ihn über. Der Uebergang kann nicht zum Nachteile eines nachstehenden Hypothekengläubigers geltend gemacht werden, der seine Hypothek dem Versicherer angemeldet hatte.

§ 98.

Bei der Gebäudeversicherung hat der Versicherer dem Hypothekengläubiger, der seine Hypothek angemeldet hat, unverzüglich Mitteilung zu machen, wenn eine Prämienzahlung der im § 31 bezeichneten Art nicht rechtzeitig bewirkt oder dem Versicherten nach den §§ 33, 90 für die Zahlung der Prämie eine Frist bestimmt wird. Das gleiche gilt, wenn das Versicherungsverhältnis wegen nicht rechtzeitiger Prämienzahlung gekündigt wird.

§ 99.

Die in den §§ 95, 98 vorgesehenen Mitteilungen gelten, wenn sich der Versicherer eines eingeschriebenen Briefes bedient, mit der Absendung des Briefes als erfolgt.

§ 100.

Bei der Gebäudeversicherung darf der Versicherer, auch wenn der Versicherte widerspricht, die von einem Hypothekengläubiger angebotene Prämienzahlung nicht ablehnen.

§ 101.

Ist das Grundstück mit einer Reallast, Grundschuld oder Rentenschuld belastet, so finden die Vorschriften der §§ 94 bis 100 entsprechende Anwendung.

§ 102.

Die Vorschriften der §§ 95 bis 101 gelten nicht für solche Hypotheken, Grundschulden oder Rentenschulden, welche dem Versicherten als dem Eigentümer des Grundstücks zustehen.

Dritter Titel.

Hagelversicherung.

§ 103.

Bei der Hagelversicherung haftet der Versicherer für den Schaden, der an den versicherten Bodenerzeugnissen durch die unmittelbare Einwirkung des Hagelschlags entsteht.

§ 104.

Die Versicherungssumme gilt als Taxe.

§ 105.

Der im § 37 vorgesehenen Pflicht zur Anzeige des Versicherungsfalls wird genügt, wenn die Anzeige innerhalb einer Frist von drei Tagen erfolgt. Auf eine Vereinbarung, durch welche von dieser Vorschrift zum Nachteile des Versicherten abgewichen wird, kann sich der Versicherer nicht berufen.

Es kann vereinbart werden, daß auch eine nicht arglistige Verletzung der Pflicht zur Anzeige des Versicherungsfalls das Erlöschen der Ansprüche oder einen sonstigen Rechtsnachteil für den Versicherten zur Folge haben soll. Der Versicherer kann sich jedoch auf eine solche Vereinbarung nicht berufen, wenn er in anderer Weise von dem Versicherungsfalle rechtzeitig Kenntnis erlangt hat oder wenn die Pflicht zur Anzeige ohne Verschulden verletzt worden ist; die Vorschrift des § 9 Satz 2 über die Zulässigkeit einer Vertragsstrafe bleibt unberührt.

§ 106.

Bis zur Feststellung des Schadens darf der Versicherte an den von dem Hagelschlage betroffenen Bodenerzeugnissen ohne Einwilligung des Versicherers nur solche Aenderungen vornehmen, welche nach den Regeln einer ordnungsmäßigen Wirtschaft geboten sind.

§ 107.

Der Versicherer kann das Versicherungsverhältnis auf Grund des § 63 nur für den Schluß des Kalenderjahres kündigen, in welchem der Versicherungsfall eingetreten ist.

§ 108.

Tritt im Falle der Veräußerung des Grundstücks der Erwerber in die sich aus dem Versicherungsverhältnis ergebenden Rechte und Pflichten des Veräußerers ein, so steht dem Versicherer das im § 68 vorgesehene Kündigungsrecht nicht zu; auch ist der Versicherer wegen unterbliebener Anzeige der Veräußerung nicht von der Verpflichtung zur Leistung frei.

Diese Vorschriften finden im Falle der Zwangsversteigerung des Grundstücks entsprechende Anwendung.

Vierter Titel.

Viehversicherung.

§ 109.

Bei der Viehversicherung haftet der Versicherer für den Schaden, der durch den Tod des versicherten Tieres entsteht. Wird der Tod durch eine Krankheit oder einen Unfall herbeigeführt, so gilt als Betrag des Schadens der Wert, den das Tier zur Zeit der Erkrankung oder des Unfalls gehabt hat.

Die Versicherung kann in der Weise genommen werden, daß der Versicherer ohne Rücksicht auf den Fall des Todes für den Schaden haftet, der durch eine Krankheit oder einen Unfall entsteht.

§ 110.

War die Erkrankung oder der Unfall vor dem Zeitpunkte der Beendigung des Versicherungsverhältnisses eingetreten, so hat die Beendigung auf die Haftung des Versicherers keinen Einfluß, wenn der Tod noch innerhalb einer Frist von zwei Wochen nach dem bezeichneten Zeitpunkt erfolgt.

Diese Vorschrift findet keine Anwendung, wenn der Versicherte das Versicherungsverhältnis gekündigt hat.

§ 111.

Die Versicherung umfaßt nicht:

1. den infolge einer Seuche oder Krankheit entstehenden Schaden, für welchen dem Versicherten nach gesetzlicher Vorschrift ein Anspruch auf eine Entschädigung aus öffentlichen Mitteln zusteht oder zustehen würde, wenn der Anspruch nicht durch eine Zuwiderhandlung gegen seuchenpolizeiliche Vorschriften verwirkt worden wäre;
2. einen Brandschaden;
3. den Schaden, welcher durch Maßregeln verursacht wird, die im Kriege oder nach der Erklärung des Kriegszustandes von einem militärischen Befehlshaber angeordnet worden sind;
4. den Schaden, welcher bei einem Aufruhr oder einem Landfriedensbruch entsteht.

§ 112.

Ist die Versicherung für einen Bestand von Tieren genommen, die nur der Gattung nach bestimmt sind, so umfaßt sie die jeweils zu dem Bestande gehörenden Tiere dieser Gattung, ohne Unterschied, ob bei der Schließung des Vertrags die Stückzahl angegeben worden ist oder nicht.

§ 113.

Ist die Versicherung für mehrere Tiere genommen, so kann der Versicherer, wenn durch eine ansteckende Krankheit der Tod eines Tieres herbeigeführt ist, das Versicherungsverhältnis auf Grund des § 63 nur unter Einhaltung einer Kündigungsfrist von mindestens sechs Monaten kündigen.

§ 114.

Der Versicherer ist befugt, jederzeit auf seine Kosten eine Besichtigung und Untersuchung der versicherten Tiere vorzunehmen.

§ 115.

Es kann vereinbart werden, daß auch eine nicht arglistige Verletzung der Pflicht zur Anzeige des Versicherungsfalls das Erlöschen der Ansprüche oder einen sonstigen Rechtsnachteil für den Versicherten zur Folge haben soll. Der Versicherer kann sich jedoch auf eine solche Vereinbarung nicht berufen, wenn er in anderer Weise von dem Versicherungsfalle rechtzeitig Kenntnis erlangt hat oder wenn die Pflicht zur Anzeige ohne Verschulden verletzt worden ist; die Vorschrift des § 9 Satz 2 über die Zulässigkeit einer Vertragsstrafe bleibt unberührt.

Außer dem Tode ist auch jede erhebliche Erkrankung sowie jeder erhebliche Unfall eines versicherten Tieres dem Versicherer unverzüglich anzuzeigen. Auf die Anzeige der Erkrankung oder des Unfalls finden, auch wenn die Versicherung nur gegen den Schaden genommen ist, der durch den Tod des Tieres entsteht, die für die Anzeige des Versicherungsfalls geltenden Vorschriften entsprechende Anwendung.

§ 116.

Erkrankt das versicherte Tier oder erleidet es einen Unfall, so hat der Versicherte unverzüglich einen Tierarzt oder, wenn dies untunlich ist, zwei Sachkundige zuzuziehen und den Anordnungen dieser Personen Folge zu leisten.

§ 117.

Die Kosten der Fütterung und der Pflege sowie die Kosten der tierärztlichen Untersuchung und Behandlung eines erkrankten Tieres gehören nicht zu den nach § 58 von dem Versicherer zu erstattenden Aufwendungen.

§ 118.

Hat der Versicherte oder eine Person, der er das Tier anvertraut hat, vorsätzlich oder aus grober Fahrlässigkeit das Tier schwer mißhandelt oder vernachlässigt, so ist der Versicherer von der Verpflichtung zur Leistung frei, es sei denn, daß der Schaden nicht durch die Mißhandlung oder die Vernachlässigung entstanden ist. Als schwere Vernachlässigung gilt es insbesondere, wenn bei einer Erkrankung oder einem Unfalle die Zuziehung eines Tierarztes oder sachkundiger Personen unterlassen oder den Anordnungen dieser Personen zuwidergehandelt worden ist.

§ 119.

Der Versicherte darf eine Nottötung nur mit Einwilligung des Versicherers vornehmen, es sei denn, daß die Erklärung des Versicherers nicht abgewartet werden kann. Ist durch das Gutachten des Tierarztes oder der Sachkundigen vor der Tötung festgestellt, daß die Tötung notwendig ist und die Erkärung des Versicherers nicht abgewartet werden kann, so muß der Versicherer die Feststellung gegen sich gelten lassen.

Ist der Vorschrift des Abs. 1 Satz 1 zuwider eine Nottötung erfolgt, so ist der Versicherer von der Verpflichtung zur Leistung frei. Hat der Versicherte das Tier in der irrigen Annahme getötet, daß er nach der bezeichneten Vorschrift dazu befugt sei, so bleibt die Verpflichtung des Versicherers bestehen, wenn der Irrtum des Versicherten nicht auf Fahrlässigkeit beruhte.

§ 120.

Wird das versicherte Tier veräußert, so endigt das Versicherungsverhältnis; dem Versicherer gebührt gleichwohl die Prämie, jedoch nicht über die laufende Versicherungsperiode hinaus. Tritt vor dem Schlusse der laufenden Versicherungsperiode infolge eines Hauptmangels der Tod des Tieres ein, so bleibt der Versicherer dem Versicherten insoweit haftbar, als dieser dem Erwerber wegen des Mangels kraft Gesetzes zur Gewährleistung verpflichtet ist.

Geht ein Grundstück samt Inventar durch Veräußerung oder im Wege der Zwangsversteigerung auf einen anderen über, so behält es in Ansehung der zum Inventar gehörenden Tiere bei den Vorschriften der §§ 66 bis 73 sein Bewenden.

Fünfter Titel.

Transportversicherung.

§ 121.

Bei der Versicherung von Gütern gegen die Gefahren der Beförderung zu Lande oder auf Binnengewässern trägt der Versicherer alle Gefahren, denen die Güter während der Dauer der Versicherung ausgesetzt sind.

Bei der Versicherung eines Schiffes gegen die Gefahren der Binnenschiffahrt trägt der Versicherer alle Gefahren, denen das Schiff während der Dauer der Versicherung ausgesetzt ist. Der Versicherer haftet auch für den Schaden, den der Versicherte infolge eines Zusammenstoßes von Schiffen dadurch erleidet, daß er den einem Dritten zugefügten Schaden zu ersetzen hat.

§ 122.

Bei der Versicherung von Gütern fällt dem Versicherer nicht zur Last:

1. ein Schaden, der durch die natürliche Beschaffenheit der Güter, namentlich durch inneren Verderb, Schwinden, gewöhnliche Leckage, sowie durch mangelhafte Verpackung der Güter oder durch Ratten und Mäuse verursacht wird;
2. ein Schaden, der von dem Absender oder dem Empfänger in dieser Eigenschaft vorsätzlich oder aus grober Fahrlässigkeit verursacht wird.

Ist die Reise durch einen Unfall, für den der Versicherer haftet, ungewöhnlich verzögert worden, so hat der Versicherer den im Abs. 1 Nr. 1 bezeichneten Schaden insoweit zu ersetzen, als er infolge der Verzögerung eingetreten ist.

§ 123.

Bei der Versicherung eines Schiffes fällt dem Versicherer nicht zur Last:

1. ein Schaden, der daraus entsteht, daß das Schiff in einem nicht fahrtüchtigen Zustand oder nicht gehörig ausgerüstet oder bemannt die Reise antritt;
2. ein Schaden, der nur eine Folge der Abnutzung des Schiffes im gewöhnlichen Gebrauch ist oder nur durch Alter, Fäulnis oder Wurmfraß verursacht wird.

§ 124.

Die Versicherung von Gütern erstreckt sich auf die ganze Dauer der versicherten Reise.

Die Versicherung beginnt mit dem Zeitpunkt, in welchem die Güter von dem Frachtführer zur Beförderung oder, wenn die Beförderung nicht sofort erfolgen kann, zur einstweiligen Verwahrung angenommen werden, und endigt mit dem Zeitpunkt, in welchem die Güter dem Empfänger am Ablieferungsort abgeliefert oder, wenn sich ein Ablieferungshindernis ergibt, rechtmäßig hinterlegt oder verkauft werden.

§ 125.

Unter die Versicherung gegen die Gefahren der Beförderung von Gütern auf Eisenbahnen fällt auch die Beförderung zur Eisenbahn, sowie die Beförderung von der Eisenbahn an den Empfänger, wenn sie durch die Eisenbahnverwaltung oder unter ihrer Verantwortlichkeit erfolgt.

§ 126.

Sind Güter gegen die Gefahren der Beförderung auf Binnengewässern versichert, so trägt der Versicherer die Gefahr der Benutzung von Leichterfahrzeugen bei der Verladung oder der Ausladung, wenn die Benutzung ortsüblich ist.

§ 127.

Wird die Reise des zur Beförderung der versicherten Güter bestimmten Schiffes nach dem Beginne der Versicherung aufgegeben und werden die Güter in anderer Art als mit diesem Schiffe nach dem Bestimmungsort weiter befördert, so fällt diese Beförderung unter die Versicherung, auch wenn sie zu Lande geschieht; die Versicherung umfaßt die Kosten der Umladung und der einstweiligen Lagerung, sowie die Mehrkosten der Weiterbeförderung.

§ 128.

Die Versicherung eines Schiffes beginnt, wenn sie für eine Reise genommen ist, in dem Zeitpunkt, in welchem mit der Einnahme der Ladung angefangen wird, oder, wenn keine Ladung einzunehmen ist, in dem Zeitpunkte der Abfahrt. Sie endigt in dem Zeitpunkt, in welchem die Löschung der Ladung am Bestimmungsorte beendigt ist. Wird die Löschung von dem Versicherten ungebührlich verzögert, so endigt die Versicherung in dem Zeitpunkt, in welchem die Löschung beendigt sein würde, falls die Verzögerung nicht stattgefunden hätte.

Wird vor der Beendigung der Löschung für eine neue Reise Ladung eingenommen, so endigt die Versicherung in dem Zeitpunkt, in welchem mit der Einnahme angefangen wird.

Wird nach dem Beginne der Versicherung die versicherte Reise aufgegeben, so tritt in Ansehung der Beendigung der Versicherung der Ort, wo die Reise aufhört, an die Stelle des Bestimmungsorts.

§ 129.

Ist ein auf Zeit versichertes Schiff bei dem Ablaufe der vereinbarten Versicherungszeit unterwegs, so gilt das Versicherungsverhältnis als verlängert bis zur Ankunft des Schiffes am nächsten Bestimmungsort und, falls an diesem gelöscht wird, bis zu dem nach § 128 für die Beendigung der Versicherung maßgebenden Zeitpunkte. Der Versicherte kann die Verlängerung, so lange das Schiff noch nicht unterwegs ist, durch eine gegenüber dem Versicherer abzugebende Erklärung ausschließen.

§ 130.

Als Versicherungswert der Güter gilt der gemeine Handelswert und in dessen Ermangelung der gemeine Wert, den die Güter am Orte der Absendung in dem Zeitpunkte haben, welcher nach den §§ 124—126 für den Beginn der Versicherung maßgebend ist, unter Hinzurechnung der Versicherungskosten sowie derjenigen Kosten, welche bis zur Annahme der Güter durch den Frachtführer entstehen.

Der sich nach Abs. 1 ergebende Wert der Güter gilt auch bei dem Eintritte des Versicherungsfalls als Versicherungswert.

Haben die Güter eine Beschädigung erlitten, so ist bei der Berechnung des Schadens festzustellen, in welchem Verhältnisse der Handelswert oder gemeine Wert, den die Güter im unbeschädigten Zustand am Ablieferungsorte haben würden, zu dem Werte steht, den sie dort im beschädigten Zustande haben; ein diesem Verhältnis entsprechender Bruchteil des Versicherungswerts gilt als Betrag des Schadens.

§ 131.

Als Versicherungswert des Schiffes gilt der Wert, den das Schiff in dem Zeitpunkte hat, in welchem die Versicherung beginnt. Dieser Wert gilt auch bei dem Eintritte des Versicherungsfalls als Versicherungswert.

Bei einer Beschädigung des Schiffes gelten, falls das Schiff ausbesserungsfähig ist, die nach den §§ 709, 710 des Handelsgesetzbuchs zu berechnenden Ausbesserungskosten als Betrag des Schadens.

§ 132.

Kündigt der Versicherer, während die versicherten Güter oder das versicherte Schiff unterwegs sind, das Versicherungsverhältnis wegen einer unabhängig von dem Willen des Versicherten eingetretenen Erhöhung der Gefahr oder wegen Veräußerung der versicherten Sache, so wirkt die Kündigung nicht vor der Beendigung der Reise. Tritt während des bezeichneten Zeitraums ein Versicherungsfall ein, so wird die Verpflichtung des Versicherers zur Leistung nicht dadurch berührt, daß die Anzeige der Gefahrerhöhung oder der Veräußerung unterblieben ist.

Ist die Verpflichtung zur Anzeige schon vor dem Beginne der Reise verletzt, so finden die Vorschriften des Abs. 1 nur Anwendung, wenn die Gefahrerhöhung oder die Veräußerung dem Versicherer vor dem Beginne der Reise bekannt geworden ist.

§ 133.

Kündigt der Versicherer, während die versicherten Güter oder das versicherte Schiff unterwegs sind, das Versicherungsverhältnis wegen des Eintritts eines Versicherungsfalls, so wirkt die Kündigung nicht vor der Beendigung der Reise.

§ 134.

Die Versicherung gegen die Gefahren der Binnenschiffahrt umfaßt die Beiträge zur großen Haverei. Sind ausschließlich Güter des Schiffseigners verladen, so umfaßt die Versicherung auch die Aufopferungen, welche zur großen Haverei gehören würden, wenn das Eigentum an den Gütern einem anderen zustände.

Die Vorschriften der § 835—839 des Handelsgesetzbuchs finden entsprechende Anwendung; eine vom Schiffer aufgestellte Dispache ist für den Versicherer nur verbindlich, wenn mit seiner Zustimmung die Aufstellung dem Schiffer übertragen worden ist.

§ 135.

Sind bei der Versicherung gegen die Gefahren der Binnenschiffahrt Aufwendungen zur Abwendung oder Minderung oder zur Ermittelung und Feststellung eines Schadens oder zur Wiederherstellung oder Ausbesserung der durch einen Versicherungsfall beschädigten Sache gemacht oder Beiträge zur großen Haverei geleistet oder ist eine persönliche Verpflichtung des Versicherten zur Entrichtung solcher Beiträge entstanden, so haftet der Versicherer für den Schaden, der durch einen späteren Versicherungsfall verursacht wird, bis zur Höhe der ganzen Versicherungssumme ohne Rücksicht auf die ihm zur Last fallenden früheren Aufwendungen und Beiträge.

§ 136.

Bei der Versicherung gegen die Gefahren der Binnenschiffahrt ist jeder Unfall, der das Schiff oder die Ladung trifft, auch wenn dadurch ein Entschädigungsanspruch für den Versicherten nicht begründet wird, dem Versicherer nach Maßgabe des § 37 anzuzeigen, sofern der Unfall für die von dem Versicherer zu tragende Gefahr von Erheblichkeit ist.

§ 137.

Ist die Versicherung für eine Reise genommen, die teils zur See, teils auf Binnengewässern oder zu Lande ausgeführt wird, so verjähren alle Ansprüche aus dem Vertrag in fünf Jahren. Der Beginn der Verjährung bestimmt sich nach den Vorschriften des § 905 Abs. 2 des Handelsgesetzbuchs.

Sechster Titel.

Haftpflichtversicherung.

§ 138.

Bei der Haftpflichtversicherung ist der Versicherer verpflichtet, dem Versicherten die Leistung zu ersetzen, die dieser infolge einer während der Versicherungszeit eintretenden Tatsache an einen dritten zu bewirken hat.

§ 139.

Der Versicherer haftet nicht, wenn die Verpflichtung des Versicherten zur Leistung an den dritten aus einer von dem Versicherten vorsätzlich begangenen widerrechtlichen Handlung entstanden ist.

§ 140.

Die Versicherung umfaßt die durch die Ermittelung und Feststellung des Anspruchs des dritten entstehenden gerichtlichen und außergerichtlichen Kosten, soweit ihre Aufwendung den Umständen nach geboten ist. Das gleiche gilt von den durch die Verteidigung gegen einen unbegründeten Anspruch entstehenden Kosten. Der Versicherer hat die Kosten auf Verlangen des Versicherten vorzuschießen.

Ist eine Versicherungssumme bestimmt, so hat der Versicherer die Kosten auch insoweit zu ersetzen, als sie zusammen mit der übrigen Entschädigung die Versicherungssumme übersteigen.

§ 141.

Ist die Versicherung für einen geschäftlichen Betrieb des Versicherten genommen, so erstreckt sie sich auf die Haftpflicht der Vertreter des Versicherten sowie auf die Haftpflicht solcher Personen, welche er zur Leitung oder Beaufsichtigung des Betriebs oder eines Teiles des Betriebs angestellt hat. Die Versicherung gilt insoweit als für fremde Rechnung genommen.

§ 142.

Die Anzeige des Versicherungsfalls hat unverzüglich zu erfolgen, nachdem der dritte seinen Anspruch gegenüber dem Versicherten geltend gemacht hat.

Der Pflicht zur Anzeige wird genügt, wenn die Anzeige innerhalb einer Woche seit dem im Abs. 1 bezeichneten Zeitpunkt erfolgt. Auf eine Vereinbarung, durch welche von dieser Vorschrift zum Nachteile des Versicherten abgewichen wird, kann sich der Versicherer nicht berufen.

§ 143.

Im Falle des § 61 Abs. 2 geht der Anspruch, welcher dem Versicherten gegen einen Familienangehörigen zusteht, auf den Versicherer nur über, wenn dem Angehörigen Vorsatz zur Last fällt.

§ 144.

Der Versicherer hat die Entschädigung innerhalb der Frist von zwei Wochen seit dem Zeitpunkte zu leisten, in welchem der dritte von dem Versicherten befriedigt oder der Anspruch des dritten durch rechtskräftiges Urteil, durch Anerkenntnis oder Vergleich festgestellt worden ist. Soweit gemäß § 140 Kosten zu ersetzen sind, ist die Entschädigung innerhalb der Frist von zwei Wochen seit der Mitteilung der Berechnung zu leisten.

§ 145.

Ist der Versicherte dem dritten zur Gewährung einer Rente verpflichtet, so kann der Versicherte, wenn die Versicherungssumme den Kapitalwert der Rente nicht erreicht, nur einen verhältnismäßigen Teil der Rente verlangen.

Hat der Versicherte für die von ihm geschuldete Rente dem dritten kraft Gesetzes Sicherheit zu leisten, so erstreckt sich die Verpflichtung des Versicherers auf die Leistung der Sicherheit.

§ 146.

Der Versicherer ist berechtigt, die dem Versicherten gebührende Entschädigung, soweit der Versicherte dem dritten zur Leistung verpflichtet ist, diesem zu entrichten. Auf Verlangen des Versicherten ist er hierzu verpflichtet.

§ 147.

Ist über das Vermögen des Versicherten der Konkurs eröffnet, so kann der dritte wegen des ihm gegen den Versicherten zustehenden Anspruchs abgesonderte Befriedigung aus der Entschädigungsforderung des Versicherten verlangen.

§ 148.

Die Vorschriften dieses Titels finden auf die Rückversicherung keine Anwendung.

Dritter Abschnitt.

Lebensversicherung.

§ 149.

Die Lebensversicherung kann auf die Person eines anderen als des Versicherten genommen werden.

Wird die Versicherung für den Fall des Todes eines anderen als des Versicherten genommen, so ist zur Gültigkeit des Vertrags die schriftliche Einwilligung des anderen erforderlich. Ist der andere geschäftsunfähig oder in der Geschäftsfähigkeit beschränkt, so finden auf die Einwilligung die Vorschriften über rechtsgeschäftliche Willenserklärungen Anwendung.

§ 150.

Ist bei der Schließung des Vertrags das Alter desjenigen, auf dessen Person die Versicherung genommen ist, unrichtig angegeben worden und infolge der unrichtigen Angabe die Prämie zu niedrig bestimmt, so mindert sich die Leistung des Versicherers nach dem Verhältnis, in welchem die vereinbarte Prämie zu der dem wirklichen Alter entsprechenden Prämie steht. Das Recht, wegen Verletzung der Anzeigepflicht von dem Vertrage zurückzutreten, steht dem Versicherten nur zu, wenn das wirkliche Alter außerhalb der Grenzen liegt, welche durch den Geschäftsplan für den Abschluß von Verträgen festgesetzt sind.

§ 151.

Wird die Versicherung auf die Person eines anderen als des Versicherten genommen, so kann vereinbart werden, daß in Ansehung des Rechtes des Versicherers, wegen Verletzung der dem Versicherten bei der Schließung des Vertrags obliegenden Anzeigepflicht von dem Vertrage zurückzutreten, die Kenntnis sowie die Arglist des anderen der Kenntnis oder der Arglist des Versicherten gleichstehen soll.

§ 152.

Wegen einer Verletzung der dem Versicherten bei der Schließung des Vertrags obliegenden Anzeigepflicht kann der Versicherer von dem Vertrage nicht mehr zurücktreten, wenn seit der Schließung zehn Jahre verstrichen sind. Das Rücktrittsrecht bleibt bestehen, wenn die Anzeigepflicht arglistig verletzt worden ist.

§ 153.

Eine Erhöhung der Gefahr im Sinne dieses Gesetzes liegt nur vor, wenn die Erhöhung auf der Aenderung eines Umstandes beruht, dessen unveränderte Fortdauer mittelst schriftlicher Erklärung des Versicherten ausdrücklich bedungen worden ist.

Eine Erhöhung der Gefahr kann der Versicherer nicht mehr geltend machen, wenn seit der Erhöhung zehn Jahre verstrichen sind. Der Versicherer bleibt jedoch zur Geltendmachung befugt, wenn die Pflicht, seine Einwilligung einzuholen oder ihm Anzeige zu machen, arglistig verletzt worden ist.

§ 154.

Ist die Prämie nach Zeitabschnitten bemessen, so kann der Versicherte das Versicherungsverhältnis jederzeit für den Schluß der laufenden Versicherungsperiode kündigen.

§ 155.

Bei einer Kapitalversicherung ist im Zweifel anzunehmen, daß dem Versicherten die Befugnis vorbehalten ist, ohne Zustimmung des Versicherers einen dritten als Bezugsberechtigten zu bezeichnen sowie an die Stelle des so bezeichneten Dritten einen anderen zu setzen.

§ 156.

Die Befugnis des Versicherten, an die Stelle des bezugsberechtigten Dritten einen anderen zu setzen, gilt bei einer Kapitalversicherung im Zweifel auch dann als vorbehalten, wenn die Bezeichnung des dritten im Vertrag erfolgt ist.

§ 157.

Soll bei einer Kapitalversicherung die Leistung des Versicherers nach dem Tode des Versicherten erfolgen und ist die Zahlung an die Erben ohne nähere Bestimmung bedungen, so sind im Zweifel diejenigen, welche zur Zeit des Todes als Erben berufen sind, nach dem Verhältnis ihrer Erbteile bezugsberechtigt. Eine Ausschlagung der Erbschaft hat auf die Berechtigung keinen Einfluß. Der Fiskus gilt nicht als Erbe im Sinne dieser Vorschrift.

§ 158.

Wird bei einer Kapitalversicherung das Recht auf die Leistung des Versicherers von dem bezugsberechtigten Dritten nicht erworben, so steht es dem Versicherten zu.

§ 159.

Bei einer Versicherung für den Todesfall ist der Versicherer von der Verpflichtung zur Leistung frei, wenn derjenige, auf dessen Person die Versicherung genommen ist, Selbstmord begangen hat. Die Verpflichtung des Versicherers bleibt bestehen, wenn die Tat in einem die freie Willensbestimmung ausschließenden Zustande krankhafter Störung der Geistestätigkeit begangen worden ist.

§ 160.

Ist die Versicherung für den Fall des Todes eines anderen als des Versicherten genommen, so ist der Versicherer von der Verpflichtung zur Leistung frei, wenn der Versicherte vorsätzlich den Tod des anderen widerrechtlich herbeigeführt hat.

§ 161.

Eine Anzeige von dem Eintritt des Versicherungsfalls ist dem Versicherer nur zu machen, wenn der Tod als Versicherungsfall bestimmt ist. Der Pflicht zur Anzeige wird genügt, wenn die Anzeige innerhalb einer Frist von drei Tagen erfolgt.

§ 162.

Auf eine Vereinbarung, durch welche von den Vorschriften der §§ 150, 152 bis 154, des § 159 Satz 2 oder des § 161 Satz 2 zum Nachteile des Versicherten abgewichen wird, kann sich der Versicherer nicht berufen.

Für die Kündigung, zu der nach § 154 der Versicherte berechtigt ist, kann die schriftliche Form vereinbart werden. Eine solche Vereinbarung wird durch die Vorschrift des § 44 Abs. 2 Satz 1 nicht berührt.

§ 163.

Durch die Vereinbarung, daß derjenige, auf dessen Person eine Versicherung genommen werden soll, sich zuvor einer ärztlichen Untersuchung zu unterwerfen hat, wird ein Recht des Versicherers, die Vornahme der Untersuchung zu verlangen, nicht begründet.

§ 164.

Ist die Prämienzahlung für einen Zeitraum von mindestens drei Jahren erfolgt, so gelten die besonderen Vorschriften der §§ 165 bis 168.

§ 165.

Der Versicherte kann jederzeit für den Schluß der laufenden Versicherungsperiode die Umwandlung der Versicherung in eine prämienfreie Versicherung verlangen.

Wird die Umwandlung verlangt, so tritt an die Stelle des vereinbarten Kapital- oder Rentenbetrags mit dem bezeichneten Zeitpunkte der Betrag, der sich für das gegenwärtige Alter desjenigen, auf dessen Person die Versicherung genommen ist, als Leistung des Versicherers ergibt, wenn die auf die Versicherung entfallende rechnungsmäßige Prämienreserve als einmalige Prämie angesehen wird.

Bei der Umwandlung ist der Tarif zu Grunde zu legen, nach welchem der Vertrag geschlossen worden ist. Die Prämienreserve ist für den Schluß der laufenden Versicherungsperiode zu berechnen. Prämienrückstände werden von dem Betrage der Prämienreserve abgesetzt.

§ 166.

Kündigt der Versicherer das Versicherungsverhältnis nach § 33, so wandelt sich mit der Kündigung die Versicherung in eine prämienfreie Versicherung um. Auf die Umwandlung finden die Vorschriften des § 165 Abs. 2, 3 Anwendung.

Im Falle des § 33 Abs. 1 Satz 2 ist der Versicherer zu der Leistung verpflichtet, die ihm obliegen würde, wenn sich mit dem Eintritte des Versicherungsfalls die Versicherung in eine prämienfreie Versicherung umgewandelt hätte.

§ 167.

Wird bei einer Kapitalversicherung für den Todesfall, die in der Art genommen ist, daß der Versicherungsfall eintreten muß, das Versicherungsverhältnis durch Rücktritt oder Kündigung aufgehoben, so hat der Versicherer den Betrag der auf die Versicherung entfallenden Prämienreserve zu erstatten. Das Gleiche gilt, wenn nach dem Eintritte des Versicherungsfalls der Versicherer von der Verpflichtung zur Zahlung des vereinbarten Kapitals frei ist.

Bei der Ermittelung des zu erstattenden Betrags ist die Prämienreserve für den Schluß der Versicherungsperiode zu berechnen, in deren Laufe das Versicherungsverhältnis endigt.

Der Versicherer kann den zu erstattenden Betrag um drei vom Hundert des vereinbarten Kapitals kürzen.

§ 168.

Auf eine Vereinbarung, durch welche von den Vorschriften der §§ 164 bis 167 zum Nachteile des Versicherten abgewichen wird, kann sich der Versicherer nicht berufen.

Vierter Abschnitt.

Unfallversicherung.

§ 169.

Die Unfallversicherung umfaßt nicht einen Unfall, der durch Maßregeln verursacht wird, die im Kriege oder nach der Erklärung des Kriegszustandes von einem militärischen Befehlshaber angeordnet worden sind. Das Gleiche gilt von einem Unfalle, der bei einem Aufruhr oder Landfriedensbruch entsteht.

§ 170.

Eine Versicherung gegen Unfälle, die einem anderen zustoßen, gilt im Zweifel als für Rechnung des anderen genommen. Die Vorschriften der §§ 75 bis 78 finden entsprechende Anwendung.

Wird eine Versicherung gegen Unfälle, die einem anderen zustoßen, von dem Versicherten für eigene Rechnung genommen, so ist zur Gültigkeit des Vertrags die schriftliche Einwilligung des anderen erforderlich. Ist der andere geschäftsunfähig oder in der Geschäftsfähigkeit beschränkt, so finden auf die Einwilligung die Vorschriften über rechtsgeschäftliche Willenserklärungen Anwendung.

§ 171.

Der Versicherer ist von der Verpflichtung zur Leistung frei, wenn der Versicherte den Unfall vorsätzlich herbeigeführt hat.

§ 172.

Nach dem Eintritte des Unfalls hat der Versicherte, soweit tunlich, für die Abwendung und die Minderung der Folgen des Unfalls zu sorgen und dabei die Weisungen des Versicherers zu befolgen, soweit ihm die Befolgung billigerweise zugemutet werden kann. Auf eine Vereinbarung, durch welche von dieser Vorschrift zum Nachteile des Versicherten abgewichen wird, kann sich der Versicherer nicht berufen.

§ 173.

Es kann vereinbart werden, daß auch eine nicht arglistige Verletzung der im § 37 vorgesehenen Pflicht zur Anzeige des Versicherungsfalls das Erlöschen der Ansprüche oder einen sonstigen Rechtsnachteil zur Folge haben soll, wenn durch den Unfall nur eine vorübergehende Minderung der Erwerbsfähigkeit verursacht worden und in dem Zeitpunkt, in welchem dem Versicherer die Anzeige zugeht, die Heilung schon eingetreten ist. Der Versicherer kann sich jedoch auf eine solche Vereinbarung nicht berufen, wenn er in anderer Weise von dem Versicherungsfalle rechtzeitig Kenntnis erlangt hat oder wenn die Pflicht zur Anzeige ohne Verschulden verletzt worden ist; die Vorschrift des § 9 Satz 2 über die Zulässigkeit einer Vertragsstrafe bleibt unberührt.

§ 174.

Soll nach dem Vertrage das Maß der durch den Unfall herbeigeführten Einbuße an Erwerbsfähigkeit durch Sachverständige bestimmt werden, so ist die getroffene Bestimmung nicht verbindlich, wenn sie offenbar von der wirklichen Sachlage erheblich abweicht. Die Bestimmung erfolgt in diesem Falle durch Urteil. Das Gleiche gilt, wenn die Sachverständigen die Bestimmungen nicht treffen können oder wollen oder sie verzögern.

Sind nach dem Vertrage die Sachverständigen durch das Gericht zu ernennen, so finden auf die Ernennungen die Vorschriften des § 57 Abs. 2 entsprechende Anwendung.

Eine Vereinbarung, durch welche von der Vorschrift des Abs. 1 Satz 1 abgewichen wird, ist nichtig.

§ 175.

Der Versicherer hat dem Versicherten die Kosten, welche durch die Feststellung des Unfalls sowie des Umfanges der Leistungspflicht des Versicherers entstehen, insoweit zu erstatten, als ihre Aufwendung den Umständen nach geboten war.

§ 176.

Ist als Leistung des Versicherers die Zahlung eines Kapitals vereinbart, so gelten die Vorschriften der §§ 155 bis 158.

Fünfter Abschnitt.

Schlußvorschriften.

§ 177.

Die Vorschriften dieses Gesetzes, welche die Vertragsfreiheit beschränken, bleiben bei der Transportversicherung, der Kreditversicherung, der Versicherung gegen Kursverluste und der Rückversicherung außer Anwendung.

Das Gleiche gilt von einer Schadensversicherung, die in der Weise genommen wird, daß die versicherten Interessen bei der Schließung des Vertrags nur der Gattung nach bezeichnet und erst nach ihrer Entstehung dem Versicherer einzeln aufgegeben werden (laufende Versicherung).

§ 178.

Durch Kaiserliche Verordnung kann mit Zustimmung des Bundesrats bestimmt werden:

1. daß bei den im zweiten, dritten und vierten Abschnitte nicht besonders geregelten Arten der Versicherung, auch soweit sie nicht unter den § 177 fallen, die Vorschriften dieses Gesetzes, welche die Vertragsfreiheit beschränken, ganz oder zum Teil außer Anwendung bleiben;
2. daß bei Lebensversicherungen mit kleineren Beträgen Vereinbarungen, durch welche von den Vorschriften der §§ 33, 164 bis 167 abgewichen wird, ohne Rücksicht auf die im § 36 Satz 1 und im § 168 vorgesehene Beschränkung der Vertragsfreiheit zulässig sind;
3. daß bei der Versicherung von Schiffen gegen die Gefahren der Binnenschiffahrt die Vorschriften dieses Gesetzes, welche die Vertragsfreiheit beschränken, ganz oder zum Teil Anwendung finden.

§ 179.

Die Vorschriften dieses Gesetzes finden keine Anwendung auf Versicherungsverhältnisse, die bei den auf Grund des Gesetzes über die eingeschriebenen Hilfskassen (Reichs-Gesetzbl. 1876 S. 125, 1884 S. 54) errichteten Kassen oder bei den auf Grund der Gewerbeordnung von Innungen oder Innungsverbänden errichteten Unterstützungskassen begründet werden. Das Gleiche gilt von Versicherungsverhältnissen, die bei Berufsgenossenschaften gemäß § 23 des Gesetzes, betreffend die Abänderung der Unfallversicherungsgesetze, vom 30. Juni 1900 (Reichs-Gesetzbl. S. 335) begründet werden.

§ 180.

Unberührt bleiben die landesgesetzlichen Vorschriften über Versicherungsverhältnisse, die bei den im § 75 Abs. 4 des Krankenversicherungsgesetzes bezeichneten, auf Grund landesrechtlicher Vorschriften errichteten Hilfskassen oder bei den auf Grund berggesetzlicher Vorschriften errichteten Knappschaftskassen begründet werden.

§ 181.

Unberührt bleiben die landesgesetzlichen Vorschriften über Versicherungsverhältnisse, die bei einer nach Landesrecht errichteten öffentlichen Anstalt unmittelbar kraft Gesetzes entstehen, sowie über Versicherungen, die bei einer solchen Anstalt infolge eines gesetzlichen Zwanges genommen werden.

Auf sonstige Versicherungen, die bei einer nach Landesrecht errichteten öffentlichen Anstalt genommen werden, finden die Vorschriften der §§ 41 bis 44 über die Versicherungsagenten sowie die Vorschriften, welche die Vertragsfreiheit beschränken, keine Anwendung.

§ 182.

Unberührt bleiben die landesgesetzlichen Vorschriften, nach welchen der Versicherer nur verpflichtet ist, die Entschädigungssumme zur Wiederherstelluug des versicherten Gegenstandes zu zahlen.

Die Landesgesetze können bestimmen, in welcher Weise im Falle des § 93 die Verwendung des Geldes zu sichern ist.

§ 183.

Unberührt bleiben die landesgesetzlichen Vorschriften über die Buchführung der Feuerversicherungsagenten.

§ 184.

In bürgerlichen Rechtsstreitigkeiten, in welchen durch Klage oder Widerklage ein Anspruch auf Grund dieses Gesetzes geltend gemacht ist, wird die Verhandlung und Entscheidung letzter Instanz im Sinne des § 8 des Einführungsgesetzes zum Gerichtsverfassungsgesetze dem Reichsgerichte zugewiesen.

Entwurf eines Einführungsgesetzes.

Artikel 1.

Das Gesetz über den Versicherungsvertrag tritt an einem durch Kaiserliche Verordnung mit Zustimmung des Bundesrats festzusetzenden Tage, spätestens am . . . . in Kraft.

Artikel 2.

Die Vorschriften des Gesetzes über den Versicherungsvertrag und dieses Gesetzes erlangen im Königreiche Bayern für das Immobiliarversicherungswesen nur mit Zustimmung der Königlich Bayerischen Regierung Geltung. Die erfolgte Zustimmung wird vom Reichskanzler im Reichs-Gesetzblatte bekannt gemacht.

Artikel 3.

Wird ein zur Zeit des Inkrafttretens des Gesetzes über den Versicherungsvertrag bestehendes Versicherungsverhältnis nicht nach dem Inkrafttreten für den ersten Termin gekündigt, für den beide Teile nach den bisherigen Gesetzen zur Kündigung berechtigt sind, so finden von diesem Termin an die Vorschriften des Gesetzes über den Versicherungsvertrag Anwendung.

Artikel 4.

Auf ein zur Zeit des Inkrafttretens des Gesetzes über den Versicherungsvertrag bestehendes Versicherungsverhältnis finden von dieser Zeit an die folgenden Vorschriften des Gesetzes Anwendung:

1. Die Vorschriften des § 4 Abs. 2 bis 4 und des § 5 Abs. 2 über den Versicherungsschein und über das Recht des Versicherten, Abschriften der von ihm abgegebenen Erklärungen zu verlangen;
2. die Vorschriften des § 10 Abs. 2 Satz 2 und des § 40 über die Verwirkung eines nicht rechtzeitig geltend gemachten Anspruchs und über die Fälligkeit der Leistung des Versicherers;
3. die Vorschriften der §§ 19 bis 25, 33, 90, 132, 153 über die Erhöhung der Gefahr und die nicht rechtzeitige Zahlung

einer nach dem Beginne der Versicherung zu entrichtenden Prämie, sowie die Vorschriften der §§ 26, 27, 34, 36, 162, soweit sie sich auf die Erhöhung der Gefahr oder die nicht rechtzeitige Zahlung einer solchen Prämie beziehen;

4. die Vorschriften über die Befugnisse der Versicherungsagenten;
5. die Vorschriften der §§ 57, 174 über die Mitwirkung von Sachverständigen bei der Feststellung der Leistung des Versicherers;
6. die für die Hypotheken, Reallasten, Grundschulden und Rentenschulden geltenden Vorschriften der §§ 94 bis 102.

Die Vorschriften des Abs. 1 gelten nicht für Versicherungsverhältnisse, die zur Zeit des Inkrafttretens des Gesetzes über den Versicherungsvertrag bei einer nach Landesrecht errichteten öffentlichen Anstalt bestehen.

Artikel 5.

Die Rechte, welche einem Hypothekengläubiger oder einem anderen, für den ein Recht an einem Grundstücke begründet ist, gegenüber dem Versicherer zustehen, bestimmen sich, bis das Grundbuch für das belastete Grundstück als angelegt anzusehen ist, nach den bisherigen Gesetzen.

Artikel 6.

Die Vorschriften des Gesetzes über den Versicherungsvertrag, welche die Verjährung der Ansprüche aus dem Vertrage betreffen, finden auf die vor dem Inkrafttreten des Gesetzes entstandenen, noch nicht verjährten Ansprüche Anwendung. Der Beginn sowie die Hemmung und die Unterbrechung der Verjährung bestimmen sich jedoch für die Zeit vor dem Inkrafttreten nach den bisherigen Gesetzen.

Ist die Verjährungsfrist nach dem Gesetz über den Versicherungsvertrag kürzer als nach den bisherigen Gesetzen, so wird die kürzere Frist von dem Inkrafttreten des Gesetzes über den Versicherungsvertrag an berechnet. Läuft jedoch die in den bisherigen Gesetzen bestimmte längere Frist früher als die in dem Gesetz über den Versicherungsvertrag bestimmte kürzere Frist ab, so ist die Verjährung mit dem Ablaufe der längeren Frist vollendet.

Entwurf eines Gesetzes,

betreffend

Abänderung der Vorschriften des Handelsgesetzbuchs über die Seeversicherung.

Artikel 1.

Der zehnte Abschnitt des vierten Buches des Handelsgesetzbuchs wird dahin geändert:

I. Der § 782 fällt weg.

II. An die Stelle der §§ 787 bis 791 treten folgende Vorschriften:

§ 787.

Ist ein Gegenstand gegen dieselbe Gefahr bei mehreren Versicherern versichert und übersteigen die Versicherungssummen zusammen den Versicherungswert (Doppelversicherung), so sind die Versicherer in der Weise als Gesamtschuldner verpflichtet, daß dem Versicherten jeder Versicherer für den Betrag haftet, dessen Zahlung ihm nach seinem Vertrag obliegt, der Versicherte aber im ganzen nicht mehr als den Betrag des Schadens verlangen kann.

Die Versicherer sind im Verhältnisse zueinander zu Anteilen nach Maßgabe der Beträge verpflichtet, deren Zahlung ihnen dem Versicherten gegenüber vertragsmäßig obliegt.

Hat der Versicherte Verträge in der Absicht geschlossen, sich durch Doppelversicherung einen rechtswidrigen Vermögensvorteil zu verschaffen, so sind die sämtlichen in dieser Absicht geschlossenen Verträge nichtig. Ein ohne solche Absicht eingegangenes Versicherungsverhältnis endigt, wenn später ein anderes Versicherungsverhältnis in solcher Absicht eingegangen wird. Jeder Versicherer kann die ganze Prämie verlangen.

§ 788.

Wird ein versichertes Interesse später gegen dieselbe Gefahr bei einem anderen Versicherer versichert, so ist diesem bei der Schließung des Vertrags von der früheren Versicherung, dem ersten Versicherer unverzüglich nach der Schließung von der neuen Versicherung Mitteilung zu machen.

In der Mitteilung ist der Versicherer, bei welchem die andere Versicherung genommen worden ist, zu bezeichnen und die Versicherungssumme anzugeben.

III. Die §§ 808 bis 811 werden durch folgende Vorschriften ersetzt:

§ 808.

Der Versicherer kann von dem Vertrage zurücktreten, wenn den Vorschriften der §§ 806, 807 zuwider die Anzeige eines erheblichen Umstandes unterblieben ist. Das gleiche gilt, wenn die Anzeige eines erheblichen Umstandes deshalb unterblieben ist, weil sich der Versicherungsnehmer oder ein Beteiligter, dessen Kenntnis nach § 806 Abs. 2 oder nach § 807 erheblich ist, der Kenntnis des Umstandes arglistig entzogen hat.

Der Rücktritt ist ausgeschlossen, wenn der Versicherer den nicht angezeigten Umstand kannte oder wenn die Anzeige ohne Verschulden unterblieben ist.

§ 809.

Der Versicherer kann von dem Vertrage zurücktreten, wenn über einen erheblichen Umstand eine unrichtige Anzeige gemacht worden ist.

Der Rücktritt ist ausgeschlossen, wenn die Unrichtigkeit dem Versicherer bekannt war oder die Anzeige ohne Verschulden unrichtig gemacht worden ist.

§ 810.

Liegen die Voraussetzungen, unter denen der Versicherer zum Rücktritte berechtigt ist, in Ansehung eines Teiles der Gegenstände vor, auf welche sich die Versicherung bezieht, so steht dem Versicherer das Recht des Rücktritts für den übrigen Teil nur zu, wenn für diesen allein der Versicherer den Vertrag unter den gleichen Bestimmungen nicht geschlossen haben würde.

§ 811.

Der Rücktritt kann nur innerhalb eines Monats erfolgen. Die Frist beginnt mit dem Zeitpunkt, in welchem der Versicherer von der Verletzung der Anzeigepflicht Kenntnis erlangt.

Der Rücktritt erfolgt durch Erklärung gegenüber dem Versicherten. Tritt der Versicherer zurück, so gebührt ihm gleichwohl die ganze Prämie; der Versicherte hat die empfangene Entschädigungssumme zurückzugewähren und sie von der Zeit des Empfanges an zu verzinsen.

IV. Der § 812 Abs. 3 fällt weg.

V. An die Stelle des § 821 Nr. 4 tritt folgende Vorschrift:

4. der Schaden, welcher von dem Versicherten vorsätzlich oder aus grober Fahrlässigkeit, und bei der Versicherung von Gütern oder imaginärem Gewinn auch der Schaden, welcher von dem Ablader, Empfänger oder Kargadeur in dieser Eigenschaft vorsätzlich oder aus grober Fahrlässigkeit verursacht wird.

VI. Der § 830 Abs. 1 erhält folgende Fassung:

Ist die Dauer der Versicherung nach Tagen, Wochen, Monaten oder nach einem mehrere Monate umfassenden Zeitraume bestimmt, so beginnt die Versicherung mit der Mittagsstunde des Tages, an welchem der Vertrag geschlossen wird. Sie endigt am Mittage des letzten Tages der Frist.

VII. Im § 883 fällt der Hinweis auf den § 782 weg.

VIII. An die Stelle der §§ 886, 887 treten folgende Vorschriften:

§ 886.

Bei der Versicherung für fremde Rechnung stehen die Rechte aus dem Versicherungsvertrage dem Versicherten zu. Die Aushändigung einer Police kann jedoch nur der Versicherungsnehmer verlangen.

Der Versicherte kann über seine Rechte ohne Zustimmung des Versicherungsnehmers nur verfügen, wenn er im Besitz einer Police ist.

§ 887.

Der Versicherungsnehmer kann über die Rechte aus dem Versicherungsvertrag im eigenen Namen verfügen. Zur Geltendmachung der Entschädigungsforderung ist er jedoch ohne Zustimmung des Versicherten nicht befugt, wenn dieser im Besitz einer Police ist.

Der Versicherer ist zur Zahlung der Entschädigung nur verpflichtet, wenn der Versicherungsnehmer ihm gegenüber nachweist, daß der Versicherte seine Zustimmung zu der Versicherung erteilt hat.

IX. Der § 890 wird durch folgende Vorschrift ersetzt:

Der Versicherer kann gegen die Entschädigungsforderung eine Forderung, die ihm gegen den Versicherungsnehmer zusteht, insoweit aufrechnen, als sie auf dem Versicherungsverhältnisse beruht.

X. Im § 895 fallen die Worte: „oder Doppelversicherung (§ 788)“ weg.

XI. Die §§ 898, 899 werden durch folgende Vorschriften ersetzt:

§ 898.

Wird über das Vermögen des Versicherers der Konkurs eröffnet, so endigt das Versicherungsverhältnis. Der Versicherte kann den auf die Zeit nach der Beendigung des Versicherungsverhältnisses entfallenden Teil der Prämie unter Abzug des Betrags der für diese Zeit aufgewendeten Kosten zurückfordern.

§ 899.

Wird die versicherte Sache von dem Versicherten veräußert, so tritt an Stelle des Veräußerers der Erwerber in die sich während der Dauer seines Eigentums aus dem Versicherungsverhältnis ergebenden Rechte und Pflichten des Versicherten ein. Für die Prämie haften der Veräußerer und der Erwerber als Gesamtschuldner.

Der Versicherer hat in Ansehung der durch das Versicherungsverhältnis gegen ihn begründeten Forderungen die Veräußerung erst dann gegen sich gelten zu lassen, wenn er von ihr Kenntnis erlangt; die Vorschriften der §§ 406 bis 408 des Bürgerlichen Gesetzbuchs finden entsprechende Anwendung.

Der Versicherer haftet nicht für die Gefahren, welche nicht eingetreten sein würden, wenn die Veräußerung unterblieben wäre.

Der Eintritt des Erwerbers in die Rechte und Pflichten des Versicherten kann durch eine Vereinbarung zwischen diesem und dem Erwerber ausgeschlossen werden. Hat der Erwerber von der Versicherung keine Kenntnis gehabt, so kann er das Versicherungsverhältnis ohne Einhaltung einer Kündigungsfrist kündigen. Das Kündigungsrecht erlischt, wenn der Erwerber es nicht innerhalb eines Monats von dem Zeitpunkt an ausübt, in welchem er von der Versicherung Kenntnis erlangt. Kündigt der Erwerber, so haftet er für die Prämie nicht.

Bei einer Zwangsversteigerung der versicherten Sache finden die Vorschriften der Abs. 1 bis 4 mit der Maßgabe entsprechende Anwendung, daß der Ersteher auch dann kündigen kann, wenn er von der Versicherung Kenntnis gehabt hat. Im Falle einer solchen Kenntnis erlischt das Kündigungsrecht des Erwerbers, wenn es nicht innerhalb eines Monats nach dem Zuschlag ausgeübt wird.

Artikel 2.

Dieses Gesetz tritt gleichzeitig mit dem Gesetz über den Versicherungsvertrag in Kraft.

IV.

Allgemeine Versicherungs-Bedingungen

festgestellt nach den Beschlüssen der Generalversammlung des Verbandes deutscher Privat-Feuerversicherungsgesellschaften zu Eisenach in der Zeit vom 20.—29. September 1886.

§ 1.

Die Gesellschaft versichert gegen den Schaden, welcher an den versicherten Gegenständen durch Brand oder Blitzschlag oder durch Explosion von Leuchtgas, sowie das durch solche Ereignisse veranlaßte Löschen, Niederreißen oder notwendige Ausräumen (§ 6) verursacht ist, soweit derselbe in der Beschädigung, Vernichtung oder dem Abhandenkommen versicherter Gegenstände besteht.

Falls die Gesellschaft durch besondere Uebereinkunft die Versicherung gegen andere, als durch Leuchtgas hervorgerufene Explosionsschäden übernommen hat, so finden die Versicherungsbedingungen auch auf eine solche Versicherung Anwendung.

Ausgenommen von der Versicherung sind solche Schäden, welche während eines Krieges durch militärische, auf Anordnung eines Befehlshabers getroffene Maßregeln entstehen oder die Folge eines Aufruhrs, eines Landfriedensbruchs oder eines Erdbebens sind.

§ 2.

Geld und Wertpapiere werden nicht versichert. Dokumente, Gold- und Silberbarren, Edelsteine, echte Perlen, goldene und silberne Sachen, Uhren, Spitzen, Gemälde und sonstige Gegenstände, welche einen Kunstwert haben, sind nur dann versichert, wenn sie in der Versicherungsurkunde besonders benannt sind. Gegenstände, welche einen Liebhabereiwert haben, sind zu diesem Wert nur dann versichert, wenn derselbe als solcher beantragt und in der Versicherungsurkunde gekennzeichnet ist.

Alle zur Zeit der Versicherungsnahme vorhandenen sowie nachträglich hinzugekommenen beweglichen Gegenstände derselben Gattung fallen unter die für diese Gattung genommene Versicherung, insoweit sie nicht ausdrücklich von der Versicherung ausgeschlossen sind oder die letztere sich nicht ausdrücklich auf individuell bestimmte Gegenstände bezieht.

Bei der Versicherung eines Gebäudes sind alle in der Versicherungsurkunde nicht ausdrücklich ausgeschlossenen Teile desselben in der Versicherung einbegriffen.

§ 3.

Wer eine Versicherung beantragt, ist verpflichtet, im Versicherungsantrage nach Anleitung seines eingedruckten Inhalts und in den sonstigen neben dem Antrage etwa der Gesellschaft eingereichten Schriftstücken nicht nur die zu versichernden Gegenstände, deren Eigentumsverhältnis, die Versicherungslokalitäten und jede anderweit schon auf den Versicherungsgegenstand geschlossene Versicherung richtig anzugeben, sondern nach jener Anleitung auch die auf die Feuergefährlichkeit einwirkenden Umstände gewissenhaft anzuzeigen. Ist diese Verpflichtung nicht erfüllt, so hat die Gesellschaft keine Entschädigungsverpflichtung.

§ 4.

Die Versicherungsurkunde (Police, Prolongationsschein, Nachtrag, Veränderungsgenehmigung) wird dem Antragsteller bei dem Agenten zur Verfügung gestellt. Die Verpflichtung der Gesellschaft beginnt mit der Einlösung der Versicherungsurkunde, wenn nicht entweder ein späterer Zeitpunkt in der Urkunde selbst bestimmt oder ein früherer Zeitpunkt vor Aushändigung derselben durch das zu ihrer Ausstellung berechtigte Gesellschaftsorgan schriftlich zugesagt ist. Die Einlösung der Urkunde wird durch Zahlung der Prämie und Nebenkosten bewirkt. Durch Annahme der Versicherungsurkunde wird das Einverständnis des Versicherten mit dem gesamten Inhalte derselben, insbesondere mit der darin bestimmten Prämie und Dauer der Versicherung konstatiert. Die Verpflichtung der Gesellschaft gegen den Versicherten bestimmt sich lediglich nach dem Inhalte der Versicherungsurkunde.

Die jährlich zahlbare Prämie einer mehrjährigen Versicherung ist mit Beginn jedes Versicherungsjahres an den Agenten zu entrichten. Unterbleibt die Zahlung, so ist der Versicherte auf seine Kosten zur Einlösung der Prämienquittung schriftlich aufzufordern. Erfolgt alsdann die Zahlung nicht innerhalb zweier Wochen nach Empfang der Aufforderung, so ruht von da ab auf die Dauer des Verzuges die Entschädigungsverpflichtung der Gesellschaft.

In allen Fällen des Verzuges der Prämienzahlung ist die Gesellschaft berechtigt, entweder den Versicherungsvertrag durch schriftliche Mitteilung an den Versicherten aufzuheben oder die Einlösung der Versicherungsurkunde beziehungsweise der Prämienquittung klagend zu erwirken.

§ 5.

Wenn der Versicherte im Laufe der Versicherung

1. eine Vermehrung der Feuergefährlichkeit herbeiführt oder zuläßt,
2. versicherte Gegenstände noch anderweit versichert,
3. sie in eine andere Lokalität als diejenige, wo sie versichert sind, verbringt oder verbringen läßt,

oder wenn

4. versicherte Gegenstände, abgesehen von Erbschaftsfällen, den Eigentümer wechseln,

so ruht bis zur schriftlichen Genehmigung dieser Veränderungen seitens der Gesellschaft oder bis zur Wiederherstellung des früheren Zustandes die Entschädigungsverpflichtung der Gesellschaft, und zwar in den Fällen unter 1. und 2. bezüglich aller, in den Fällen unter 3. und 4. bezüglich der davon betroffenen versicherten Gegenstände.

Umstände, welche, unabhängig von dem Willen des Versicherten eintretend, die Feuergefährlichkeit vermehren, werden nur dann den unter 1. aufgeführten Umständen gleich geachtet, wenn der Versicherte unterläßt, der Gesellschaft nach erlangter Kenntnis davon ohne Verzug schriftlich Anzeige zu machen. Erstattet aber der Versicherte diese Anzeige ohne Verzug, so ist die Gesellschaft, falls sie die Versicherung nicht fortsetzen will, berechtigt, die letztere durch schriftliche Anzeige mit Ablauf von zwei Wochen nach Zustellung jener Anzeige aufzuheben.

§ 6.

Der Versicherte hat dem Agenten binnen 24 Stunden, der Ortspolizeibehörde binnen drei Tagen nach einem Brande Anzeige von demselben zu machen.

Im Falle eines Brandes ist der Versicherte ferner verpflichtet, die versicherten Gegenstände, soweit es in seiner Macht steht, zu retten und während des Rettens sowie nach demselben für ihre Sicherung und Erhaltung zu sorgen. Jedoch dürfen bewegliche Gegenstände, mit Ausnahme des Viehes, dessen frühzeitige Rettung freisteht, erst bei unmittelbarer Gefahr und nicht gegen das etwaige Verbot des Agenten oder eines Beauftragten der Gesellschaft ausgeräumt werden. Handelt der Versicherte diesen Vorschriften zuwider, so hat die Gesellschaft für den daraus entstandenen Schaden, falls die Ersatzansprüche des Versicherten nach § 10 nicht überhaupt verwirkt sind, nicht aufzukommen.

Ersatz für abhanden gekommene Gegenstände wird nur dann geleistet, wenn der Versicherte der Ortspolizeibehörde unter Bezeichnung jener Gegenstände binnen drei Tagen nach dem Brande Anzeige von dem Abhandenkommen gemacht hat.

Die genannten Fristen beginnen im Falle erwiesener Unmöglichkeit, sie inne zu halten, sobald letztere aufhört.

§ 7.

Die Versicherung soll nicht zu einem Gewinn führen; ihr alleiniger Zweck ist der Ersatz des nach dem wahren Werte der versicherten Gegenstände zur Zeit des Brandes unter Ausschluß des entgangenen Gewinnes festzustellenden Schadens, gegen welchen nach § 1 Versicherung gewährt ist.

Die Versicherung selbst begründet keinen Beweis für das Vorhandensein und den Wert der versicherten Gegenstände zur Zeit des Brandes. Die Versicherungssumme, dieselbe möge auf Taxation beruhen oder nicht, bildet lediglich die Grenze für die Ersatzpflicht der Gesellschaft und zwar für jede einzelne Position der Versicherungsurkunde.

Uebersteigt der Wert der versicherten Gegenstände zur Zeit des Brandes die darauf versicherte Summe oder sind sie noch anderswo versichert, so wird der Schaden pro rata vergütet. Haben sie einen geringeren Wert als die darauf versicherte Summe, so wird der Schaden nur nach dem geringeren Werte vergütet.

§ 8.

Die Gesellschaft ist berechtigt, jede auf den Wert sowie auf den Schaden, dessen Ursache und Höhe bezügliche Untersuchung anzustellen und von dem Versicherten über seine Angaben Beläge und sonstige Beweise, die er liefern kann, zu fordern.

Bei Schäden an beweglichen Gegenständen ist der Versicherte verpflichtet, auf Verlangen der Gesellschaft spezielle Verzeichnisse der zur Zeit des Brandes vorhanden gewesenen, der verbrannten oder abhanden gekommenen und der beschädigt sowie unbeschädigt geretteten Gegenstände anzufertigen und innerhalb einer ihm zu stellenden Frist von mindestens zwei Wochen dem Agenten einzureichen. Diese Frist beginnt im Falle erwiesener Unmöglichkeit, sie inne zu halten, sobald letztere aufhört. Die Verzeichnisse müssen auf Verlangen der Gesellschaft mit speziellen Wertangaben nach dem Grundsatze des § 7 versehen und von dem Versicherten unterzeichnet sein, und es darf darin weder ein nicht vorhanden gewesener Gegenstand als vernichtet oder abhanden gekommen angegeben, noch das Vorhandensein eines geretteten Gegenstandes verschwiegen sein.

Die Gesellschaft ist nicht verbunden, sich auf Verhandlungen über den Schaden und die Entschädigung mit anderen Personen als dem Versicherten einzulassen.

§ 9.

Sowohl die Gesellschaft wie der Versicherte haben, unbeschadet der Bestimmungen in § 8, das Recht, zu verlangen, daß der Betrag des Schadens an den versicherten Gegenständen durch ein Abschätzungsverfahren festgestellt werde, welches mit verbindlicher Kraft für beide Parteien auf gemeinschaftliche Kosten nach folgenden Grundsätzen zu erfolgen hat:

Jede Partei ernennt zu Protokoll oder sonst schriftlich einen Sachverständigen. Zeigt eine Partei, nachdem sie dazu von der anderen unter Benennung des ihrerseits gewählten Sachverständigen schriftlich aufgefordert ist, nicht binnen einer Woche nach Empfang der Aufforderung die Ernennung des zweiten Sachverständigen schriftlich an, so geht das Recht, diesen zu wählen, auf die auffordernde Partei über. Beide Sachverständige ernennen vor Beginn des Abschätzungsverfahrens einen dritten Sachverständigen als Obmann, welcher für den Fall, daß jene sich nicht einigen, nach beendigter Abschätzung in Tätigkeit tritt und alsdann nur über die streitig gebliebenen Punkte innerhalb der Grenzen der Abschätzungen der Sachverständigen entscheidet. Können sich die letzteren über die Wahl des Obmanns nicht einigen, so wird derselbe auf Antrag der Parteien oder einer von ihnen durch das für den Brandort zuständige Amtsgericht ernannt.

Die von den Sachverständigen schriftlich zu beurkundenden Abschätzungen müssen jedenfalls enthalten:

1. den Wert des Gegenstandes unmittelbar vor dem Brande — bei Gebäuden und Maschinen außerdem auch den Neubauwert beziehentlich Neuanschaffungswert —,
2. den Wert des Gegenstandes nach dem Brande, beziehentlich der übrig gebliebenen Teile und Materialien unter Berücksichtigung der Verwendbarkeit derselben für die Wiederherherstellung.

Auf Grund der Abschätzung erfolgt die Feststellung der Entschädigung nach den Grundsätzen des § 7.

Die Abschätzungsverhandlungen sind dem Versicherten auf Verlangen abschriftlich mitzuteilen.

§ 10.

Wenn der Versicherte den Brand vorsätzlich oder durch grobes Verschulden verursacht, wenn er rechtzeitig dem Agenten von dem Brande Anzeige zu machen unterlassen hat (§ 6 Absatz 1), wenn er böswillig den Vorschriften des § 6 Absatz 2 zuwiderhandelt oder die

Beibringung der Beläge, Beweise und Verzeichnisse, welche die Gesellschaft nach § 8 zu fordern berechtigt ist, verweigert oder wiederholter Aufforderung ungeachtet nicht liefert, oder endlich, wenn er sich bei Ermittelung des Schadens einer betrügerischen Angabe oder Verschweigung schuldig macht, so verliert er jeden Anspruch auf Entschädigung und zwar für alle an dem betreffenden Brande beteiligten Versicherungen.

§ 11.

Die Entschädigungssumme ist dem Versicherten binnen Monatsfrist, nachdem ihr gesamter Betrag und die Verpflichtung der Gesellschaft zur Zahlung durch Anerkenntnis beider Teile, Vergleich oder rechtskräftiges Urteil festgestellt ist, an dem Orte der Ausstellung der Versicherungsurkunde — unbeschadet der Bestimmungen des § 12 — bar zu zahlen. Zur Vergütung von Zinsen ist die Gesellschaft erst von dem Tage an verbunden, mit welchem sie sich im Verzuge der Zahlung befindet, also erst nach Ablauf der vorbezeichneten Monatsfrist.

Wenn durch Legitimationsmängel oder durch gesetzliche Gründe die Auszahlung der Entschädigung gehindert wird, so ist die Gesellschaft vor Aufhebung des Hindernisses weder zur Hinterlegung noch zur Zahlung, auch nicht zur Vertretung der Folgen des Zahlungsaufschubes oder zu irgend einer Zinsvergütung verbunden.

Durch Zahlung der Entschädigung gehen in Höhe derselben alle dem Versicherten gegen Dritte zustehenden Rechte auf Schadenersatz für die versicherten Gegenstände von selbst auf die Gesellschaft über und sind ihr auf Verlangen schriftlich abzutreten.

Alle nicht innerhalb sechs Monaten nach dem Brande entweder ihrem Betrage nach von der Gesellschaft schriftlich und vorbehaltlos anerkannten oder durch Klage bei dem zuständigen Gerichte und deren Zustellung geltend gemachten Ansprüche auf Entschädigung sind durch den bloßen Ablauf jener Frist erloschen.

§ 12.

Wenn auf versicherte Gebäude Hypotheken, Grundschulden oder andere Realverpflichtungen vor dem Brande eingetragen sind, so wird die Entschädigung nur behufs der Wiederherstellung und nachdem letztere gesichert worden, bezahlt, die sämtlichen vor dem Brande eingetragenen Gläubiger müßten denn in die unbedingte Zahlung willigen oder selbst zur Empfangnahme berechtigt sein. Geht aber der Entschädigungs-Anspruch des Versicherten durch seine Schuld verloren, so verwendet die Gesellschaft die Entschädigung, soweit nötig, zur Befriedigung der erwähnten Gläubiger nach Maßgabe ihrer Rangordnung gegen entsprechende Cession ihrer Rechte. Sind im Falle solcher Cession noch ungetilgte, vor dem Brande eingetragene Ansprüche vorhanden, so ist die Gesellschaft auf Verlangen verpflichtet, denselben vor der ihr cedierten Forderung den Vorrang einzuräumen.

§ 13.

Durch einen Brand vermindert sich die Versicherungssumme um den Betrag der zu leistenden Entschädigung.

Nach einem jeden Schaden, gegen welchen nach § 1 Versicherung gewährt ist, hat sowohl der Versicherte, wie die Gesellschaft, letztere auch nach einem ohne Schaden an den versicherten Gegenständen verlaufenen Brande in den Versicherungslokalitäten, das Recht, mittels schriftlicher Anzeige jede zwischen den Parteien bestehende Versicherung mit Ablauf von zwei Wochen nach Zustellung jener Anzeige aufzuheben. Dieses Recht erlischt jedoch, wenn es nicht spätestens bei Auszahlung der Entschädigung oder, wenn der Brand keine Entschädigung zur Folge hatte, von dem Versicherten nicht binnen Monatsfrist, nachdem dies festgestellt ist, und von der Gesellschaft nicht binnen Monatsfrist, nachdem sie Kenntnis von dem Brande erhalten hat, ausgeübt wird.

§ 14.

In allen Fällen der Aufhebung der Versicherung ist die über das laufende Versicherungsjahr vorausbezahlte Prämie unter Wegfall etwaiger Freijahre und des Diskonts zurückzuzahlen. Die Prämie des laufenden Versicherungsjahres ist ebenso wie die Prämie für eine auf kürzere als Jahresdauer geschlossene Versicherung verfallen, wenn der Versicherte von dem Rechte der Aufhebung Gebrauch macht, während sie im Falle der Aufhebung von seiten der Gesellschaft nach Verhältnis der Zeit, und zwar bei Aufhebung nach einem Schaden nur für den nach Abzug der Entschädigung verbleibenden Teil der Versicherungssumme, zurückzugewähren ist.

§ 15.

Für alle Streitigkeiten aus dem Versicherungsvertrage unterwirft sich die Gesellschaft, sofern nicht gesetzliche oder Konzessionsbestimmungen entgegenstehen, dem Gerichte desjenigen Ortes, an welchem die Versicherungsurkunde ausgestellt ist.

MIX
Papier | Fördert gute Waldnutzung
FSC® C083411

Kolibri 360 GmbH
Ferdinand-Jühlke-Straße 7
99095 Erfurt, Deutschland
produktsicherheit@kolibri360.de